Alfred Borter, Urban Fink,

Max Stierlin, René Zihlmann

Katholiken im Kanton Zürich

TVZ

Alfred Borter, Urban Fink,
Max Stierlin, René Zihlmann

Katholiken im Kanton Zürich

eingewandert, anerkannt, gefordert

Diese Publikation
erscheint als Rückblick und Ausblick
anlässlich der Feierlichkeiten
50 Jahre öffentlich-rechtliche Anerkennung
der Römisch-katholischen Kirche im Kanton Zürich.
Sie zeigt auf,
wie sich die Katholische Kirche im Kanton Zürich
in den letzten 200 Jahren
als Kirche von Einwanderern entwickelt hat.

Herausgeber	Katholische Kirche im Kanton Zürich
	Synodalrat und Generalvikar
Konzept	René Zihlmann
Autoren	Alfred Borter, Urban Fink,
	Max Stierlin, René Zihlmann

Mit Beiträgen von

Josef Annen, Michel Bollag, André Füglister, Peter Henrici, Franz-Xaver Kaufmann, Walter Kirchschläger, Daniel Kosch, Michel Müller, Harald Rein, Iwan Rickenbacher, Benno Schnüriger, Ruth Thalmann, Hans-Peter von Däniken, Thomas Wallimann.

Ferner kommen zu Wort

Josef Arnold, Trudi Bachmann, Magdalen Bless-Grabher, Urs Broder, Anna-Maria Calderulo, August Durrer, Max Elmiger, Josef Estermann, Irene Gassmann, Hugo Gehrig, Elisabeth Gulli, Andreas Henrici, Hugo Hungerbühler, Albertina Kaufmann, Stephan Klarer, Jeanine Kosch, Werner Kramer, Katja Meier, Elisabeth Müggler, Martin Müller, Mutter Andrea, Oberin Christina, Laura Otth, Giusep Nay, Markus Notter, Giorgio Prestele, Stephan Renz, Rolf Reichle, Schwester Paula, Franz Stampfli, Romeo Steiner, Monika Stocker, Gisela Tschudin, Tarcisi Venzin, Paul Vollmar, Martin Werlen, Paula Zurfluh.

Alle männlichen Formulierungen verstehen sich für Frauen und Männer gleichermassen, wenn nicht der Kontext etwas anderes bedingt.

Die Deutsche Bibliothek – Bibliografische Einheitsaufnahme

Die Deutsche Bibliothek verzeichnet diese Publikation in der Deutschen Nationalbibliografie; detaillierte bibliografische Daten sind im Internet über www.dnb.de abrufbar.

ISBN: 978-3-290-20099-2

Realisierung / Mitarbeit	Dominique Anderes, Anita Francioli,
	Anamarija Marjanovic, Aschi Rutz
Gestaltung und Satz	Giger und Partner: Rémy Giger und Vanessa Di Gennaro
Druck	gdz print, Zürich
Copyright	2014 Theologischer Verlag Zürich
	www.edition-nzn.ch
	Alle Rechte vorbehalten.

Inhaltsverzeichnis

Vorwort der Herausgeber

Die öffentlich-rechtliche Anerkennung der Römisch-katholischen Körperschaft und der 75 Kirchgemeinden mit dem Kirchengesetz von 1963 begünstigte die Entwicklung der Katholischen Kirche im Kanton Zürich nachhaltig. Anlass genug für Synodalrat und Generalvikar, das 50-Jahr-Jubiläum im Jahr 2013 dankbar zu feiern: mit einem Festgottesdienst, durch das Unterstützen sozialer Projekte und mit der Präsenz am «Züri Fäscht». Die Herausgabe dieses Buches bildet den Schlusspunkt des Jubiläumsjahrs.

Das Buch zeigt auf, wie sich die Katholikinnen und Katholiken als Eingewanderte im Kanton Zürich integriert und wie sie sich als Körperschaft organisiert haben, um die Kirche zu unterstützen. Die Autoren wurden gebeten, das aktuelle Wirken der Katholischen Kirche im Kanton Zürich mit der Geschichte zu verweben und einen Blick in die Zukunft zu werfen.

Sie tun dies mit einem historischen Band, das sich wie ein roter Faden durch das gesamte Buch zieht, und ergänzen diesen bewusst knapp gehaltenen Text mit Bildern, Kommentaren, Dokumenten und Zahlen. Die vielen Interviews, Gespräche und Statements stellen lebendige Bezüge zur Gegenwart her. Es kommen in einer Art «oral history» Menschen zu Wort, die den Weg der Zürcher Kirche miterlebt und in unterschiedlichem Masse geprägt haben. Am Schluss des Buches denken wichtige Persönlichkeiten aus verschiedenen Blickwinkeln über die Entwicklungs-möglichkeiten der Kirche(n) nach.

Wir danken den Autoren für ihren offenen und breiten Zugang zum Jubiläum der Körperschaft. Mit grossem Engagement ist es ihnen gelungen, die Katholische Kirche im Kanton Zürich in Geschichte und Gesellschaft zu verorten und das Wirken von unterschiedlichsten Zeitzeugen in Pfarreien, Kirchgemeinden, Vereinen, Gruppen und Gremien anschaulich zu vermitteln. Wir sind überzeugt, dass dieses Buch über «Katholisch Zürich» hinaus Menschen interessieren und berühren wird.

Dr. Josef Annen   Dr. Benno Schnüriger

Generalvikar   Präsident des Synodalrates

Erster Teil

1798 – 1963

1798 – 1830

Wohlwollende Aufnahme

Die Französische Revolution und die folgenden Umwälzungen und Kriege wirkten sich als gewaltige Umbruchzeit aus. In vielen Lebensbereichen riefen neue Denkweisen und Weltbilder nach Veränderung und Neugestaltung. Die einen begrüssten das Neue, andere wollten wieder zur alten Ordnung zurückkehren. Die Alte Eidgenossenschaft brach zusammen, neue staatliche Strukturen entstanden.

Die Veränderungen betrafen auch das Verständnis der kirchlichen Ämter und die Leitungsstrukturen, die Kirchengüter und die Mitwirkung der Gläubigen. Dass der bisher rein reformierte Kanton Zürich zwei katholische Gemeinden bekam, war für die Zukunft wichtig, wurde damals aber kaum beachtet.

- **1798**
  Zusammenbruch des Ancien Régime.
  Nach der Besetzung der Eidgenossenschaft durch französische Truppen wurde ein Helvetischer Einheitsstaat nach französischem Muster eingerichtet.

- **1803**
  Neuordnung der Schweiz durch die Mediation Napoleons.
  Zuteilung der katholischen Gemeinden Dietikon und Rheinau zum Kanton Zürich.

- **1807**
  Während der Tagsatzung von 1807 richtete Zürich einen katholischen Gottesdienst ein. Das gab den Anstoss zur Gründung der katholischen Genossenschaft.

- **1814**
  Die schweizerischen Gebiete des Bistums Konstanz wurden abgetrennt und deren Verwaltung dem Propst des Chorherrenstifts Beromünster, Franz Bernhard Göldlin von Tiefenau, übertragen.

- **1815**
  Der konservativ ausgerichtete Bundesvertrag machte viele Neuerungen rückgängig.

- **1819**
  Die Administration der vormals konstanzischen Diözesanteile wurde mehrheitlich dem Churer Bischof Karl Rudolf von Buol-Schauenstein übertragen.

Das von Kirchtürmen überragte Zürich grenzte sich
gegenüber der Landschaft durch die Schanzenbefestigung ab. Zürich war in der Helvetik eine umkämpfte
Frontstadt und von fremden Armeen belagert und
besetzt. Die Kriegswirren brachten Zerstörungen
und Hungersnöte mit sich. Der Zunftzwang und
die Vorrechte der Stadt gegenüber der Landschaft
behinderten den Handel und die wirtschaftliche
Entwicklung. Die Zuwanderung war gering. Die beiden katholischen Gemeinden Dietikon und Rheinau
waren an der Grenze gelegen, und die katholische
Genossenschaft Zürich blieb vorerst sehr klein. Die
Katholiken waren zwar durch die Restauration und
die Romantik mit ihrem Verständnis für die Kultur
des Mittelalters geachtet, jedoch als sehr kleine Minderheit wenig beachtet.

Die Zürcher Staatskirche

Die neu zugeteilten katholischen Gemeinden und die zugewanderten Katholiken fanden eine auf der Reformation Zwinglis beruhende Staatskirche vor. Sie war stark mit der Obrigkeit verbunden. Die Pfarrgemeinden waren die einzigen staatlichen Strukturen auf lokaler Ebene und auch für die Schule und das Armen- und Zivilstandswesen zuständig.

Die Pfarrer waren Vertreter des Staates und entstammten fast immer den stadtzürcherischen Familien. Sie verlasen von der Kanzel die Mitteilungen und Erlasse des Zürcher Rats, deshalb war der Gottesdienstbesuch vorgeschrieben und kontrolliert. Kirche und Pfarrhaus waren die Mittelpunkte des Dorfes. Erst später zeigte der repräsentative Bau des Schulhauses den Anspruch des Staates auf die Volksbildung.

Ähnliches lässt sich auch für die katholischen Kantone sagen. Jedoch stellen die auf Zwingli zurückgehenden Kirchen dem Pfarrer den «Stillstand» (heute Kirchenpflege) zur Unterstützung in der Glaubensverkündigung und der Aufsicht über das kirchliche Leben zur Seite. Der Stillstand hatte auch Entscheidungsbefugnisse, nicht nur ein Beratungsrecht. Auch die katholischen Kirchgemeinden im Kanton Zürich übernahmen diese Einrichtung. Das sollte erst 1873 infrage gestellt werden.

Reformierte und Katholiken begegneten sich zwar im Alltag wenig. Die nähere Umgebung war durch eine der beiden Konfessionen geprägt: durch die eher nüchterne Arbeitshaltung der Reformierten oder die barocke Festkultur der Katholiken. Doch arbeiteten ungeachtet der Konfessionen Gelehrte, Künstler, Diplomaten und Soldoffiziere oft zusammen. Badenfahrten und Helvetische Gesellschaft waren Treffpunkte für die eidgenössische Oberschicht.

Die Geistlichen beider Konfessionen trugen die gleiche Tracht, und viele pflegten persönliche Kontakte untereinander. Der Antistes führte das Amt des Bischofs weiter. Die Landvögte regierten auch Gebiete der andern Konfession und regelten kirchliche Angelegenheiten. Die Eidgenössische Tagsatzung musste in konfessionellen Fragen zu einem einstimmigen Entscheid kommen, was Verhandlungen und Entgegenkommen voraussetzte. Gesandtschaften zu europäischen Höfen boten Gelegenheiten zum Austausch. Zudem hatte jeweils der zweite Zürcher Bürgermeister die Hohe Gerichtsbarkeit im Kelleramt bei Bremgarten inne, womit das Staatsgebiet sogar einen kleinen katholischen Zipfel umfasste. Jede fünfte reformierte Pfarrstelle hatte einen Bischof oder Abt als Kollator (Pfründeninhaber). Die Zürcher Behörden waren also gut darauf vorbereitet, die katholischen Mitbürger angemessen zu behandeln.

Laufen am Rheinfall ist ein Beispiel für eine reformierte Gemeinde mit einem katholischen Kollator, hier dem Bischof von Konstanz, der die Pfrundgüter von einem einheimischen Amtmann verwalten liess. Die Pfründe kam für die Besoldung des Pfarrers, die Armenpflege und den Unterhalt von Kirche und Pfarrhaus auf. Aus einem Dreiervorschlag des Zürcher Rates ernannte der Bischof den Amtsinhaber, der sich dann in Konstanz oder Meersburg zur Bestallung einfand.

Die katholischen Kollatoren von reformierten Pfarrstellen

– Der Abt von Wettingen für Dietikon, Kloten, Otelfingen, Thalwil und Höngg
– Der Abt von Rheinau für Berg und Marthalen
– Der Abt von St. Blasien im Schwarzwald für Birmensdorf und Stallikon
– Der Abt von Einsiedeln für Brütten, Meilen, Männedorf, Stäfa, Schwerzenbach und Weiningen
– Der Abt von St. Gallen für Stammheim
– Der Propst des Domstiftes Konstanz für Glattfelden, Ossingen, Schöfflisdorf und Niederweningen
– Die Äbtissin des Damenstiftes Schänis für Knonau
– Der Ritterorden für Bubikon, Buchs, Hinwil, Wald und Wangen bei Dübendorf
– Der Bischof von Konstanz für Laufen und Ellikon

Lauffen.

Collator. Herr Bischoff von Constanz.

Einkünften.

81. Stuf Valutiert 405. fl.

18 Mütt Kernen, samt 1/2 Fuder Wein, von daher.

Die Zehenden ab den Schloßgütern, betrugen 1787.

An Korn, 226 Garben.

Roggen, 95 Garben.

Von der Gemeind Dachsen 5 Vrlg.

Haus, Scheur, Kraut- und Baumgarten etwann 3 Vrlg.

Von 10 Juchart Reben den Zehenden.

Der Heu- und Obs-Zehenden von der Gemeind Fluhrlingen, beträgt etwann 50 fl.

Holz gnug mit Kösten.

Den kleinen Zehenden von Uhwisen, beträgt in circa 30 fl.

Reben, samt etwann 30 fl. für Grundzins.

Die Obmänner gemeiner Klöster, einer der wichtigsten Verwaltungsposten im Alten Zürich, legten in gedruckten Verzeichnissen – hier dasjenige von 1794 – für jede Pfarrstelle den Kollator und das Einkommen aus der Pfründe offen. Das half den jungen Pfarranwärtern, sich für eine Pfarrei zu bewerben.

Die paritätische Gemeinde Dietikon

Dietikon hatte vor 1798 in der Gemeinen Herrschaft der Landvogtei Baden gelegen. Das machte es möglich, dass die Dietiker etwa zur Hälfte katholisch und reformiert waren. Die zwei Kirchgemeinden umfassten Gebiete im heutigen Aargau. Zur reformierten Gemeinde gehörten Spreitenbach und Urdorf, deren Pfarrer im Zürcher Staatsgebiet wohnte und nur für die Predigten und amtlichen Verrichtungen nach Dietikon kam. Zur katholischen Pfarrei gehörten Friedlisberg und Bergdietikon, wo die Kapuziner aus Bremgarten die Gottesdienste hielten, sowie Spreitenbach, das ein Wettinger Mönch als Seelsorger betreute. Die Kirchen in Dietikon und Spreitenbach wurden von beiden Konfessionen genutzt.

Nach 1803 gehörte die katholische Gemeinde Dietikon zu zwei Kantonen: Zürich und Aargau; und nach der Gründung des Bistums Basel 1828 waren auch zwei Bischöfe zuständig. Es verwundert nicht, dass diese ungewöhnliche Situation später einige Wirren verursachte, die erst 1861 bereinigt wurden.

Das Kloster Fahr, unterhalb der Stadt Zürich an der Limmat gelegen, war eine katholische Insel in reformierter Umgebung und wurde nun durch die Zuteilung an den Kanton Aargau auch zur Enklave im Zürcher Kantonsgebiet.

Die Simultankirche in Dietikon

Von beiden Konfessionen genutzte Kirchen waren in den Gemeinen Herrschaften häufig. Dafür ist die alte Kirche Dietikon ein gutes Beispiel. Der Chor war den Katholiken zugewiesen. Jede Konfession hatte einen eigenen Taufstein. Das Schiff, die Kanzel und die Empore wurden von beiden Konfessionen benutzt. Die Kirchenuhr gehörte der politischen Gemeinde. Jede Kirchgemeinde hatte einen Sakristan, ein Gemeindesigrist besorgte die Reinigung und das Mittagsläuten. Die Baulast lag beim Stift Wettingen, dessen Wappen am Chorbogen sichtbar war. Beide Stillstände berieten zusammen über die Benutzung der Kirche und über Baumassnahmen. Dieser Zustand dauerte bis 1926, als beide Konfessionen in der stark gewachsenen Gemeinde eine eigene Kirche bauten. Die simultane Nutzung von Kirchen wird in Zukunft wohl an Bedeutung gewinnen.

Pfarrhaus Dietikon

Das 1834 vom Kloster Wettingen erbaute und heute noch bestehende Pfarrhaus war angesichts der Bedrohung der Klöster durch die Liberalen als Ausweichkloster für einige Mönche gedacht. Es zeigt das herrschaftliche Erscheinungsbild der damaligen Pfarrhäuser. In diesen Grosshaushalten mit einem selbstversorgenden Bauern- und Gartenbetrieb arbeiteten mehrere Dienstboten. Zusätzlich wurden Verwandte des Pfarrers aufgenommen, etwa betagte Eltern oder Schüler, die sich bei ihrem geistlichen Onkel auf das Gymnasium vorbereiteten. In grossen Pfarreien gab es für den Pfarrhelfer, Kaplan oder Frühmesser weitere geistliche Haushalte.

Das Kloster Wettingen hatte im Limmattal herrschaftliche Rechte ausgeübt und besetzte bis 1837 die reformierten und katholischen Pfarrstellen. Man kann daher von einem Wettinger «Kirchenstaat» vor den Toren der Stadt Zürich sprechen. Darin war Dietikon die wichtigste Gemeinde mit einem Wettinger Mönch als Pfarrer. Die Herrschaftsrechte waren 1798 abgelöst worden, doch besass das Kloster weiterhin viele Güter. Die Dietiker fühlten sich dem Kloster stark verbunden. So nahm 1827 eine grosse Abordnung an der 600-Jahr-Feier des Klosters teil. In den späteren Wirren der aargauischen Kirchenpolitik standen die Dietiker immer treu auf der Seite des Klosters gegen die Aargauer Regierung.

Priorin Irene Gassmann

Das Kloster Fahr heute

Priorin Irene, das Kloster Fahr war für die Katholiken Zürichs sehr bedeutend, galt seit 1636 als Pfarrkirche für katholisch Zürich. Und heute? _____ Das Kloster Fahr ist heute für viele eine Oase der Ruhe, der Stille und der Einkehr. Viele kommen, ohne dass sie bewusst hierher wallfahren. Sie suchen einen Ort der Kraft. Hier können sie auftanken. Ich sehe es als eine unserer wichtigsten Aufgaben in unserer hektischen Zeit an, den Menschen einen Ort zu bieten, wo sie spüren: Gott ist hier, er liebt diese Welt und die Menschen. Silja Walter hat dies treffend gesagt: «Eine Welt, in der sich Erd und Himmel stets begegnen.»

«Gott ist hier, er liebt diese Welt und die Menschen.»

Wie wichtig ist die Präsenz der Klosterfrauen? _____ Die ist sehr wichtig. Die Menschen finden hier eine glaubende Gemeinschaft, die betet und singt. Unsere Sonntagsgottesdienste sind beliebt. Viele Besucherinnen und Besucher schätzen es, sich uns anschliessen zu können, Gemein-schaft zu erfahren. Das zu spüren ist auch für uns schön. Auch bei Führungen oder beim gemeinsamen Wümmet mit Freiwilligen im Weinberg ergeben sich wertvolle Begegnungen und Gespräche. In unserem Gästeflügel bieten wir Frauen Gästezimmer an, und wir betreiben einen Klosterladen, der als Anknüpfungspunkt dient. Am Sonntag begrüsse ich jeweils die Gäste im Restaurant «Zu den Zwei Raben». Ich glaube, unsere Präsenz, die Begegnung auf «Augenhöhe», ist wesentlich.

Klöster sind zum Teil berühmt für ihre Bibliotheken und ihre Kunstschätze. Gibt es das im Fahr auch? _____ Wir haben keine wertvollen alten Handschriften, sondern bloss eine Gebrauchsbibliothek. Fahr war immer ein bäuerliches Kloster für die einfachen Frauen. Die adligen Frauen gingen ins Fraumünsterstift.

Eine Besonderheit ist die Paramentenwerkstatt, jetzt ein Kompetenzzentrum für liturgische Textilien. _____ Ja, wir sind eines der wenigen Klöster, die heute noch liturgische Textilien wie Messgewänder, Altartücher, aber auch Gewänder für Ministranten herstellen. Wir liefern bis in den süddeutschen Raum. Wir sind jetzt daran, das vielfältige Wissen, das unsere Schwestern in all den Jahren gesammelt haben und das auch in anderen Klöstern noch vorhanden ist, zu sichern, damit dieses Kunsthandwerk als lebendiges Kulturgut nicht verloren geht.

Weinbau und Landwirtschaft hat man schon immer betrieben, aber die Bäuerinnenschule musste 2013 aufgegeben werden. _____ Leider: Eine Ära ist zu Ende. 4042 Frauen haben seit dem Zweiten Weltkrieg die Schule absolviert, doch mit der Zeit wurde die Weiterführung schon aus finanziellen Gründen unmöglich.

Sie selbst haben dank dem Besuch der Bäuerinnenschule Gefallen am klösterlichen Leben gefunden und sind in den Konvent eingetreten. _____ Ja, ich besuchte im Sommer 1986 den Kurs und bin hier «hängengeblieben».

Jetzt leben noch 23 Klosterfrauen im Fahr, viele sind in höherem Alter. Besteht nicht die Gefahr, dass nicht genügend Nachwuchs kommt? _____ Wir wissen tatsächlich nicht, wie es weitergeht. Die Altersstruktur ist eine der grössten Herausforderungen. Dennoch bin ich zuversichtlich, ich glaube an eine Zukunft unseres Klosters, auch wenn sich in den nächsten Jahren vieles verändern wird. Das Kloster Fahr gibt es seit bald 900 Jahren, und im Durchschnitt lebten hier 18 bis 25 Schwestern. So gesehen stehen wir heute also gar nicht so schlecht da.

Fahr ist eine Gründung des Klosters Einsiedeln, dessen Abt auch Abt von Fahr ist. Sehen Sie Unterschiede zwischen dem Frauenkloster Fahr und dem Männerkloster Einsiedeln? _____ Schon von den Aufgaben her haben sich die Klöster unterschiedlich entwickelt. Zudem: Männer «ticken» anders als Frauen. Deshalb ist der Austausch mit den Mitbrüdern sehr bereichernd. Es geht um ein Miteinander, nicht um ein Gegeneinander. Dieses gelebte Miteinander unseres «Doppelklosters» ist ein prophetisches Zeichen für das Leben der Kirche von heute.

Das Kloster Fahr hat das Konventssiegel erhalten und damit mehr Entscheidungsbefugnis, die bisher zum Teil beim Kloster Einsiedeln lag. _____ Die Verwaltung der klösterlichen Betriebe ist seit 2005 dem Priorat unterstellt. Wir Frauen haben in letzter Zeit mehr Eigenständigkeit erhalten und tragen auch grössere Verantwortung.

Kann man sagen: Einsiedeln redet mit, aber nicht drein? _____ Ja, so kann man das sagen.

Wie ist der Kontakt zu den weltlichen Behörden? _____ Sehr gut, sowohl zum Aargau wie zu Zürich. Wir setzen uns immer wieder an einen Tisch, um gemeinsame Anliegen zu besprechen, gemeinsame Projekte zu realisieren. Die Eingemeindung des Klosters in die Gemeinde Würenlos hat diese Kontakte noch erweitert.

Sie sagten einmal, Sie träumten von einer Reise. Immer noch? _____ Ja, ins Heilige Land. Wir haben von Zeit zu Zeit die Möglichkeit, eine Pilgerreise zu unternehmen. Und wenn das Israel sein dürfte, wäre das wunderbar!

19

Städtchen und Kloster Rheinau

Das kleine Städtchen Rheinau ist in einer Rheinschlaufe an der nördlichen Kantonsgrenze gelegen. Wie Dietikon gehörte Rheinau zu einer Gemeinen Herrschaft (Thurgau). 1803 wurde es zur Sicherung der Rheingrenze dem Kanton Zürich zugeteilt.

Das Städtchen Rheinau war eine ländlich geprägte Siedlung ohne Zentrumsfunktion. Da es nicht an einer wichtigen Verbindung gelegen war, zog die Rheinbrücke nur lokalen Verkehr an. Einige Bedeutung hatte Rheinau als Werbeplatz für Soldregimenter. Das Städtchen wurde bis heute von der Industrialisierung kaum berührt.

Die Gemeinde wählte seit 1803 nach reformiertem Vorbild einen Stillstand, der den Pfarrer in der Leitung der Gemeinde unterstützte. Die kantonalen Verzeichnisse der Behörden und Amtsinhaber nennen den jeweiligen Abt als Inhaber des Pfarramtes. Dieser setzte zwei Mönche als Pfarrer und Unterpfarrer ein. Das ist ein Beispiel für die grosse Bedeutung und Verantwortung der Äbte für die Seelsorge im Umfeld ihrer Klöster. Rheinau war über Schule, Kultur und Seelsorge eng mit dem Kloster verbunden. Dieses war zudem ein wichtiger Arbeitgeber und Abnehmer von Gewerbeprodukten.

Das Benediktinerkloster liegt auf einer Insel im Rhein und ist ein überregional bedeutender Kulturort. Die Gründung wird um 778 angesetzt. Der hier verstorbene irische Glaubensbote und Einsiedler St. Fintan wird als Heiliger verehrt.

Rheinau schloss 1455 einen Schutzvertrag mit der Eidgenossenschaft. In der Reformationszeit wurde das Kloster 1529–1532 vorübergehend aufgehoben. Es trat 1603 der schweizerischen Benediktinerkongregation bei. Anfang des 18. Jahrhunderts schufen bedeutende Künstler mit dem Neubau ein barockes Gesamtkunstwerk, das der Kanton Zürich heute mit grossem Aufwand erhält und renoviert.

Das Benediktinerkloster Rheinau war 1799 aufgehoben und 1803 wieder zugelassen worden. Die Mönche kamen etwa zur Hälfte aus der Schweiz und der Badener Nachbarschaft. Das Kloster führte eine Schule und leistete viel in Musikpflege und Wissenschaft.

Seine Güter lagen auf beiden Seiten des Rheins: die Schlossgüter Mammern am Untersee und Ofteringen im Wutachtal. Das Kloster übte in seiner Umgebung herrschaftliche Rechte und in einigen – auch reformierten – Gemeinden das Kollaturrecht aus. Rheinau gehört kulturgeschichtlich zum Typus des barocken süddeutschen Stifts und war in seinem Umfeld gut verwurzelt.

Das ehemalige Kloster Rheinau ist ein Kulturdenk-
mal von überregionaler Bedeutung, das der Kanton
Zürich mit grosser Sorgfalt pflegt. Die Klosterkirche
wurde vom Vorarlberger Architekten Franz Beer
gebaut, sein Sohn Johann Michael vollendete die
Klostergebäude. An der Inneneinrichtung wirkten
bedeutende Künstler aus Süddeutschland und dem
Tessin mit. Die Spitz- oder Magdalenenkirche steht
am oberen Ende der Klosterinsel. Einige Schritte nebenan ist das «Haus der Stille» untergebracht. Am
unteren Ende der Insel befand sich eine spätbarocke
Felix- und Regula-Kirche, die man beim Umbau zur
Klinik abriss. Die Ökonomiegebäude (heute Staats-
kellerei und Fintan-Stiftung) sind am gegenüberlie-
genden Rheinufer gelegen.

Mutter Andrea, Oberin Christina und Schwester Paula von der Spirituellen Weggemeinschaft

Ein Porträt

Über tausend Jahre lang bestand auf der Klosterinsel in Rheinau ein Benediktinerkloster, bevor es 1867 in eine psychiatrische Anstalt umgenutzt wurde. Im Jahr 2000 ging auch diese Ära zu Ende. Und seit 2003 gibt es wieder ein Klosterleben auf der Insel: Im Haus der Stille leben und wirken die Schwestern der Spirituellen Weggemeinschaft. Wir haben die Gründerin Mutter Andrea, Oberin Christina und Schwester Paula getroffen.

Dass sie hier sind, bezeichnen sie als Gottes Fügung. Zunächst nämlich waren die Schwestern der Spirituellen Weggemeinschaft 1990 in einem Haus in Kehrsiten am Vierwaldstättersee untergekommen, nachdem sie sich vom Kapuzinerinnenkloster Maria Hilf in Altstätten gelöst hatten. «Wir wollten etwas Neues anpacken», sagt Mutter Andrea, etwas, das den Menschen in der heutigen Zeit dient. Die Weggemeinschaft erhielt 1998 vom Bischof die offizielle Anerkennung als Ordensgemeinschaft.

Und dann kam die Anfrage vom damaligen Weihbischof Peter Henrici, ob sie nicht auf der Insel ein Haus mit klösterlichem Leben füllen möchten. Sie wagten den Schritt. «Und jetzt sind wir da.» Sie führen das Haus der Stille. Ein Ableger entstand in Albanien. Zwischen den Stätten der Weggemeinschaft gibt es einen regen Austausch hin und her. «Der Austausch mit unseren Brüdern und Schwestern in diesem bitterarmen Land ist für uns überaus bereichernd», hält Schwester Christina fest. «Das gibt uns eine ganz neue Sichtweise auf die Welt.» Gesucht hätten sie das nicht, es sei einfach entstanden. Wie alles andere auch. «Gott führt uns.»

«Mit dem klösterlichen Leben bezeugen wir in der Welt die Präsenz Gottes»

In Rheinau sind gegenwärtig sechs Schwestern. Die Schwestern sind zwar besorgt, was den Nachwuchs angeht, aber diese Sorge treibt sie nicht um. Immerhin wächst die Zahl derjenigen, die zur Laien-Weggemeinschaft gehören. Es sind über 200 Männer und Frauen, die auf mancherlei Art die Ziele der Weggemeinschaft unterstützen. Die Schwestern leben vom niedrigen Pensionspreis, den die Gäste entrichten, und von Spenden. Der Verkauf von Selbstgemachtem, etwa Holundersirup oder «Wegknackerli», die nach einem «Geheimrezept» von Schwester Jacoba hergestellt werden, bringt auch etwas Geld ein. Die Miete des Hauses der Stille trägt die Römisch-katholische Körperschaft für 25 Jahre. «Wir besitzen keine Güter», hält Mutter Andrea fest, doch dann lachen die drei Klosterfrauen plötzlich: «Stimmt gar nicht: In Albanien sind wir glückliche Besitzerinnen eines Schafs, eines Schafbocks, eines Hasen und eines Huhns.» Eine Kuh haben sie «zur Miete».

«Mit dem klösterlichen Leben bezeugen wir in der Welt die Präsenz Gottes», hält Oberin Christina fest. Und zwar durchaus bewusst um Traditionen, aber nicht auf diese fixiert. «Wir bleiben lebendig», betont sie.

Im Haus der Stille sind Gäste willkommen, die für kürzere oder längere Zeit zu ihnen ziehen: Frauen, Männer, Ehepaare, die in der hektisch gewordenen Welt einen Ruhepunkt suchen, die vielleicht an einem Scheideweg stehen, sich in einer Krise befinden, eventuell Eheprobleme oder den Tod eines Angehörigen zu bewältigen haben. Die Schwestern bieten ihnen ein stabiles Umfeld und helfen ihnen, im Glauben auf Gott Lösungen zu finden, ohne ihnen etwas einreden oder aufdrängen zu wollen – und zwar unbesehen darum, welcher Konfession sie angehören, wie Schwester Paula erwähnt.

Die Schwestern lassen die Menschen an ihren Gebetszeiten teilnehmen, bieten Ge-

bets- und Vertiefungstage an und laden zur Teilhabe an den Heiligen Messen im Haus der Stille ein.

«Wichtig ist, dass wir nicht verkrusten, dass wir uns auch stören lassen»

«Wir verehren wie die Kapuzinerinnen den heiligen Franziskus und die heilige Klara», sagt Mutter Andrea, «aber wir haben unsere eigenen Ordensregeln, die Konstitutionen.» Sie halten sich an die Grundprinzipien der Armut, des Gehorsams und der Keuschheit. «Das bleibt», betont Mutter Andrea, «aber wie wir das klösterliche Leben gestalten, das kann sich ändern.» Und Oberin Christina ergänzt: «Wichtig ist, dass wir nicht verkrusten, dass wir uns auch stören lassen.»

Das Symbol der Weggemeinschaft ist ein Kreuz, umgeben von einem Kreis, in dem sich ein Herz befindet. Es zeigt exemplarisch, wofür die Gemeinschaft steht: für Herzlichkeit im Zeichen Christi. Zu ihrem einfachen Habit tragen die Schwestern ein Kopftuch in der Farbe Lila. Die Mischung von Rot und Blau bedeutet ein Zusammengehen von Herz und Verstand. Ausserdem ist Lila die Farbe der Versöhnung. Mutter Andrea erklärt: «Unser Ansatz ist ganzheitlich: Der Mensch ist auf Gott ausgerichtet, aber er steht auch voll und ganz auf der Erde.»

Bild: Schwester Paula, Mutter Andrea, Oberin Christina (v. l. n. r.).

Die katholische Genossenschaft Zürich

Der katholische Gottesdienst war in Zürich seit der Reformation verboten. Vorübergehend sich aufhaltende Künstler, Gesandte oder Kaufleute begaben sich nach dem Kloster Fahr, dessen Propst eine Art «Notfall-Pfarrer» war. Dass 1799 die russischen und österreichischen Armeegeistlichen ihre Gottesdienste in Zürcher Kirchen hielten, war eine Ausnahme in Kriegszeiten.

Die Mediation bezeichnete 1803 für die Schweiz drei Vororte: Zürich, Bern und Luzern, in denen abwechselnd die Tagsatzung zusammentrat. 1807 war Zürich an der Reihe. Zum Eröffnungsgottesdienst zogen die reformierten Gesandten in feierlichem Zug vom Rathaus zum Grossmünster, die katholischen zum Fraumünster. Hier war ein Altar aufgerichtet und ein Rheinauer Mönch als Tagsatzungspfarrer eingesetzt worden.

Die nach Zürich eingewanderten Katholiken ersuchten nun die Regierung in einer Bittschrift, diesen Gottesdienst weiterhin zu erlauben. Dazu sah sich die Regierung gegenüber den katholischen Einwohnern im Kanton verpflichtet. Bern, Aarau und Basel waren darin bereits vorangegangen. Der Rat des Innern bot Hand zur Gründung der «katholischen Genossenschaft Zürich» und wies ihr die St.-Anna-Kapelle als Gottesdienstlokal an. Der Rheinauer Mönch P. Mauritius Meyer wurde zum Pfarrer ernannt.

Das Dekret des Rates des Innern vom 10. September 1807 zur Gründung der katholischen Genossenschaft erlaubte die Feier eines eigenen Gottesdienstes nur auf Zusehen hin. Die katholische Genossenschaft war daher keine anerkannte Kirchgemeinde. Für die Wahl des Pfarrers konnte der Kirchenvorstand einen Zweier-Vorschlag einreichen, aus dem der Kleine Rat, ohne an diesen gebunden zu sein, die Wahl traf. Nach dem Vorbild des Stillstandes führte ein Kirchenvorstand unter Leitung des Pfarrers die Geschäfte.

Die Bestimmungen zur Wahrung des konfessionellen Friedens beruhten auf langer Erfahrung in der Regelung von Simultaneinrichtungen. Alles sollte unterlassen werden, was Misstrauen und Streit hätte hervorrufen können. Daher waren Prozessionen und Zeremonien ausserhalb der Kirche verboten. Der Pfarrer hatte die Zivilstandsregister unter Aufsicht der Behörden nach den geltenden staatlichen Vorschriften zu führen. Bei konfessionell gemischten Ehen sollte der Geistliche der Konfession des Bräutigams die Trauung vornehmen. Kinder, deren Eltern verschiedenen Konfessionen angehörten, wurden in der Regel nach jener des Vaters getauft.

Die St.-Anna-Kapelle war die Friedhofskapelle der reformierten St.-Peter-Gemeinde und wurde von beiden Konfessionen gemeinsam genutzt. Da es keine Pfarrpfründe gab, verpflichteten sich die Regierungen von Luzern, Uri, Schwyz, Nid- und Obwalden und Zug sowie die Klöster Fahr, Einsiedeln, Ittingen und Muri zu jährlichen Beiträgen. Das Kloster Rheinau versprach, den Lohn des Pfarrers zu sichern, und übergab liturgische Geräte und Gewänder.

Über die Katholiken in Zürich finden wir nur wenige Angaben. Die drei Gesuchsteller der Bittschrift von 1807 waren Joseph Maria Rungg, Associé des Handelshauses Usteri & Co. aus Trient, Joseph Boband, Sprachlehrer aus Hagécourt (Elsass), und Jean Preyer, Schneider aus Théding (Lothringen). Rungg und Boband bildeten zusammen mit dem Kaufmann Jakob Stoll aus Hohenzollern, seit 1805 Bürger von Mellingen (AG), den ersten Kirchenvorstand.

1826 zählte man: 61 Ansässen (16 Männer, 13 Frauen und 32 Kinder), 77 Aufenthalter, 160 Dienstboten, im Sommer 160 Tiroler Maurer und andere Handwerker. Die «Ansässen» würde man heute als langjährige Niedergelassene bezeichnen. Die etwa ein Dutzend Familien waren der Kern der Pfarrei. Die Aufenthalter, Dienstboten und die Tiroler Maurer weilten nur für einige Jahre, wenn nicht sogar nur für eine Saison, in der Stadt.

Provisorische Bistumszuteilung

Der Umbruch in Europa betraf auch
die Amtsführung der Bischöfe und die
Bistumseinteilung. In der alten Reichs-
kirche stammten die Bischöfe aus dem
Adel und wurden meist schon als Kinder
für den geistlichen Stand bestimmt.
Noch als Schüler erhielten sie oft mehrere Domherrenstellen und warteten
dann auf die Gelegenheit, Fürstbischof zu
werden. Als solche waren sie Reichsfürs-
ten und übten weltliche Herrschaft aus.
Oft hatten sie mehrere Bischofssitze inne.
Die bischöflichen Aufgaben delegierten
sie an Weihbischöfe und Generalvikare.

Der letzte Fürstbischof von Konstanz,
Karl Theodor Anton Maria Reichsfrei-
herr von Dalberg, besass gleichzeitig vier
Fürstbistümer und war bei der Neuordnung des Deutschen Reiches politisch
stark engagiert. Der Konstanzer Generalvikar Ignaz Heinrich Karl Freiherr von
Wessenberg leitete die Diözese daher
sehr selbständig. Seine Reformen für
bessere Bildung der Geistlichen und zum
Gebrauch der Landessprache im Gottesdienst waren zukunftsweisend, stiessen
aber auf den erbitterten Widerstand
konservativer Kreise.

Die Fürstbischöfe kamen nie in die
Dörfer zu Visitationen oder Firmungen.
Daher waren sie im Leben der Gläubigen
nicht präsent. Die Seelsorge auf dem
Land wurde durch die Äbte der benach-
barten Klöster geprägt.

Karl Rudolf Graf von Buol-Schauenstein wurde 1794
zum Fürstbischof von Chur ernannt und damit Re-
gent einer Reichsherrschaft. 1805 wurden die Churer
Bistumsteile in Südtirol und Vorarlberg abgetrennt.
Man kann in der Übertragung der Verwaltung der
schweizerischen Bistumsteile des aufgelösten Bistums Konstanz auch eine Kompensation für diesen
Verlust sehen. Bei den damaligen Verkehrsverhält-
nissen und der geringen Bedeutung der Katholiken
im Kanton Zürich ist es nicht verwunderlich, dass
ein Churer Bischof erstmals 1844 zur Weihe der Augustinerkirche in Zürich und dann erst wieder 1861
und 1872 zu zwei Firmreisen in den Kanton kam.
Das hängt auch damit zusammen, dass die Pfarreien
lange Zeit von Mönchen betreut wurden, deren Äbte
viele bischöfliche Funktionen wahrnahmen.

Grenze des Bistums Konstanz
Grenzen der Nachbardiözesen

Konstanz war das grösste Bistum nördlich der Alpen. Die neu gebildeten Länder wollten die Bistumsgrenzen den politisch veränderten Gegebenheiten anpassen. Daher entstanden auf dem Gebiet des alten Bistums Konstanz für das Land Baden das Bistum Freiburg, für Württemberg Rottenburg. Die schweizerischen Gebiete wurden 1814 abgetrennt. Zum Administrator wurde nach einem kurzen Zwischenspiel mit dem Propst von Beromünster 1819 der Bischof von Chur ernannt. Damals und bis heute gab es viele Initiativen, die provisorische Bistumszuteilung definitiv zu regeln. 1828 entstand das neu umschriebene Bistum Basel und 1847 das Bistum St. Gallen. Dem Bistum Chur schloss sich nur Schwyz (1824) definitiv an. Hingegen blieb die bischöfliche Administration durch den Churer Bischof für Uri (ohne Urserental), Unterwalden, Glarus und Zürich seit 200 Jahren ein Provisorium. Neuere Versuche erfolgten durch die Synode 72 mit dem Ziel, die schweizerischen Bistümer entsprechend der Bevölkerungsentwicklung neu zu ordnen.

1831 – 1862

Zunahme
und Beachtung

Die liberale Umwälzung machte
den Weg frei für eine Modernisierung des Staates und der Wirtschaft. Die Behörden benötigten
Fachleute wie Juristen und Inge-
nieure. Schulen und Universität
erforderten gut ausgebildete
Lehrkräfte. Gewerbe und Handel
schufen Arbeitsplätze. Die wachsende Bevölkerung gab Zugewanderten ein Auskommen in der
Versorgung, Beherbergung und
Bewirtung. Beruflich erfolgreiche
katholische Einwanderer schafften
den Aufstieg in die oberen Schichten. Daneben suchten Dienstboten,
Bauarbeiter und Gesellen auch
aus den benachbarten katholischen
Kantonen und dem Ausland
vorübergehend Arbeit. Allerdings
wurde diese Entwicklung oft von
Wirtschaftskrisen unterbrochen.

- 1831
  Liberale Kantonsverfassung und Kirchengesetz

- 1833
  Robert Kälin wird katholischer Pfarrer in Zürich.

- 1834
  Sonntagsmesse im Fraumünster.
  Staatliche Vermögensverwaltung für das Kloster
  Rheinau

- 1839
  «Züriputsch»: Sturz der liberalen Regierung

- 1841
  Aufhebung des Klosters Fahr durch den Kanton
  Aargau (Wiederherstellung 1843)

- 1844
  Weihe der Zürcher Augustinerkirche

- 1845
  Die gegen die Jesuiten gerichtete Volksversammlung von Unterstrass löst die liberale Regierung
  zugunsten einer konservativen ab.

- 1847
  Sonderbundskrieg

- 1848
  Bundesverfassung: Niederlassungs- und Kultus-
  freiheit

- 1860
  Theodosius Florentini wird Generalvikar des
  Bistums Chur.

- 1862
  Aufhebung des Klosters Rheinau und Einrichtung des «Katholikenfonds»
  Niederlassungsfreiheit für Juden und Gründung
  des israelitischen Cultusvereins in Zürich

Innovative Unternehmer nutzten die Wasserkraft und bauten mechanische Spinnereien und Webereien wie hier in Unteraathal. Die Niederlassungsfreiheit erleichterte nach 1848 den Zustrom von Arbeitern auch aus anderen Kantonen. Viele Katholiken liessen sich in Fabrikdörfern nieder. Die Zunahme der Zahl der Zugewanderten erforderte neben der Seelsorge auch Unterstützung in persönlichen Notlagen und Krisenzeiten, denn bereits 1832 zeigte der Fabriksturm von Uster Ausbeutung und fehlende soziale Absicherung als Schattenseiten der Entwicklung auf.

Liberale Verfassung
und Kirchengesetz

Unternehmer auf dem Land und junge
Pfarrer hatten den liberalen Umschwung
eingeleitet und gestalteten die Kantonsverfassung von 1831 nach ihren Vorstellungen. Das Volk konnte die Amtsträger
wählen und damit die Ausrichtung von
Staat und Kirche bestimmen. Dafür
bildete die Volksschule mündige Bürger
heran. Einschränkungen von Handel
und Produktion wurden aufgehoben.
Man plante neue Kantonsstrassen.
Der Abbruch der Schanzenbefestigung
machte das Ende der Vorherrschaft der
Stadt deutlich.

Die Gemeinden – auch die katholischen – konnten nun ihre Pfarrer selbst
wählen. Die Regierung blieb aber die
oberste Instanz in kirchlichen Angelegenheiten. Das Chorherrenstift zum
Grossmünster, das bisher die Pfarrer
ausgebildet hatte, wurde zugunsten
einer Universität aufgehoben. Indem die
Regierung liberale Theologieprofessoren
berief, verstärkte sie ihren Einfluss auf
die Kirche.

Vom Volk gewählte Lehrer traten mit
einem hohen Bildungsanspruch neben
die Pfarrer. Das Lehrerseminar Küsnacht
gab ihnen eine liberale Ausrichtung mit.
Die Aufsicht über die Volksschulen
übernahmen von den Pfarrern präsidierte
Schulpflegen. Die ursprünglich kirchliche Einbindung der Volksschule erkennt
man noch heute an vielen Bezeichnungen (Vikar, Verweser, Kapitel, Synode
usw.).

Der Dietiker Kollaturstreit

1837 vereinbarten die Kantone Zürich und
Aargau den Auskauf der Pfrundgüter. Das betraf
auch die Wettinger Kollaturen, doch waren Abt
und Konvent dazu nicht angehört worden und
wollten diesen Eingriff in das Klostergut nicht
hinnehmen. Die Dietiker Katholiken anerkannten
weiterhin den Abt als Kollator ihrer Pfarrstelle
und weigerten sich, gegen dessen Willen einen
Pfarrer zu wählen. Damit war eine ordnungsge-
mässe Besetzung der Stelle nicht möglich. Der
Streit steigerte sich bis zur polizeilichen Besetzung der Gemeinde am 5. April 1859, um den
Gottesdienst eines von der Gemeinde abgelehnten, vom Staat aber gestützten Pfarrverwesers zu
schützen. Der neu ernannte Churer Generalvikar
P. Theodosius Florentini erreichte in direkten Verhandlungen mit der Regierung eine Lösung. Danach wurden 1861 auch die aargauischen Filialen
selbständige Pfarreien.

Kloten ist ein Beispiel für eine reformierte Kollatur-
pfarrei des Klosters Wettingen. Mit dem Kollatur-
gesetz von 1832 erhielt die Regierung den Auftrag,
die Kollaturrechte abzulösen, um die Gemeindewahl
der Pfarrer zu ermöglichen. Als Übergangsregelung
wurde das Ernennungsrecht des Kollators auf einen
Dreiervorschlag an die Gemeinden eingeschränkt.
Daher schlug der Abt von Wettingen bei der Besetzung der Pfarrstelle 1833 in Absprache mit dem
Zürcher Rat der Gemeinde drei Kandidaten vor. Daraus wählten die Klotener Johannes Waser, den Sohn
des verstorbenen Pfarrers, der seinen erkrankten
Vater bereits als Vikar vertreten hatte. Der Auskauf
der Kollaturen begann 1834 im Einverständnis mit
den meisten Kollatoren. Schwierigkeiten gab es mit
der Abtei Wettingen und ihrer Kollatur «Katholisch
Dietikon».

Kirchenpolitische Auseinandersetzungen

Auseinandersetzungen um die Kirche waren stark emotional geprägt, weil diese noch viele Bereiche des Alltagslebens regelte. Das zeigte 1839 der «Züriputsch», der sich an der Bildungshoheit des Staates entzündete. Als die Regierung einen bibelkritischen Theologieprofessor an die Universität berief, verurteilte ein «Glaubenskomitee» diese Berufung als Angriff auf Bibel und Kirche und rief zum Widerstand dagegen auf. Die Auseinandersetzungen steigerten sich zum Marsch von einigen hundert bewaffneten Aufständischen in die Hauptstadt und zur Absetzung der liberalen Regierung durch eine konservative.

Bei Wahlkämpfen nutzten auch die Liberalen kirchliche Feindbilder. So forderte eine Volksversammlung dazu auf, die Jesuiten als staatsgefährlich zu verbieten. Diese Angstmacherei führte 1845 zum liberalen Regierungswechsel. Auch den Sonderbundskrieg und die Bundesverfassung von 1848 stellte die volksnahe Propaganda als Kampf gegen die Jesuitengefahr dar, während es eigentlich um die Errichtung eines Bundesstaates mit mehr Kompetenzen ging.

Diese Auseinandersetzungen hatten keine direkten Auswirkungen auf die Zürcher Katholiken. Doch wurden liberale Ansichten auf katholischer Seite zunehmend bedrängt, was der Zürcher Pfarrer Robert Kälin zu spüren bekam.

Der Stich zeigt im «Züriputsch» das Gefecht zwischen Aufständischen und Regierungstruppen, das einige Tote und Verletzte forderte. Am Paradeplatz dominiert das vor Kurzem eröffnete erste Luxushotel von Zürich, das Hotel Baur, heute Savoy. Der Besitzer Johannes Baur war 1820 aus Voralberg eingewandert und hatte sich in Zürich als Hotelier etabliert. Baur ist ein Beispiel eines katholischen Einwanderers, der den sozialen Aufstieg schaffte. Er war viele Jahre im Vorstand der katholischen Gemeinde Zürich tätig.

Die evangelische Gesellschaft

Im Widerstand gegen die bibelkritische Theologie bildeten sich innerhalb der Zürcher Landeskirche Gruppierungen von konservativ denkenden Pfarrern und Laien, die sich gegen die theologisch liberale Richtung in Gebetszirkeln sammelten. Sie verfügten bald über eigene Räume und Prediger. Daraus bildete sich in mehreren Schritten die Evangelische Gesellschaft heraus. Diese nahm sich mit diakonischen Einrichtungen der entwurzelten reformierten Einwanderer an. Sie gründete 1858 die Kranken- und Diakonissenanstalt Neumünster (das heutige Spital Zollikerberg), 1862 ein Lesezimmer sowie die Stadt-und Landmission. In ihrer Verbindung von Diakonie und Seelsorge war sie das Vorbild der späteren privatrechtlichen römisch-katholischen Pfarreien im Kanton Zürich.

Die Aufhebung der aargauischen Klöster 1841 betraf auch das Kloster Fahr. Viele Reformierte aus der Nachbarschaft halfen den Nonnen, die katholischen Dietiker nahmen sie vorübergehend auf. Die Zürcher Regierung schützte das Eigentumsrecht des Einsiedler Abtes. Das trug 1843 zur Wiederzulassung der Frauenklöster bei, und die Nonnen kehrten ins Fahr zurück.

Das Kloster Fahr hat heute für die Menschen in der Region weiterhin eine grosse Bedeutung als gern aufgesuchter Ort der Stille und der Einkehr an der still fliessenden Limmat. Die Dichterin Silja Walter (1919 – 2011), als Benediktinernonne Sr. Hedwig, hat in einem Gedicht diese Verbundenheit zur nahen Stadt Zürich ausgedrückt.

Kloster Fahr
am Rand der Stadt:
Welt, in der sich
Erd und Himmel
stets begegnen.
Was es ist
und zu sein hat:
Ort für Gott,
die Menschheit immer
neu zu segnen.

Silja Walter

Die katholische Gemeinde Zürich findet Beachtung

1832 trat P. Mauritius Meyer als Pfarrer zurück. Nun musste ein Weltgeistlicher gesucht werden, was für die nicht gesicherte Pfarrstelle schwierig war. Zudem gab es noch kaum Erfahrungen in der Diasporaseelsorge. Schliesslich wählte man den in seiner Heimatgemeinde als Lehrer tätigen erst 25-jährigen Robert Kälin aus Einsiedeln.

Diese Wahl erwies sich für Zürich als Glücksfall. Der Aufschwung nach 1830 zog viele katholische Akademiker und Fachleute an. Diese sahen in Pfarrer Kälin mit seinen begeisternden Predigten und öffentlichen Auftritten ein Aushängeschild ihrer Konfession.

Bei den kirchlichen Oberen jedoch stiess Pfarrer Kälin als liberal gesinnter Geistlicher und Freund Augustin Kellers auf Misstrauen. Man wollte auch nicht einsehen, dass er für die Seelsorge in der Diaspora neue Wege suchen musste.

Die St.-Anna-Kapelle genügte für die gewachsene Gemeinde nicht mehr. Daher erlaubte die Regierung nach der Tagsatzung von 1833, den Altar im Fraumünster stehen zu lassen und die Sonntagsmesse vorübergehend dort zu feiern. Das bedeutete für die Katholiken einen Gewinn an öffentlicher Beachtung. 1844 übergab ihnen die Regierung die Kirche des früheren Augustinerklosters, die bisher als Kornspeicher gedient hatte.

Pfarrer Kälin pflegte gute Kontakte zu Behörden und Politikern, wie der Nachruf im «Republikaner» zeigt: «Er hat als freisinniger katholischer Geistlicher lange Jahre viel dazu beigetragen, dass in Zürich nicht jene confessionellen Störungen eintraten, die man so oft zu bedauern hat, wo allzu eifrige Priester die Ansprüche der katholischen Kirche starr aufrecht zu erhalten sich bemühen. Damit soll indessen nicht gesagt sein, dass der Verstorbene seine Kirche verraten habe; im Gegenteil, bei weisem Nachgeben im Kleinen befähigte er sich, die Hauptsache festzuhalten. Er hat dem Katholizismus in Zürich durch seine Freisinnigkeit mehr genützt, als es fanatische Beschränktheit hätte tun können.»

Pfarrer Kälin zur Bedeutung der Religion in der Moderne

Kälin wandte sich 1847 gegen die pauschale Ablehnung der Zeitkultur: «Die religiöse Gleichgültigkeit wird beklagt. Mit Recht. Wo sie um sich greift, da ist sie vom Übel. Die Werkeltätigkeit der materiellen Bestrebungen, so wichtig und nützlich sie auch sind, kann den Menschengeist doch nicht dauernd und ausschliesslich befriedigen. Je eifriger man strebt, die Welt in eine allumfassende Fabrik und Börsenhalle zu verwandeln und die Industrie zum alleinseligmachenden Kultus der Menschheit zu erheben, desto lebhafter muss das Bedürfnis erwachsen, das Leben durch höhere Ideen zugleich beherrscht und befreit zu sehen, desto überwältigender muss die Erkenntnis sich geltend machen, dass die Menschheit einen ausser ihr liegenden Halt- und Schwerpunkt braucht, wenn sie nicht das Bewusstsein ihrer geistigen Bestimmung verlieren und kläglich tief unter ihr eigentümliches Wesen herabsinken soll. Diesen höheren Halt- und Strebepunkt des ganzen geistigen Lebens der Menschheit aber gewährt die Religion und nur die Religion allein. Sie ist nicht nur Poesie, sondern Weihe, Ansporn und Kraft zu allem Guten, Beruhigung und Trost in allen Fällen des Lebens – ewiges Bedürfnis des Menschen.»

Dieses Bild der neu eingerichteten katholischen Pfarrkirche zu Augustinern schmückte das Titelblatt des Zürcher Volkskalenders für das Jahr 1845. Das beweist eine hohe Wertschätzung, denn hier wurden jeweils Gebäude abgebildet, auf die man in Zürich stolz war. Die Kirchweihe durch den Bischof von Chur und die Übergabe durch den Abt von Rheinau waren vielbeachtete Feiern und zogen zahlreiche Gäste an, nicht zuletzt weil man in Zürich erstmals eine Kirchenorgel hören konnte. Das Kloster Rheinau trug den Hauptteil der Umbaukosten. Reformierte Zürcher, katholische Kantonsregierungen, Klöster und Wohltäter im In- und Ausland beteiligten sich mit Spenden. Das Gebäude rechts der Kirche, der ehemalige Südflügel des aufgehobenen Augustinerklosters, war eben zur neu gegründeten Universität umgebaut worden. Das Bild ist vom aufgeschütteten Fröschengraben her gesehen, an dessen Stelle die Bahnhofstrasse verläuft. Die katholische Kirche befand sich durch diese Umbauten in vornehmer Umgebung und war Teil der Neugestaltung Zürichs zu einer modernen und weltoffenen Stadt.

Verstärkte Einwanderung

Der bisherige Landwirtschaftskanton wandelte sich nach 1830 zu einem aufstrebenden Industriegebiet mit rasch wachsender Bevölkerung.

Der Zustrom betraf zunächst die Stadt Zürich. Der Abbruch der Schanzenbefestigung schuf Platz für Neubauten von Schulen, Spitälern, Anstalten und Gewerbebetrieben. Auch der Strassen- und später der Bahnbau zogen viele Arbeiter an.

Im Oberland, im Sihltal und in den Seegemeinden nutzten Spinnereien und Webereien die Wasserkraft als Antrieb. Die Arbeitskräfte waren zunächst Tagelöhner und Heimarbeiter aus der näheren Umgebung und aus den benachbarten Kantonen. Das Oberland war eines der am dichtesten besiedelten Gebiete Europas.

In der Hard bei Wülflingen war 1802 als erste wassergetriebene Fabrikanlage der Schweiz eine mechanische Spinnerei entstanden. Winterthur und seine Vororte erlebten nun einen starken Wachstumsschub auch mit Betrieben der Maschinenindustrie.

Mit der Ausdehnung des Rekrutierungsgebietes für Arbeitskräfte über den Kanton hinaus wanderten auch mehr Katholiken ein. Die Ergebnisse der Volkszählung zeigten 1860 den grossen Handlungsbedarf in der Diasporaseelsorge deutlich auf.

Zuwanderung in die Stadt Zürich
1857 wandte sich die Kirchenvorsteherschaft an die Regierung und machte auf die Folgen der Zuwanderung aufmerksam: «Katholiken aus den verschiedenen Teilen der Schweiz und des Auslandes sind hier zusammengeströmt. Die Stadt hat durch bedeutende Bauten sich vergrössert, wobei eine grosse Anzahl Arbeiter Katholiken waren und sind. Strassen wurden errichtet, Eisenbahnen gebaut, bei denen ebenfalls Katholiken tätig waren. Es arbeitet ebenfalls eine sehr bedeutende Zahl in den verschiedenen Fabriken. Die katholische Bevölkerung ist nicht auf das Weichbild der Stadt einzig beschränkt, sondern ist zerstreut in der ganzen Umgebung (...). Die Zahl der in der Umgebung der Stadt Wohnenden ist ebenfalls sehr gross, indem da Fabriken, Gewerbe usw. sind, und die Arbeiter meist, schon des Mietzinses wegen, von der Stadt entfernt ihre Wohnung suchen. Die Bevölkerung der katholischen Gemeinde ist eine fluktuierende, es tritt Ebbe und Flut ein (...). Dass nicht alle Niedergelassene sind, versteht sich wohl von selbst. Arbeiter, Bedienstete beiderlei Geschlechts bilden wohl den grösseren Teil der Gemeinde. Gibt es auch einzelne habliche Familien, so gehören doch die meisten zu den Unbemittelten, ja sehr viele zu den Dürftigen.»

Diese Darstellung der Produktionshalle von Escher Wyss in Zürich zeigt die Arbeitsbedingungen in der Industriegesellschaft. Die genau vorbestimmten und sich wiederholenden Verrichtungen waren einzelnen Arbeitern fest zugeteilt. Nicht mehr der Vater, sondern der Fabrikherr leitete die Produktion und wählte dafür geeignete Personen aus. Die meist ungelernten und im Tageslohn bezahlten «Fabrikler» wohnten als eigene Bevölkerungsgruppe ausserhalb der Dörfer in fabrikeigenen Unterkünften.

Die zuwandernden Katholiken kamen aus Gebieten, die noch von der Agrargesellschaft geprägt waren mit saisonal wechselnden Tätigkeiten auf Bauernhöfen mit Mehrgenerationenfamilien. Die von der Fabrikarbeit bestimmte Kleinfamilie konnte in der Kinderziehung demgegenüber wenig Unterstützung bieten, und mit der Verwandtschaft hatten die Einwanderer auch ihr soziales Netz für Notfälle und Krankheiten zurücklassen müssen. Zudem vermissten sie die Einbindung in die Dorfgemeinschaft mit dem von katholischer Festkultur und Kirche geprägten Brauchtum.

Niedergelassene Katholiken in Winterthur und seinen Vororten:

	Oberwinterthur	Seen	Töss	Veltheim	Winterthur	Wülflingen	Gesamt
1860	14	41	95	17	506	42	715
1870	45	27	145	58	974	129	1378
1880	121	151	267	291	2122	109	3061

Katholiken im Kanton Zürich:

Volkszählung	Einwohnerzahl	katholische Einwohner	Anteil der Katholiken
1850	250907	6690	2,6 %
1860	266265	11256	4,2 %
1870	284867	17994	6,3 %
1880	317576	30225	9,5 %

Katholiken in einigen ausgewählten Fabrikdörfern des Kantons Zürich (%-Anteil Gesamtbevölkerung):

	1850	1860	1870	1880
Feuerthalen	60 (8,5 %)	86 (11,0 %)	80 (8,2 %)	209 (18,1 %)
Richterswil	136 (4,2 %)	237 (7,8 %)	292 (8,2 %)	452 (11,8 %)
Horgen	141 (2,9 %)	256 (4,8 %)	321 (6,2 %)	441 (8,4 %)
Uster	26 (0,5 %)	133 (2,4 %)	104 (1,8 %)	306 (4,8 %)
Wald	57 (1,5 %)	197 (4,6 %)	470 (10,2 %)	698 (14,5 %)
Dürnten	78 (4,7 %)	91 (5,1 %)	172 (8,3 %)	317 (14,2 %)

Anfänge der Diasporaseelsorge

Die Diasporasituation bewegte P. Theodosius Florentini, seit 1860 Churer Generalvikar, zum Handeln. Er dachte zuerst an Kapuziner, die als wandernde «Rucksackpriester» die Fabrikdörfer aufsuchen sollten. Langfristig musste man aber Kirchen bauen und Priester anstellen. Bischof Nikolaus Franz Florentini, Cousin von Theodosius Florentini, konnte sich 1861 auf seiner Firmreise ein Bild der Lage machen. Allerdings war es ihm nicht möglich, Hilfe anzubieten, denn das Bistum war arm und hatte zu wenig Priester.

Doch konnte die Zürcher Diaspora auf die Unterstützung vieler Pfarrer und Laien in den katholischen Stammlanden zählen. Die Kantone Zug und Schwyz waren doppelt betroffen durch die Auswanderung einheimischer und den Zuzug reformierter Arbeitskräfte. Aufbauarbeit leisteten etwa der Einsiedler Pfarrer und spätere Churer Bischof, P. Kaspar Willi, und der für den Kanton Zürich zuständige Dekan, Pfarrer Alois Rüttimann in Tuggen.

Für die Diasporaseelsorge war es schwierig, Geistliche zu finden, weil es damals an katholischen Mittelschulen und Priesterseminaren mangelte und damit auch an Nachwuchs. Zudem fehlten die Mittel für Pfarrerlöhne und kirchliche Gebäude. Das war 1862 für die Regierung mit ein Grund zur Aufhebung der Abtei Rheinau.

Der erste katholische Gottesdienst ausserhalb der drei bestehenden Pfarreien im Kanton Zürich (Dietikon, Rheinau und Zürich) wurde 1862 in einem Saal des alten Stadthauses von Winterthur gehalten. Die Katholiken bekamen hier Gastrecht, während sie anderorts in einem Schulzimmer, einem Fabriksaal oder einer Gastwirtschaft einen vorläufigen Raum für Gottesdienste suchen mussten. Darin zeigt sich die grosse Unterstützung durch Stadtpräsident Johann Jakob Sulzer. Winterthur war in dieser Zeit des Wirtschaftsaufschwungs offen für Zuwanderer.

Der Kapuziner P. Theodosius Florentini (1808–1865) war als rastloser Vordenker, Anreger und Gründer eine der wichtigsten Schweizer Persönlichkeiten des 19. Jahrhunderts. 1845 wurde er Hofpfarrer in Chur und damit auch Diasporaseelsorger. Daneben hielt er Volksmissionen, Exerzitien, Predigten und Vorträge. 1959 eröffnete er das Kollegium Schwyz, um dem katholischen Bildungsnotstand nach den Ordens- und Klosteraufhebungen zu begegnen. Mit den Schwesternkongegationen von Menzingen (1844) und Ingenbohl (1856) regte er die Mitarbeit von Frauen in Schulen, Spitälern, Waisenhäusern, Wohn- und Behindertenheimen an. Damit schuf er wichtige Grundlagen für eine von den Erfordernissen der Zeit ausgehende katholische Diakonie und Verkündigung auch in den Diasporagebieten. Bis über die Mitte des 20. Jahrhunderts hinaus trugen weitgehend die Frauenorden die öffentlichen Primarschulen und sozialen Einrichtungen in den katholischen Stammgebieten und der Diaspora. P. Theodosius scheiterte jedoch mit der Gründung von Fabriken als Genossenschaften mit der Absicht, die Lebensbedingungen der Arbeiter zu verbessern. Seit 1860 setzte er sich als Generalvikar stark für die Zürcher Diaspora ein.

Erste Massnahmen

1861 teilte Generalvikar Florentini die Diasporagebiete im Kanton Zürich den benachbarten Pfarreien zu, so etwa Winterthur an Gachnang oder Horgen an Wollerau. Diese Notmassnahme ermöglichte aber keinen regelmässigen Gottesdienst, weil diese Pfarreien meist keine Priester freistellen konnten. Näherliegend wäre gewesen, die Pfarrei Zürich als Zentrum der Diasporaseelsorge aufzubauen, von dem aus Geistliche mit dem Dampfschiff oder der Eisenbahn die Gottesdienstlokale auf dem Land hätten aufsuchen können. Das wollte man aber nicht, solange Kälin, dem man nach seinem Verhalten im Dietiker Kollaturstreit mit Misstrauen begegnete, hier Pfarrer war. Dieser war zudem durch das Wachstum seiner Gemeinde selbst völlig überlastet. Erst der Pfarrerwechsel von 1863 schaffte eine neue Ausgangslage.

Aufhebung der Abtei Rheinau

Im Kloster Rheinau zog 1834 ein staatlicher Vermögensverwalter ein. 1836 wurde die Aufnahme von Novizen verboten. Einer Aufhebung stand im Weg, dass dabei ein grosser Teil des Vermögens an das Land Baden gefallen wäre. Das Land Baden änderte 1857 dieses Gesetz, wodurch das Hindernis wegfiel.

1859 ersuchte der Konvent um die Aufhebung des Novizenverbots, denn bei der Abtwahl zählte man nur noch 11 Mönche. Der jüngste, der 59 Jahre alt war, wurde zum Abt gewählt.

1861 legte die Regierung dem Grossen Rat den Antrag zur Aufhebung des Klosters vor. Daraus entstand ein heftiger Abstimmungskampf, der über den Kanton hinaus Aufsehen erregte. Der neu gegründete katholische Laienverband, der Piusverein, trat dabei zum ersten Mal in der Öffentlichkeit auf. Allerdings war die Aufhebung nicht gegen die katholische Kirche an sich gerichtet; die Zürcher Grossräte konnten im weltabgewandten Leben der Mönche keinen Sinn sehen.

In der Debatte im Grossen Rat sprachen sich die Regierungsräte Felix Wild und Franz Hagenbuch gegen die Aufhebung aus. Hagenbuchs Votum endete laut der NZZ mit den Worten: «Niemand werde dem Kanton Zürich Intoleranz vorwerfen können, aber hier handle es sich um Toleranz auch gegen ein Kloster. Er ist für die Freiheit, die auch dem Mönch freie Bewegung lässt, und ist stolz darauf, dass der Kanton Zürich auch ein Kloster ertragen kann.» Ferner wandten sich der Zürcher Bundesrat Jakob Dubs, der Winterthurer Stadtpräsident Johann Jakob Sulzer, der Staatsrechtslehrer Johann Jakob Rüttimann sowie der Vorsteher der reformierten Zürcher Geistlichen, Antistes Hans Jakob Brunner, gegen die Aufhebung.

In Rheinau hofften die einen auf Vorteile und Gewinne bei der Liquidation des Klostervermögens. Andere bedauerten die Wegweisung der Mönche, die sich gegenüber der armen Bevölkerung immer mildtätig gezeigt hatten. Wegen des heftigen Parteienstreits musste der Bezirksstatthalter nach Rheinau gehen und vor Ausschreitungen warnen.

Die Klosterkirche wurde zur Pfarrkirche. Die Klostergebäude richtete man für die Aufnahme der chronisch Kranken aus dem Predigerspital in Zürich ein. Daraus entstand die psychiatrische Klinik. Heute sind neue Nutzungen vorgesehen mit der «Musikinsel Rheinau», einer Haushaltsschule und einem Museum. Mit dem «Haus der Stille» ist auch wieder klösterliches Leben eingekehrt.

Leodegar Ineichen wurde 1859 zum letzten Abt gewählt. Er war ein würdiger Vorsteher und vertrat mit
seiner weltoffenen Art die Ideale der Benediktiner und
die Anliegen des Klosters überzeugend gegenüber Behörden und Politikern. Er bemühte sich nach der Aufhebung, das benediktinische Klosterleben andernorts
weiter zu ermöglichen. Symbolisch übergab er seinen
Abtstab an das damals wieder besiedelte Kloster Beu-
ron und einen weiteren an die erste von Einsiedeln
aus in Amerika gegründete Abtei, St. Meinrad. Zusammen mit dem Prior Fridolin Waltensbühl ermöglichte er die Gründung eines Benediktinerinnenklos-
ters im früheren Klostergut Ofteringen.

Aufteilung des Rheinauer Stiftsguts (in Franken)

Gesamtbestand	3 200 000
Deckungskapital für die Pensionen-	
auszahlung an die Rheinauer Mönche	300 000
Ausscheidung der Pfründe Rheinau	250 000
Rheinauerfonds für die katholische	
Seelsorge im Kanton (Katholikenfonds)	700 000
Restvermögen	1 950 000
davon ⅗ an Hochschulfonds	1 170 000
und ⅖ an Fonds für das	
höhere Volksschulwesen	780 000

Zum Vergleich des Geldwertes: Der Jahreslohn des
katholischen Pfarrers von Zürich wurde 1863 auf
2600 Franken festgesetzt, ein Arbeiterlohn betrug
etwa 450 Franken jährlich. Das Kloster Rheinau
erfuhr das gleiche Schicksal wie 1832 das Chorherrenstift zum Grossmünster, dessen Vermögen der
neuen Universität zugute kam. Der Staat zog so die
höhere Bildung an sich.

Der Rheinauer- oder Katholikenfonds
Die katholischen Kirchgemeinden Zürich und
Winterthur erachteten die Dotierung des Fonds
als ungenügend und verwiesen auf die künfti-
ge Zuwanderung. Die Gründung privatrechtli-
cher katholischer Genossenschaften beschränkte
zwar die Zahl der Nutzniesser, doch genügte der
Fonds schon bald nicht mehr, um in den grösser
gewordenen Kirchgemeinden neben den Pfarr-
löhnen die weiteren Ausgaben zu bestreiten. In
Zürich und Winterthur mussten freiwillige Ab-
gaben erhoben werden. Nach 1920 löste sich der
Fonds wegen Vermögenszerfalls auf. Die Staatskasse übernahm seine Leistungen.

1863 – 1914

Beheimatung in der Fremde

Das Katholikengesetz und der
Katholikenfonds brachten gute
Voraussetzungen für den Ausbau
der Seelsorge in Zusammenarbeit
von staatlichen und kirchlichen
Behörden. Doch Anfang der
1870er-Jahre begann eine Entfremdung. Während die demokratische
Bewegung mit der Zürcher Kantonsverfassung von 1869 die
Volksmitsprache in kirchlichen
Angelegenheiten vergrösserte,
stärkte demgegenüber das Konzil
1871 mit dem Unfehlbarkeitsdogma die kirchliche Hierarchie.
Viele liberal denkende Katholiken
wollten weiterhin die Laienmitsprache mit ihrem Glauben ver-
binden. Demgegenüber strebten
die Geistlichen eine hierarchische
Kirche an. Dieser Gegensatz trenn-
te 1873 die römisch-katholisch
Gesinnten von der alt-katholischen
Kirchgemeinde und führte sie für
hundert Jahre in die gewollte
Absonderung vom Zürcher Staat.

- 1863
  Katholisches Kirchengesetz
  Rohbau St. Peter und Paul Winterthur
  Gründung der Inländischen Mission

- 1864
  Erste Missionsstation (Männedorf)

- 1866
  Der Syllabus errorum von Papst Pius IX. verurteilt den Liberalismus.

- 1869
  Neue Kantonsverfassung: mehr Demokratie auch
  in der Kirche

- 1870
  Das Erste Vatikanische Konzil hält die päpstliche
  Unfehlbarkeit in einem Dogma fest.

- 1873
  Nach der Abstimmung über das Dogma der
  päpstlichen Unfehlbarkeit trennen sich die Geistlichen und ihre Anhänger von der katholischen
  Kirchgemeinde Zürich.

- 1874
  Einsegnung der römisch-katholischen Notkirche
  in Aussersihl

- 1896
  Sogenannter Italienerkrawall in Zürich
  Erster Katholikentag des Volksvereins

- 1906
  Christlichsoziale Partei
  «Neue Zürcher Nachrichten» als Tageszeitung

Zürich-Aussersihl rund um das Werdgässchen war ein Armenviertel. Aussersihl war ein rasch wachsendes Gewerbe- und Industriegebiet. Die Bevölkerung stieg von 1881 im Jahr 1850 auf 19 767 im Jahr 1888. Für die vielen eingewanderten Arbeiter und ihre Familien musste rasch Wohnraum in oft überfüllten Mietskasernen geschaffen werden.

1873 trennten sich die Geistlichen und ihre Anhänger – von jetzt an als «römisch-katholisch» bezeichnet – von der Kirchgemeinde und bauten beim Werdgässchen in Aussersihl eine bescheidene Notkirche. Damit verliessen sie die vornehme Augustinerkirche an der Bahnhofstrasse, zogen ins Arbeiterviertel und verzichteten auf alles, was man bisher erreicht hatte.

Nach 1877 baute das jüngste Seelsorgeteam der Schweiz St. Peter und Paul zum Modell der späteren Diasporapfarreien auf. Vom Mainzer «Arbeiterbischof» und Initianten einer christlichen Soziallehre Wilhelm Emmanuel von Ketteler ausgebildet und unterstützt von engagierten Laien, gingen sie von der Lebenswirklichkeit der Gläubigen und den «Erfordernissen der Zeit» (Generalvikar P. Theodosius Florentini) aus. Sie verbanden erfolgreich Verkündigung und Seelsorge mit Freizeitgestaltung, beruflicher Weiterbildung, Krankenpflege und Armenfürsorge. In erstaunlich kurzer Zeit errichteten die meist der Unterschicht angehörenden Katholiken zahlreiche Kirchenbauten, Heime, Sozialwerke und Spitäler.

Das katholische Kirchengesetz von 1863

Das katholische Kirchengesetz übernahm die meisten Bestimmungen des (reformierten) Kirchengesetzes von 1861. Dagegen hatten in der Vernehmlassung die Geistlichen, die Kirchenpflegen und der Generalvikar nichts einzuwenden, erst später wurde diese Übernahme von römisch-katholischer Seite verurteilt. «Katholisch Dietikon» hielt ein eigenes Gesetz gar nicht für nötig.

Zu den anerkannten Kirchgemeinden Dietikon und Rheinau kamen Zürich und Winterthur hinzu. Die Bildung weiterer Kirchgemeinden war vorgesehen, doch hat das nur Rüti angestrebt.

Die Kirchgemeinden waren die einzigen im Gesetz anerkannten Institutionen. Um die Mitsprache der Gläubigen – ein wichtiges Anliegen der Liberalen – zu ermöglichen, waren in Zürich und Winterthur die niedergelassenen Ausländer bis zur Kantonsverfassung von 1869 stimm- und wahlberechtigt.

Das Gesetz regelte die Löhne der Geistlichen sowie Bau und Unterhalt der kirchlichen Gebäude aus der Übernahme der Pfründe Dietikon und dem Katholikenfonds. Solche übernommenen Verpflichtungen bezeichnete man später als «historische Rechtstitel».

Das katholische Kirchengesetz von 1863 bewährte sich für die Kirchgemeinden Dietikon, Rheinau und Winterthur hundert Jahre lang. Es liess den Pfarreien viel Freiheit. Es gab nie irgendwelche antikatholischen Einflussnahmen.

Ausländerstimmrecht

In den katholischen Genossenschaften Zürich und Winterthur machten die Ausländer etwa die Hälfte aus. Sie hatten bisher über die Kirchensteuer mitbestimmen können. Die Anerkennung als Kirchgemeinden hätte sie davon ausgeschlossen. Weil man befürchtete, dass sie dann nicht mehr bereit sein würden, die Kirchensteuer zu bezahlen, wurde im Gesetz für diese beiden Gemeinden das Ausländerstimmrecht beibehalten.

Mit der Kantonsverfassung von 1869 wurde diese Ausnahme aufgehoben. Erst mit der Kirchenordnung von 2009 wurde das Ausländerstimmrecht in kirchlichen Angelegenheiten wieder eingeführt.

Pfarrwahlbestimmungen und das Verhältnis zum Bischof

Die Regierung ernannte die Pfarrer aus einem Vorschlag der Gemeinden, weil sie keine Bestimmungen zur Wahlfähigkeit erlassen und die Mitsprache des nur provisorisch für den Kanton zuständigen Bischofs nicht geregelt werden konnte. Zur Bistumsfrage bestimmte das Gesetz: «§ 2. Der Regierungsrat wird dem Grossen Rate seiner Zeit über den definitiven Anschluss der katholischen Einwohner des Kantons Zürich an ein schweizerisches Bistum die geeigneten Anträge hinterbringen.»

Generalvikar P. Theodosius Florentini hatte im Namen der Bistumsleitung dem Grossen Rat vorgeschlagen, die katholischen Geistlichen wie die reformierten von den Kirchgemeinden wählen zu lassen. Falls die Regierung das Ernennungsrecht beanspruche, wäre ein Dreier-Vorschlag durch die Kirchenpflegen oder eine Ausschreibung der Stelle angezeigt, um geeignete Bewerber zu finden. Auf jeden Fall müsse der Bischof vor der Wahl oder Ernennung einbezogen werden, um zu verhindern, dass ein gewählter Geistlicher die Missio canonica nicht erhalten könnte. Erst die Kantonsverfassung von 1869 führte die Gemeindewahl auch der katholischen Pfarrer ein.

gierungsrathe übertragen. Kirchliche Erlasse dürfen ohne Bewilligung des Regierungsrathes nicht publizirt oder vollzogen werden.

In den katholisch=kirchlichen Angelegenheiten steht der Direktion des Innern das Begutachtungs= und bei Wahlen von Geistlichen das Vorschlagsrecht zu.

Dieselbe hat periodische Untersuchungen über die von den katholischen Pfarrern zu führenden Geburts=, Ehe= und Sterberegister anzuordnen.

§ 4. Die ökonomische Verwaltung der katholischen Kirchgemeinden steht unter der unmittelbaren Aufsicht des Bezirksrathes nach Maßgabe der einschlägigen Bestimmungen des Gemeindegesetzes.

§ 5. Die gegenwärtig bestehenden katholischen Kirchgemeinden Rheinau und Dietikon bleiben als solche anerkannt.

§ 6. Die in der Stadt Zürich und in den zunächst gelegenen Gemeinden Außersihl, Wiedikon, Enge, Riesbach, Hirslanden, Hottingen, Fluntern, Oberstraß und Unterstraß wohnenden Katholiken bilden eine neue katholische Kirchgemeinde.

Eine Erweiterung der Begrenzung dieser Kirchgemeinde kann nur durch Beschluß des Großen Rathes erfolgen.

§ 7. In gleicher Weise bilden die in Winterthur, Töß, Veltheim, Oberwinterthur, Wülflingen und Seen wohnenden Katholiken eine neue katholische Kirchgemeinde.

§ 8. Weitere katholische Kirchgemeinden können nur auf dem Wege des Gesetzes gebildet werden, wenn ein ausgesprochenes Bedürfniß dazu vorhanden ist und von der Gemeinde ein genügender Ausweis über die ökono-

Fotografischer Auszug aus dem «Gesetz betreffend das katholische Kirchenwesen, Zürich, den 27. Weinmonat 1863». Dieses wurde sofort in Kraft gesetzt.

Die Kirchgemeinden Dietikon, Rheinau und Winterthur

In Dietikon erreichten Pfarrer Leonhard Haas (1866–1871), der spätere Bischof von Basel, und seine Nachfolger Albert Diethelm (1871–1909) und Hermann Camenzind (1909–1943) durch Vereine und Solidaritätswerke eine hohe Einbindung der Gläubigen.

Rheinau wurde nach dem Einzug der psychiatrischen Klinik in die Klostergebäude eine konfessionell gemischte Gemeinde.

In Winterthur anerkannte das Gesetz auf Drängen von Stadtpräsident Johann Jakob Sulzer etwas überstürzt eine Kirchgemeinde. Es fehlten Laien mit Geschäftserfahrung, was am Anfang für einige Wirren sorgte. Ein besonnener Aufbau trat erst mit Pfarrer Severin Pfister (1871–1901) ein. Er traf eine leere Kirche ohne Inneneinrichtung an, ein Pfarrhaus stand erst 1874 zur Verfügung. Unter seinen Nachfolgern Johann Theodor Meyer (Pfarrhelfer 1890, Pfarrer 1901–1929) und Anton Mächler (1929–1955) wurde Winterthur zu einer Grosspfarrei mit mehreren Pfarrfilialen. In und um Winterthur entstanden 6 Pfarrrektorate, die 1970 selbstständige Pfarreien wurden.

Diese Kirchgemeinden entwickelten dank der Mitbestimmung der Gläubigen die gleiche Einbindung mit Vereinen und Sozialwerken wie die privatrechtlich organisierten Pfarreien. Das vom katholischen Kirchengesetz eingeführte Stimm- und Wahlrecht begünstigte die Mitarbeit der Gläubigen.

Der «Winterthurer Kulturkampf»

Diese in den Pfarreigeschichten verwendete Bezeichnung bezieht sich auf die anfänglichen Schwierigkeiten, einen fähigen Priester zu finden. Dabei stellte die Kirchenpflege zu hohe Erwartungen an die Anwärter für eine Pfarrstelle, die noch über keine Kirche und kein Pfarrhaus verfügte. Es ist nachvollziehbar, dass die Katholiken gerade wegen ihrer Minderheitensituation einen dem reformierten Stadtpfarrer ebenbürtigen Geistlichen vorweisen wollten, doch wirkte die ungesicherte Aufbausituation auf keinen erfahrenen Geistlichen anziehend. 1871 beschwor der Bischof schliesslich den Pfarrer der Grosspfarrei Jona, Severin Pfister, nach Winterthur zu gehen. Pfister sollte sich bald als die führende Persönlichkeit unter den katholischen Geistlichen im Kanton Zürich erweisen. 1877 wurde er Dekan des neuen Priesterkapitels Zürich.

Winterthur – eine Hochburg der Vereine

1902 wurde ein Arbeiterverein gegründet. Dieser Verein war für die weitere Entwicklung des katholischen Verbandswesens bedeutsam, weil er sich der sozialen und politischen Anliegen der Zeit annahm. Auch in Winterthur gelang Vereinen, Parteien, Gewerkschaften, Krankenkassen, Heimen und einer Tageszeitung die Bindung der Katholiken an die Pfarrei.

Dekan Alois Rüttimann konnte 1868 die Winterthurer Pfarrkirche St. Peter und Paul einsegnen. Die Stadt hatte den Bauplatz unentgeltlich zur Verfügung gestellt. Die Planung übernahm der Winterthurer Stadtbaumeister Wilhelm Bareiss. 1897, nachdem auch die Inneneinrichtung vorhanden war, weihte der Bischof die neugotische Kirche.

Mit den Kranken und dem Personal der psychiatrischen Klinik entstand in Rheinau eine reformierte Gemeinde, die ihre Predigten in der Berg- oder Nikolauskirche halten konnte. Aufgrund der guten Erfahrung wird seit 2000 auf der Klosterinsel auch die Magdalenenkapelle (auch Spitzkirche genannt) von beiden Konfessionen für ihre Gottesdienste genutzt.

47

Rolf Reichle

Pfarrer in Rheinau

Das verblüfft: Auf dem Dachreiter der Kirche St. Nikolaus in Rheinau findet sich gleichzeitig ein Kreuz, wie auf katholischen Kirchen üblich, und ein Hahn als Symbol für eine reformierte Kirche. Dass die Kirche den Angehörigen beider Konfessionen dient, wird auch deutlich beim Betreten des Kirchenraums. Da steht in der Mitte das für die Reformierten wichtige Taufbecken, rechts daneben der in der katholischen Tradition stehende Ambo, von dem aus das Evangelium gelesen wird. Es gibt einen Altar sowie links an der Wand ein aus gotischer Zeit stammendes Kruzifix, ferner eine Marienstatue und eine des heiligen Nikolaus von Myra. Und es brennt das ewige Licht. Gleich neben dem Kruzifix ist eine Kanzel angebracht, typisch für eine reformierte Kirche. Den Gottesdienstbesuchern stehen zwei verschiedene Kirchengesangbücher zur Verfügung: mit blauem Einband das für die Katholiken, mit dunkelrotem das für die Reformierten.

Die Kirche, im Gegensatz zur Klosterkirche Bergkirche genannt, ist ein Unikum in der kirchlichen Landschaft des Kantons Zürich. Es handelt sich um eine Simultankir-

che: Sie steht – simultan – seit 400 Jahren beiden Glaubensrichtungen offen. Seit 2010 gehört sie gemäss Regierungsratsbeschluss den beiden Kirchgemeinden.

Rolf Maria Reichle, der katholische Pfarrer, gibt Auskunft:

Wie geht denn das, eine Kirche in gemeinsamer Verantwortung einer katholischen und einer reformierten Kirchgemeinde? _____ Das geht sehr gut. Natürlich ist es wichtig, dass die beteiligten Personen gut miteinander auskommen, und das ist der Fall. Wir pflegen auch eine schöne ökumenische Zusammenarbeit, machen vieles gemeinsam, etwa in der Alters- oder Kinderarbeit. An einem Pfarrkonvent regeln wir alle auftauchenden Fragen. Keiner will dominieren, wir gehen in Liebe aufeinander zu. Wenn etwas gemeinsame Sache des Herzens ist, gibt es keinen Streit.

Aber gibt es keine Differenzen über die Ausgestaltung des Kirchenraums? _____ Nein. Wir Katholiken stören uns nicht an Kanzel und Taufbecken, die Reformierten nicht an Kruzifix und ewigem Licht, das beisst sich nicht. Und den heiligen Nikolaus verehren wir alle. Er war ja Patron der Fischer und Schiffer, und Rheinau lebte lange Zeit vom Fischfang. Es ist nicht so, dass sich die Katholiken durch den engen Kontakt der Konfessionen einfach den Reformierten angepasst hätten, eine Anpassung hat auch umgekehrt stattgefunden.

Und bei der Belegung der Kirche, kommt man sich da nicht in die Quere? _____ Nein. Am Sonntag, wenn die Reformierten in der Bergkirche Gottesdienst feiern, sind wir in der Klosterkirche, ebenso an den hohen Feiertagen. Es kommt auch vor, dass die Reformierten an gewissen Sonntagen die Spitzkirche auf der Klosterinsel benützen, eine Magdalenenkirche; wir feiern dort jeweils am Donnerstag eine Messe. Sie ist übrigens ein beliebtes Hochzeitskirchlein, beliebt bei Mitgliedern beider Konfessionen. Kaum zu glauben, dass sie eine Zeit lang der im Kloster untergebrachten psychiatrischen Anstalt als Aufbewahrungsort für Petroleum diente.

Und wie werden die Aufwendungen für die Bergkirche auf die beiden Kirchgemeinden verteilt? _____ Früher gab es beispielsweise zwei Stromzähler in der Kirche, aber heute haben wir eine ganz einfache Regelung: Jede Kirchgemeinde zahlt die Hälfte.

Aber das war nicht immer so? _____ Nein. Früher gab es auch Streit. Dass die Bergkirche zur Simultankirche wurde, ist den Rheinauern ja von der Obrigkeit aufgezwungen worden. Zur Zeit der Reformation trat Rheinau zum neuen Glauben über. Nach dem Kappelerkrieg dann wurden die meisten Bürger von Rheinau wieder katholisch, aber nicht alle. Und die Einwohner von Ellikon am Rhein, die auch zum Kirchensprengel Rheinau gehörten, blieben reformiert. Da legte der Staat fest, dass die Bergkirche von beiden Konfessionen gebraucht werden dürfe. Das war im Jahr 1609. Noch lange Zeit war es so, dass die Reformierten den hinteren Teil benützten, die Katholiken den durch ein Gitter abgetrennten Chor. Erst um 1970 wurde bei einer Renovation das Gitter entfernt. Nach dem Brand von 2004, der einen Teil der Kirche zerstörte und umfangreiche Restaurierungsarbeiten nötig machte, blieb das so. Übrigens tränkte das Löschwasser den 1970 angebrachten Verputz im Chor derart, dass er sich löste. Darunter kamen alte Malereien zum Vorschein, die sorgfältig restauriert wurden. Dadurch wurde der Kirchenraum aufgewertet, finde ich. Der Brand hat also nicht nur Schaden angerichtet.

> «Noch lange Zeit war es so, dass die Reformierten den hinteren Teil benützten, die Katholiken den durch ein Gitter abgetrennten Chor»

Und wie steht es mit den Bestrebungen, auf der Klosterinsel wieder klösterliches Leben anzusiedeln? _____ Es gibt auf der Insel seit 2003 das Haus der Stille, das von Kehrsiter Schwestern der Spirituellen Weggemeinschaft bewohnt und betrieben wird. Sie leben eine franziskanische Spiritualität und begleiten Menschen, die auf der Suche sind. Gespannt sind wir auch, wie die Insel nach der Sanierung der Klostergebäude und der Einrichtung der «Musikinsel Rheinau» aussehen wird.

Die ersten Missionsstationen

Der regelmässige Gottesdienst in einem Schulhaus, einem Gasthof oder einer Fabrikhalle war der erste Schritt zur Eröffnung einer Missionsstation. Der Zürcher Pfarrer Johann Sebastian Reinhard schrieb 1865 an einen Gönner über die Sonntagsmesse in Gattikon: «Merkwürdig dabei ist, dass schöne geräumige Säle in den Fabriken so recht eigentlich dafür passende Lokale sind und mit Leichtigkeit zu Oratorien umgewandelt werden. Bis aber an diesen Orten freistehende katholische Kirchen stehen, mag es noch lange anstehen; doch wird es kommen, der Zudrang der Katholiken in den industriellen Kanton ist zu gross, das Bedürfnis wird immer fühlbarer werden.»

Diese Initiativen unterstützte der Direktor des Innern, Regierungsrat Karl Huber. Er bewilligte, obwohl keine gesetzliche Verpflichtung bestand, aus dem Katholikenfonds einen Lohnanteil für die als Seelsorger eingesetzten Vikare.

Die Eröffnungen von Missionsstationen waren vielbeachtete Feiern. Im Jahresbericht der Inländischen Mission 1865 steht: «An der Festfeier nahmen auch eine Abordnung des Gemeinderates von Horgen und der protestantische Ortspfarrer teil, und sie legten dabei gegen die Katholiken die freundlichsten Gesinnungen an den Tag.»

Die Gründungen der ersten Missionsstationen bewiesen viel Initiative, aber vorerst wenig Koordination.

Die Inländische Mission

Die Inländische Mission wurde 1863 in Einsiedeln von Laien aus dem Piusverein heraus gegründet. Diese arbeiteten von Anfang an mit Geistlichen aus den Bistumsleitungen zusammen. Wichtige Anregungen kamen von Generalvikar P. Theodosius Florentini, dem es gelang, junge Priester für den Einsatz in der Diaspora zu gewinnen. Erster Präsident und unermüdlicher Förderer war Dr. Melchior Zürcher-Deschwanden, Arzt in Zug. Ihm waren die Missionsstationen im benachbarten Kanton Zürich ein persönliches Anliegen. Er wanderte viele Male nach Horgen, um den Bau der ersten Kirche zu begleiten. Die Inländische Mission leistet ihre Aufgabe der Solidarität zwischen katholischen Stammlanden und Diaspora bis heute.

2013: 150 Jahre Inländische Mission IM

Zusammen mit der Schweizer Bischofskonferenz feierte die IM am 2. Juni 2013 ihr 150-Jahr-Jubiläum in Einsiedeln. Die Schweizer Bischöfe, der Abt von Einsiedeln und der Präsident der IM, Ständerat Paul Niederberger, durften unter den zahlreichen Gästen in der vollen Klosterkirche die Vertreterin des Bundesrates, Frau Bundesrätin Doris Leuthard, als Ehrengast begrüssen. In allen Diözesen der Schweiz fanden im Jubiläumsjahr Dankgottesdienste der IM statt.

Die Kirchgemeinden der Stadt Zürich, die im 19. und vor allem in der ersten Hälfte des 20. Jahrhunderts von der IM intensiv unterstützt wurden, drückten ihren Dank mit einer Spende ihres Stadtverbandes von einer halben Million Franken aus.

Männedorf – die erste Missionsstation im Kanton

Das Internat «Felsenhof» zog Schüler auch aus katholischen Gebieten an. Der Zürcher Pfarrer Reinhard hielt am 11. September 1864 die erste Messe. Pfarrhelfer Leonhard Haas fuhr anfänglich jeden Sonntag mit dem Dampfschiff zum Gottesdienst nach Männedorf.

Horgen – von der Inländischen Mission besonders gefördert

Der Menzinger Pfarrer Johann Josef Röllin stellte ein halbes Jahr lang den Gottesdienst in Horgen sicher. 1865 konnte dafür ein Vikar angestellt werden. Horgen stand unter der besonderen Fürsorge des Leiters der Inländischen Mission, Dr. Melchior Zürcher-Deschwanden. Wie an andern Orten fand die Gründung der Missionsstation viel Unterstützung bei den Behörden. 1874 bildete Horgen zusammen mit Männedorf eine eigene Pfarrei.

Gattikon – Gottesdienst im Dachgeschoss einer Fabrik

Die Gründer dieser Missionsstation waren der Zuger Dekan Melchior Schlumpf und Wolfgang Henggeler, Besitzer der Spinnerei Baar, der mit der Tochter des Fabrikbesitzers Schmida in Gattikon verheiratet war. Dieser gab die Zustimmung zur Sonntagsmesse in seiner Fabrik. Seit 1867 besorgte ein Vikar von Zürich aus die Missionsstation. 1878 baute man im benachbarten Langnau eine Kirche. Henggeler hat auch die reformierte Predigt in Baar ermöglicht.

Rüti – Pilgersteg sollte eine Kirchgemeinde werden

Aus der March waren Arbeiter nach Rüti und Wald eingewandert. Dekan Alois Rüttimann aus Tuggen ermöglichte die Sonntagsmesse im Saal des Gasthofs «Pilgersteg». Er hat sich im Gegenzug für die reformierte Predigt in Siebnen eingesetzt. Als «Rucksackpriester» kam ein Kapuziner von Rapperswil nach dem Pilgersteg zu Fuss oder mit der Dampfbahn. Rüti hat 1872 das einzige Gesuch um Anerkennung als katholische Kirchgemeinde eingereicht, das aber wegen Mittellosigkeit abgelehnt wurde.

Melchior Zürcher-Deschwanden arbeitete nach dem Studium der Medizin in München und Zürich als Arzt im Kanton Zug, zunächst in Menzingen, später in Zug selbst. Er engagierte sich auch politisch als Sanitätsrat, Erziehungsrat und Kantonsrat. Die Gründung der IM erfolgte in Einsiedeln durch den Piusverein auf Antrag von Melchior Zürcher, der später ihr erster Leiter wurde und bis zu seinem Tod im Jahr 1902 unermüdlich für die IM tätig war. Nachfolger als Präsidenten der IM waren keine Geringeren als Bundesrat Philipp Etter, Bundesrat Hans Hürlimann, Regierungsrat Walter Gut, Regierungs- und Ständerat Hans Danioth und seit 2008 Ständerat Paul Niederberger.

Pfarreigründungen

Aus den ersten Missionsstationen entstanden auch die ersten neu gegründeten Pfarreien. Der Verlauf war immer ähnlich.

In einer bestehenden Pfarrei wurde ein Vikar aufgenommen, der in einer benachbarten Gemeinde oder einem nahen Stadtquartier den Religionsunterricht zu erteilen begann. Der nächste Schritt war der regelmässige Sonntagsgottesdienst in einem Schulhaus oder im Saal eines Gasthofes. Damit war man eine Missionsstation.

Dann wurde eine Kapelle erstellt, dazu oft auch ein Pfarrhaus. Man gründete die ersten Pfarrvereine, um die Gläubigen an die Pfarrei zu binden, zu deren Unterhalt jene beizutragen hatten.

Der Bau einer grösseren Kirche machte die katholische Pfarrei sichtbar. Die Kirchweihe war ein grosses Fest, an dem man stolz das Erreichte vorzeigte. Dazu lud man die Wohltäter und die Behörden ein. Diese Feier war meist verbunden mit der Erhebung zur selbständigen Pfarrei. Der bisherige Vikar wurde nun Pfarrer. Nach einer Zeit der Festigung wurde wiederum ein Vikar ins Pfarrhaus aufgenommen, um eine neue Missionsstation aufzubauen. So überzog mit der Zeit ein dichtes Netz von Pfarreien den ganzen Kanton.

Mit dem katholischen Kirchengesetz von 1963 waren die Mittel vorhanden, anstelle der baufällig gewordenen Kirche 1966 einen modernen Kirchenbau in Rüti zu errichten.

Liste der Pfarreigründungen

1873	Zürich-Aussersihl: St. Peter und Paul
1874	Horgen: St. Josef
1875	Männedorf: St. Stefan
1878	Rüti-Tann: Hl. Dreifaltigkeit
1880	Langnau: St. Marien
1882	Wald: St. Margrethen
1884	Uster: St. Andreas
1890	Wetzikon: St. Franziskus
1891	Affoltern: St. Josef
1893	Zürich-Unterstrass: Liebfrauen
1894	Adliswil: Dreifaltigkeit
1895	Wädenswil: St. Marien
1895	Zürich-Oerlikon: Herz Jesu
1899	Thalwil: St. Felix und Regula
1900	Zürich-Altstetten: Heilig Kreuz
1902	Bülach: St. Laurentius
1902	Pfungen: St. Pirmin
1903	Bauma: St. Antonius
1903	Küsnacht-Erlenbach: St. Georg
1910	Kollbrunn: St. Antonius
1908	Zürich-Hottingen: St. Anton
1914	Richterswil: Hl. Familie

Das Beispiel der Dreifaltigkeits-Pfarrei Rüti-Tann zeigt, wie eine Diaspora-Pfarrei aufgebaut wurde

1865 schätzte man die Zahl der Katholiken in der Umgebung von Rüti und Wald auf 600 Seelen, 1870 schon auf 1200. Die katholische Wirtin im «Pilgersteg» stammte aus der March. Von ihr erhielt Dekan Alois Rüttimann die Erlaubnis für die Sonntagsmesse im Saal des Gasthofs, die von einem Kapuziner aus dem Kloster Rapperswil gefeiert wurde. Ihr Sohn spielte das Harmonium. 150 bis 200 katholische Fabrikarbeiter kamen an den Sonntagen zu Fuss aus Wald, Rüti, Dürnten, Bubikon, Hinwil und Wetzikon nach dem Pilgersteg. Bis 1883 wirkten Kapuziner als Seelsorger.

Die Kapelle des früheren Ritterhauses Bubikon diente von 1873 bis 1879 für den katholischen Gottesdienst. Damals gehörten zu dieser Missionsstation 233 Katholiken in Rüti, 163 in Dürnten, 139 in Wetzikon, 48 in Hinwil, 47 in Bubikon und 23 in Grüningen.

1879 konnte ein Kirchenbau in Tann eingesegnet werden. 1887 war das Pfarrhaus bezugsbereit. Der Turm kam 1906 dazu mit den alten Glocken der reformierten Kirche Rüti. Neue Glocken wurden 1933 von der Dorfjugend aufgezogen. 1948 ergänzte ein Vereinshaus mit einer Wohnung für Ordensschwestern das Kirchenzentrum.

Polarisierung innerhalb der Kirchen

Nach 1860 nahmen die Spannungen zwischen liberalen und konservativen Kräften innerhalb der Kirchen weiter zu. Auf reformierter Seite war der Beschluss der Pfarrersynode von 1864, das Glaubensbekenntnis in der Taufliturgie wegzulassen, der Anlass zur Sammlung der beiden kirchlichen Richtungen in landesweiten Vereinen.

Die Liberalen gründeten 1866 den «Schweizerischen Verein für freies Christentum». Die konservativ Gesinnten organisierten sich in der «Evangelischen Gesellschaft», die nach 1865 in Uster und Horgen privatrechtliche Gemeinden mit eigenen Predigern unterhielt. Sie war das Vorbild für die späteren römisch-katholischen Pfarreien.

Die reformierte Landeskirche versuchte – im Unterschied zur katholischen Kirche – trotz den oft heftigen Auseinandersetzungen die beiden Richtungen gemeinsam unter ihrem Dach zu behalten. Neben den reformierten Dorfkirchen konnte man nun Predigträume der Evangelischen Gesellschaft antreffen. Nach 1872 richteten die Methodisten eigene Betsäle ein. Bald kamen weitere Freikirchen dazu. In den Augen der Zürcher trugen auch die Kapellenbauten der katholischen Missionsstationen zum bunter werdenden Bild der Glaubensbekenntnisse bei.

Antistes Georg Finsler mahnt zur Einheit im Glauben

Antistes Finsler, Vorsteher der Zürcher Pfarrer, gehörte der vermittelnden Richtung an. In seiner Antrittspredigt am Grossmünster erinnerte er 1871 die Parteien an die gemeinsamen Grundlagen: «Wenn nur, wird Mancher sagen, die Kirche in sich selbst einig, wenn sie nur nicht von Parteiungen zerrissen wäre. Ja, es ist wahr, es ist des Streites viel, es ist ein Riss da, der sich nicht verdecken lässt; immer mehr gehen die Meinungen auseinander, immer mehr schliessen sich die Parteien gegen einander ab, und die Stimmen, die zum Frieden und zur Mässigung mahnen, sind selten und hüben und drüben nicht immer gern gehört. Und doch – hat nicht der Apostel das Wort vom einen Grunde auch in eine starke Parteiung hineingeredet als ein Wort des Friedens und der Mahnung zum Frieden? Wir zwar werden den Streit nicht lösen, aber wir haben das Vertrauen, dass Gott mächtig sei, auch da einen Ausweg zu schaffen. Inzwischen aber mögen Alle, denen es wirklich um das Bauen zu tun ist, es beherzigen, dass Niemand einen andern Grund legen kann ausser Christus, und bei allem Kampf über die Art des Glaubens an Christus und über das Wesen seiner Person der Liebe nicht vergessen, die das Band der Vollkommenheit ist.»

Johann Sebastian Reinhard wird katholischer Pfarrer von Zürich

1863 trat Pfarrer Kälin wegen Überlastung zurück. Die Kirchenpflege schlug einen konservativen Geistlichen als Nachfolger vor. Generalvikar Florentini war sich jedoch bewusst, dass in Zürich nur ein liberaler Geistlicher mit Erfahrung in der Diasporaseelsorge bestehen konnte, und überzeugte den Pfarrer von Reiden und früheren Professor an der Kantonsschule Luzern, Johann Sebastian Reinhard, die Stelle anzunehmen. Pfarrer Kälin war über diese Wahl erfreut. Im Unterschied zu Kälin vermochte sich Reinhard jedoch in Zürich nicht richtig einzuleben. Obwohl liberal gesinnt, lehnte er eine zu grosse Laienmitbestimmung ab. Als 1869 die Demokraten in der neuen Kantonsverfassung die Wiederwahl der Geistlichen einführten, ging ihm das zu weit. 1872 suspendierte ihn der neue Direktor des Innern, Karl Walder, und klagte ihn vor dem Bezirksgericht an, weil er sich geweigert hatte, eine konfessionell gemischte Ehe zu verkünden. Zwar sprach das Gericht Pfarrer Reinhard frei, doch dieser hatte von nun das Vertrauen in die Zürcher Behörden verloren und erwartete vor dem Hintergrund des Kulturkampfes weitere Kampfmassnahmen gegen katholische Geistliche.

Aufwertung von Hierarchie und Papsttum in der katholischen Kirche

Papst Pius IX. sah die Zukunft der Kirche nur gesichert in einer konservativen Ausrichtung unter verstärkter Leitung von Papst und Bischöfen, legitimiert durch das vom Ersten Vatikanischen Konzil 1870 verkündete Unfehlbarkeitsdogma. Bereits 1864 hatte der Papst im «Syllabus errorum» die Irrtümer der Zeit verurteilt, besonders den Liberalismus und die Demokratie. Nach Ansicht der liberalen Regierungen bedrohte ein unfehlbarer Papst die Staatsordnung, wenn er die Katholiken dazu verpflichten konnte, demokratische Einrichtungen abzulehnen.

Auch in Zürich zeigte sich diese Polarisierung. Der Syllabus wurde zwar von der Regierung freigegeben, jedoch wegen seines Umfangs von den Geistlichen nicht verlesen. Das angekündigte Unfehlbarkeitsdogma war dann der Anlass zur Gründung eines liberalen «Vereins freisinniger Katholiken» und eines romtreuen «Katholikenvereins» unter Leitung von Pfarrhelfer Bossard. 1873 verlangte der Verein freisinniger Katholiken eine Abstimmung über das neue Dogma.

Einblick in die Kirchgemeinde Zürich

Zürich war die grösste Pfarrei der Schweiz. Die Zuwanderung liess die Zahl der Katholiken in der Stadt und den Vororten zwischen 1850 und 1870 von 2597 auf 8874 anwachsen. Zählt man die Missionsstationen mit, kommt man sogar auf 11 717 Pfarreiangehörige.

Einen Einblick in die Lebensumstände der katholischen Einwohner in der Stadt Zürich gibt die Volkszählung von 1870. Die Hälfte waren Ausländer, die meisten aus deutschsprachigen Gebieten. Jeder Zweite war erst in den beiden vorangegangenen Jahren nach Zürich gekommen, nur jeder Fünfte war länger als 10 Jahre hier. Mehr als vier Fünftel gehörten als Knechte, Mägde, ungelernte Fabrikarbeiter und Gesellen der Unterschicht an.

Die seit Längerem niedergelassenen Handel- und Gewerbetreibenden, Akademiker und Beamten trugen die Steuerlast der rasch wachsenden Kirchgemeinde allein, deren Kosten der Katholikenfonds nicht mehr vollumfänglich decken konnte. Sie stellten auch die Kirchenpfleger. Im Gegensatz zu andern Zuwanderern waren sie ihrem Glauben treu geblieben, wollten aber eine mit der liberalen Zürcher Kultur versöhnte Kirche. Diese Haltung gewann die Oberhand, als mit der Kantonsverfassung von 1869 das Stimm- und Wahlrecht der Ausländer wegfiel und die Kirchenpflege erneuert werden musste.

Kirchenpflege und Präsident Max Zürcher

Das Verhältnis zwischen Kirchenpflege und Pfarrer Reinhard war gespannt. Der Pfarrer war Mitglied der Kirchenpflege, aber seit 1863 nicht mehr von Amts wegen deren Präsident. Die Kirchgemeinde wählte Reinhard nicht zum Präsidenten, sondern zog angesichts der knappen Finanzen einen in der Gemeindeverwaltung erfahrenen Juristen vor. Das empfand Reinhard als Zurücksetzung.

Von neuen Seelsorgeformen und einer Pfarreischule, wie sie der Pfarrhelfer Bossard vorschlug, wollten die Kirchenpfleger nichts wissen. Sie unterstützten später die altkatholischen Vorstösse.

Präsident Max Zürcher war ein kirchlich engagierter Laie. Ursprünglich hatte er einem Orden beitreten wollen wie zwei seiner Brüder. Seiner kirchlichen Bindung ist es zuzuschreiben, dass die altkatholischen Vorstösse eine kirchliche Richtung behielten.

Pfarrer Johann Sebastian Reinhard, Pfarrhelfer Dominik Bossard und Vikar Albert Diethelm
Mit Pfarrer, Pfarrhelfer und Vikar waren in Zürich drei verschiedene Priestergenerationen tätig. Pfarrer Reinhard gehörte zum Kreis der liberalen Luzerner Priester, aus dem der erste altkatholische Bischof Eduard Herzog stammte. Auch Reinhard lehnte zuerst das Unfehlbarkeitsdogma ab, fügte sich jedoch dem Konzilsentscheid. In Zürich machte er sich durch die allzu strikte Einhaltung kirchenrechtlicher Bestimmungen unbeliebt. Mit dem ersten Pfarrhelfer, dem späteren Basler Bischof Leonhard Haas, verstand er sich gut, doch mit dessen ungestümem Nachfolger Dominik Bossard aus Zug gestaltete sich die Zusammenarbeit schwierig. Bossard wollte die damals modernen Formen der Seelsorge mit Pfarrvereinen einführen, was Reinhard ablehnte. Dieser Zwist schadete dem Ansehen der Geistlichen. Von den in den Missionsstationen eingesetzten jungen Vikaren übernahm Johann Schmid später eine altkatholische Pfarrstelle, während Johann Georg Mayer als Leiter des Priesterseminars Chur für eine hierarchische und romtreue Kirche eintrat.

Kirchliche Bindung in der Diaspora
Pfarrer Reinhard schrieb 1864 einem Gönner: «Diejenigen Katholiken, die besonders lange in Zürich weilen, tragen nur noch den Namen, haben sich aber eine eigene katholische Religion zurechtgemacht.» Von den damals etwa 5000 Katholiken besuchten am Sonntag nur einige Hundert die Kirche. Eine kirchliche Entfremdung stellte die Regierung 1861 auch bei den reformierten Zuzügern fest: «Hiezu kommt die Alles Mass überschreitende Unkirchlichkeit in den Ausgemeinden. Man hat berechnet, dass von den früher 10 000 Einwohnern derselben, die kinderlehrpflichtige Jugend nicht eingerechnet, mehr als 8000 nie, als etwa an hohen Festtagen, eine Kirche besuchen.»

Die Kirchgemeinde Zürich löst sich von Rom

Ein Antrag des Vereins freisinniger Katholiken wollte die Geistlichen verpflichten, das Unfehlbarkeitsdogma nicht zu verkünden. Dem stimmte die Kirchgemeindeversammlung vom 8. Juni 1873 mit 291 gegen 109 Stimmen zu. Die Abstimmung verlief bewegt, aber ordnungsgemäss. Pfarrer und Pfarrhelfer protestierten gegen den Entscheid, weil dieser nicht in der Kompetenz der Kirchgemeinde liege.

Dieselbe Forderung war in vielen Pfarreien ohne weitere Folgen beschlossen worden. In Zürich verhielt sich Pfarrer Reinhard klugerweise ruhig, während Pfarrhelfer Bossard die Mehrheit von der Kanzel aus heftig angriff.

Kirchenpflegepräsident Zürcher lud nun Friedrich Michelis zu einem Vortrag über die altkatholische Bewegung ein, um beiden Seiten das Wort zu geben. Michelis war leitendes Mitglied der deutschen Altkatholiken und machte damals eine Urlaubsreise durch die Schweiz.

Nach dem Vortrag bat die Kirchenpflege Michelis, am Sonntag eine altkatholische Messe zu halten. Weil das nach einer Anordnung Roms die Kirche entweiht hätte, fragte Reinhard in Chur nach, wie er sich zu verhalten habe. Der Kanzler wies ihn an, die Kirche ostentativ zu verlassen und sie bis zur erneuten Einsegnung nicht mehr zu betreten. Den Gottesdienst hielten die Geistlichen von nun an in der Friedhofkapelle und im Pfarrhaus.

Trotzdem blieben Reinhard und Bossard weiterhin im Amt. Bossard gründete

aus dem Katholikenverein heraus eine römisch-katholische Genossenschaft, während Reinhard ohne Beurlaubung für mehrere Wochen nach Lyon zur dortigen Missionsgesellschaft reiste, um für einen Kirchenbau Gelder zu beschaffen. In Lyoner Zeitungen wurde die Zürcher Regierung als katholikenfeindlich angeprangert, was in Zürich für Aufsehen sorgte und die Regierung zum Handeln zwang.

Diese wollte zunächst mit der durch die Kantonsverfassung von 1869 eingeführten Wiederwahl der Pfarrer die Kirchgemeinde über die Beibehaltung ihrer Geistlichen entscheiden lassen. Doch nun fragte die Regierung die beiden Geistlichen an, ob sie sich weiterhin als Seelsorger der katholischen Kirchgemeinde betrachteten, was beide verneinten. Darauf wurden sie abgesetzt und aus dem Pfarrhaus ausgewiesen. Friedrich Michelis wurde zum Pfarrverweser ernannt.

Pfarrer Reinhard und Pfarrhelfer Bossard blieben in Zürich und hielten von nun an die Messe im Foyer des damaligen Stadttheaters. Aus einer staatlich anerkannten Kirchgemeinde war nun eine mittellose Missionsstation geworden. Die Inländische Mission sah sich vorerst ausserstande, diese Grosspfarrei zu unterstützen.

Auf dem Bild von Franz Karl Basler-Kopp führt Pfarrer Reinhard seine Getreuen vor dem Gottesdienst von Professor Michelis am 29. Juni 1873 aus der Augustinerkirche.

Ablehnung in der Zürcher Öffentlichkeit

Die Zürcher verstanden das Verhalten von Pfarrer Reinhard und Pfarrhelfer Bossard nicht. An den reformierten Zürcher Stadtkirchen gehörten Pfarrer und Pfarrhelfer jeweils der kirchlich liberalen und der konservativen Richtung an, damit die Kirchgänger die Predigt des ihnen zusagenden Predigers wählen konnten. In Uster und Horgen hatte eine Minderheit die Dorfkirche wegen eines liberalen Pfarrers ohne Anschuldigungen verlassen und mit Hilfe der Evangelischen Gesellschaft eigene Predigträume gebaut. Wieso sollte ein friedliches Nebeneinander zweier kirchlicher Richtungen nicht auch bei den Katholiken möglich sein? Die Zürcher Zeitungen verurteilten deshalb die beiden katholischen Geistlichen und ihre Anhänger als borniert und intolerant.

59

Milieu im Milieu

Harald Rein
Bischof der Christkatholischen Kirche
in der Schweiz

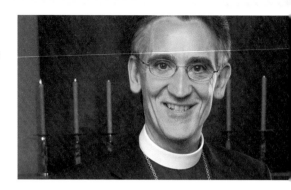

Es freut mich, einen Beitrag für das Buch über die Geschichte der Katholiken im Kanton Zürich und das 50-Jahr-Jubiläum der öffentlich-rechtlichen Anerkennung der Römisch-katholischen Körperschaft zu schreiben. Ist doch das römisch-katholisch–christkatholische Verhältnis von besonderer Art. Oft höre ich von römisch-katholischen Glaubensgeschwistern die Aussage: «Wenn wir einmal soweit sind, wie ihr, könnt ihr ja zurückkommen …»

Bis zur Verfassung von 2010 ging der Kanton Zürich nicht von drei, sondern von zwei Landeskirchen aus, nämlich der evangelisch-reformierten und der katholischen. Und die katholische bestand aus der Römisch-katholischen Körperschaft und der christkatholischen Kirchgemeinde. Im derzeitigen römisch-katholisch–altkatholischen Dialog auf Weltebene wird auf Kommissionsebene vorgeschlagen, dass sich beide Kirchen gegenseitig als katholisch anerkennen und zugleich feststellen sollen, dass zurzeit wegen der Frage der Stellung des Bischofs von Rom in der Gesamtkirche und der Frauenordination noch keine Wiedervereinigung möglich ist.

Es stellt sich die Frage, warum die Reformkräfte sich nicht der Christkatholischen Kirche anschliessen? Oberflächlich könnte man anführen, dass die Christkatholische Kirche wegen ihrer Kleinheit keine wirkliche Alternative darstellt. Tiefer gehend habe ich eher die Vermutung, dass sich das Milieu, das die heutigen römisch-katholischen Reformkräfte ausmacht, mit dem christkatholischen nicht deckt. Das dort nach 140 Jahren Eigenexistenz kultivierte bischöflich-synodale System strebt in einem komplexen Verfahren nicht demokratische oder hierarchische Entscheide an, sondern Konsens. Denn alle Christinnen und Christen sind Träger und Trägerinnen des Heiligen Geistes und daher an der Leitung der Kirche beteiligt.

Das ist in grossen und komplexen strukturellen Einheiten wohl sehr schwierig. So gesehen ist für mich die eigentliche Frage: Wie gross kann / muss eine Diözese idealerweise sein, damit eine solche Konsenskultur praktisch bzw. kommunikativ gelingt?

Die Christkatholische Kirche
in der Schweiz ...

Die Bezeichnung «Altkatholisch» lehnte die Veränderung der Kirche durch das Dogma der päpstlichen Unfehlbarkeit im Gegensatz zu «Römisch-Katholisch» ab. Der erste Bischof, Eduard Herzog, führte den Namen «Christkatholisch» ein. Er suchte früh die Zusammenarbeit mit den anglikanischen und orthodoxen Kirchen. Die kirchlichen Ämter werden als Dienst an den Gläubigen aufgefasst und ausgestaltet. Die Laien übernahmen in der Synode eine grosse Mitverantwortung. Der Pflichtzölibat wurde aufgehoben. Seit 1999 können Frauen die Priesterweihe empfangen. Heute gibt es etwa 13 000 Gläubige. Bischofskirche ist die Kirche St. Peter und Paul in Bern.

... und in Zürich

Die Alt- oder Christkatholiken blieben in der Bildungs- und Unternehmerschicht verankert. Vereine sicherten Gemeindebindung und Zusammengehörigkeitsgefühl. Die Binnenwanderung von der Stadt in die Vororte konnte man mit dem Bau der Elisabethenkirche in Wiedikon und der Christus-Kirche in Oerlikon vorerst begleiten. Die verstärkte Abwanderung in die Agglomerationsgemeinden versetzte die Christkatholiken nach 1960 in eine Diasporasituation, was die kirchliche Betreuung erschwerte. Die Kirchgemeinde Zürich umfasst heute das ganze Kantonsgebiet.

Ein erfolgreiches Modell für Diasporapfarreien

Die Diasporapfarrei Zürich war nach der Abspaltung von den Altkatholiken auf die Unterstützung ihrer Pfarrangehörigen angewiesen, die allerdings meist der Unterschicht angehörten, und auf die Zuwendungen einzelner Wohltäter. 1877 übernahm der bisherige Vikar Karl Reichlin die Pfarrei, nachdem seine Vorgänger unerwartet verstorben waren. Reichlin hatte beim Sozialreformer und späteren Mainzer Bischof Ketteler studiert, was ihn gut auf die Tätigkeit in einer Arbeiterpfarrei vorbereitete.

In der grössten und am schnellsten wachsenden Pfarrei der Schweiz war damals das jüngste Seelsorgeteam eingesetzt. In Zusammenarbeit mit engagierten Laien entstand ein innovatives Pfarreimodell mit neuen Betreuungs- und Einbindungsformen.

Dabei folgte man dem Vorbild der Evangelischen Gesellschaft, die bereits privatrechtliche Gemeinden mit eigenen Sozialinstitutionen gegründet hatte. Diesen Einfluss verstärkten die durch die Evangelische Gesellschaft geprägten Konvertiten aus bekannten Zürcher Familien: Dr. Theodor Usteri, Eduard von Orelli und Dr. Emil Pestalozzi. Sie übernahmen bald wichtige Ämter in Pfarrei und Verbänden. Für die juristische Beratung wurde Fürsprech Rudolf Spöndlin zugezogen, der auch für die Evangelische Gesellschaft tätig war.

Auf diesem Bild der Pfarreileitung mit Pfarrer Reichlin und seinen Vikaren fehlen – wie damals üblich – die Ordensschwestern, die in der diakonischen Arbeit tätig waren. Seelsorge wurde den Geistlichen zugeschrieben. Diese betrachteten die Schwestern und die Laien als unter ihrer Leitung tätig.

Katholischer Kultusverein und Pfarreistiftungen
Nach der Trennung verfolgte man mehrere Strategien. Pfarrhelfer Bossard hatte, während Pfarrer Reinhard in Lyon Geld sammelte, aus dem Männerverein heraus eine römisch-katholische Genossenschaft gegründet. Damit baute er die Pfarrei auf einer Laienorganisation auf. Pfarrer Reinhard hingegen wollte keine Laienmitsprache, sondern den Klerus stärken und suchte Hilfe in Luzern. Hier bildete sich der «Katholische Kultusverein» mit dem Zweck, «das neue Besitzthum der katholischen Genossenschaft von Zürich für die Zukunft sicher zu stellen und zu verhüten, dass nicht unberufene Hände früher oder später neuerdings desselben sich bemächtigen». Aus dieser Eigentumsübertragung sind die heutigen Pfarreistiftungen entstanden.

Bau einer Notkirche in Zürich-Aussersihl

Die neue Kirche baute man in der damals noch selbständigen Vorortsgemeinde Aussersihl, mit dem Industrie- und dem Langstrassenquartier ein rasch wachsendes Fabrik- und Gewerbegebiet und eine Wohngegend für Immigranten und Arbeiterfamilien. 1860 zählte man in Aussersihl 259 katholische Einwohner. 1870 waren es 1318 und 1880 bereits 3720. Die Römisch-Katholiken gehörten nun meist der minderbemittelten Schicht an. Ihre schmucklose Notkirche wurde denn auch etwas despektierlich «Armleute-Betschopf» genannt. Vom Sommer 1874 an konnten in diesem schlichten Raum die Gottes-

dienste gefeiert werden. Die Kirche hatte den jetzigen Turm noch nicht, sondern nur einen Dachreiter. 1884 errichtete man den neugotischen Hochaltar, 1896 wurde die Kirche verlängert und erhielt einen Turm mit Glocken. Die Pfarrei richtete in den umliegenden Häusern kirchliche und soziale Institutionen ein und mit dem «Casino Aussersihl» als Vereinshaus ein Pendant zum sozialistischen «Volkshaus» am nahen Helvetiaplatz. An der Werdgasse entstand ein kleines «katholisches Viertel».

Pfarrvereine als soziales Netz

Hugo Hungerbühler erklärt in der Pfarreigeschichte von Rüti die Bedeutung der Vereine: «Die (...) zugewanderten Katholiken suchten in der andersgläubigen Fremde Kontakte untereinander, gegenseitige Hilfe, Gemeinschaft Gleichgesinnter. Sie organisierten sich in einer z. T. selbstgewählten, z. T. durch äussere Umstände erzwungenen Isolation. Was lag näher als die Absicht, sich zu bestimmten Zwecken zusammenzuschliessen, um Zusammenhang oder besser Zusammenhalt und Gemeinsinn unter den Pfarrkindern zu wecken, zu fördern und zu festigen. So entstanden Vereine, die sich nach einem bestimmten Organisationsschema zusammenfassen lassen. Die Trennung der Geschlechter im Kirchenraum – rechts vom Eingang die Männer und Knaben, links die Frauen und Mädchen, die Kinder in den vordersten Bänken – setzte sich auch in den Vereinen durch; verständlicherweise bildeten nur die Kirchenchöre eine Ausnahme.»

Die Vereine wurden von den Geistlichen gegründet und betreut und von engagierten Laien geleitet. Sie boten den Gläubigen Heimat, verpflichteten sie zu regelmässigem Gottesdienstbesuch und zu Leistungen an die Pfarrei. Die Vereine hatten weitgefasste Zielsetzungen, die heute zum Teil Institutionen der Berufsbildung, Sozialfürsorge und Krankenpflege übernommen haben.

Die Vereine sprachen alle Altersgruppen an und deckten die ganze Freizeit ab, wenn man bedenkt, dass die Gläubigen meist mehreren Vereinen angehörten.

Knaben und Mädchen, Männer und Frauen waren in eigenen Vereinigungen organisiert. Für Väter und Mütter, Unverheiratete und nur vorübergehend anwesende Gesellen und Dienstboten gab es ihren Bedürfnissen entsprechende Vereine.

Der Zusammenhang innerhalb der Vereine war sehr eng, weil das Vereinsleben die weltlichen und kirchlichen Anlässe der Pfarrei einschloss. Generalkommunionen, Vereinsandachten, Jahresausflüge, Aufnahmen neuer und Ehrungen verdienter Mitglieder, Nikolaus- und Weihnachtsfeiern, Fasnacht und Herbstfest, Teilnahme an Dekanats- und Diözesantreffen, Wallfahrten usw. ergaben einen dicht gedrängten Jahreskalender. Zudem waren die Vereine mit der katholischen Partei und ihrer Gewerkschaft personell eng verflochten.

Diese Vielzahl von Vereinen finden wir nicht nur in den Grosspfarreien in Zürich und Winterthur, sondern den Verhältnissen angepasst auch in den anderen Pfarreien. Sie boten den Diasporakatholiken Zusammenhalt, Gemeinschaft und in Notfällen Solidarität. Zudem sicherten sie den Pfarreien die nötigen Mittel für Seelsorge und Diakonie.

Anfang des 20. Jahrhunderts arbeiteten viele Dienst-
mädchen aus Deutschland im Kanton Zürich.
In Bülach und anderswo schlossen sie sich zum
«Dienstboten- und Arbeiterinnenverein» zusammen
und wurden von einem Präses, oft einem Vikar, seel-
sorgerisch betreut. Das obige Bild zeigt den Dienst-
boten- und Arbeiterinnenverein Bülach im Jahr 1928
bei der Verabschiedung ihres Präses, Vikar Konrad
Mainberger.

Unterstützung in Freizeit, Beruf und zur Existenzsicherung

In Eduard Wymanns Zürcher Pfarreigeschichte findet sich diese hier etwas gekürzte Liste der 1907 bestehenden Vereine.

Soziale Vereine: *Männerverein*, darin ein Männerchor und ein Orchesterverein, monatliche Versammlungen. *Arbeiterverein*, Sektion der christlich-sozialen Arbeiterorganisation der Schweiz. Verein mit eigener Sparkasse, Arbeitslosenkasse, Krankenkasse, Sterbekasse, Konsumgenossenschaft, Pensionskasse, Hilfskasse. Beteiligt an der Genossenschaftsbank in St. Gallen, 7 Dissumsläden (Spezereihaus Konkordia), 2 Vereinshäuser. *Arbeiterinnenverein*, Sparkasse, Krankenkasse und Konsumgenossenschaft gemeinsam mit dem Arbeiterverein, eigene Hilfskasse, Pensionskasse, Volksbureau, Haushaltungskurse, Gesangssektion, dramatischer Klub, Bibliothek, Quartalsversammlungen. *Merkuria*, Verein für kathol. Kaufleute und Beamte. *Industria*, Verein für Gehilfinnen im Handelsgewerbe, Unterrichtskurse, cercle français, dramatischer Klub, Quartalsversammlungen. *Gesellenverein*, Unterrichts- und Fachkurse, eigene Sektion für Gesang, Deklamation und Turnen. Sparkasse, obligatorische Krankenkasse, Arbeitsnachweis, Bibliothek. Versammlungen im Winter alle Wochen zweimal, im Sommer einmal.

Schutzvereine für die männliche und weibliche Jugend: *Jünglingsverein* linkes und rechtes Ufer. Sparkasse, Bibliothek, Sektion für Turnen, Gesang, Mandolinen- und Theaterspiel, Diskussions- und Fussballklub, Orchester gemeinsam mit dem Männerverein. *Jungfrauenkongregation* «Maria Immakulata», Monatliche Versammlung jeden ersten Sonntag. Arbeitsabende im Marienheim. *Marienbund kath. Dienstboten und Arbeiterinnen*, linkes Ufer. Verein mit eigener Sparkasse, Krankenkasse, Bibliothek, Sonntagsvereinigungen. *Dienstbotenverein*, rechtes Ufer: Haushaltungskurse, Krankenkasse und Sparkasse, Sonntagsvereinigungen nachmittags von 2 bis 7 Uhr. Dramatischer Klub. *Mädchenschutzverein*, unterhält das Marien- und das St. Josephsheim, Bahnhofmission.

Die Vereine gingen von der Lebenswirklichkeit ihrer Mitglieder aus und boten ihnen bedürfnisgerechte Unterstützung an. Für die Unverheirateten war sinnvolle Freizeitgestaltung zunächst wohl das Wichtigste. Für Arbeitskräfte waren berufliche Eingliederung und Weiterbildung, Sprachkurse, Arbeitsvermittlung und Wohnheime nützlich. Für Notfälle sorgten Spar- und Krankenkassen vor. Für Erwerbstätige mit einer Familie waren Konsumläden, Arbeitslosen- und Pensionskassen erwünscht.

Die Häuser an der Wartstrasse 11–17 dienen seit
Jahrzehnten den Winterthurer Pfarrvereinen. Die
Nutzung und die Einrichtung der Häuser haben sich
verändert und wurden den jeweiligen Bedürfnissen
angepasst. Im Haus Nr. 11 wohnten die Präsides der
Vereine: Pfarrhelfer und Vikare, in Haus Nr. 13 befand sich ein von Schwestern geleiteter Kindergarten. In den Nummern 15 und 17 waren Vereinslokale
und Zimmer für durchwandernde Gesellen eingerichtet. Ingenbohler Schwestern führten den Haushalt. Der Verpflegung und Freizeit diente das Restaurant. Später übernahmen die Baldegger Schwestern
den Kindergarten und die Krankenpflege. Im ange-
bauten Saal fanden Feste und Theateraufführungen
der Vereine statt.

Caritative Vereine, Krankenpflege und Spitäler

Im Verzeichnis der Pfarrvereine in Zürich von 1907 finden sich unter den caritativen Vereinen und Instituten:

Mütterverein der Pfarrei St. Peter und Paul, sorgt für die Christbescherung der Unterrichtskinder. *Mütterverein der Liebfrauenpfarrei*, fördert den Religionsunterricht durch Mitwirkung bei der Christbescherung, Erstkommunion und Entlassung aus der Christenlehre. *Kranken- und Unterstützungskasse*, ambulante Krankenpflege in der Pfarrei. Pflege durch vier Schwestern des hl. Vinzenz von Paul aus Salzburg. *Ambulante Krankenpflege in der Liebfrauenpfarrei*, vier Kreuzschwestern von Ingenbohl. *St. Vinzenzverein*. Konferenz an jeder Kirche. *St. Regulaverein*, Verein zur Pflege und Unterstützung von Kranken und Wöchnerinnen, zumal durch Abgabe von Mittagessen. *St. Elisabethenverein*, Verein zur Unterstützung von Familien. *Bienenverein*, jedes Mitglied liefert jährlich mindestens zwei Kleidungs- und Wäschestücke, welche vom Vorstand an Armenvereine und Anstalten verteilt werden. *Paramentenverein*, Arbeitszeit alle zwei Wochen. *Società ausiliare italiana* in Zurigo. *Katholische Abstinentenliga*, Versammlungen monatlich zweimal. *Der dritte Orden des Hl. Franziskus.*

Die St. Vinzenz-Vereine verteilten die Opfergaben und Spenden an die Bedürftigen in der Pfarrei.

Das Kloster Ingenbohl begann bereits 1861 mit einer Krankenpflegeausbildung. Sie wurde 1952 ins Theodosianum in Zürich verlegt. 1970 zog die Krankenpflegschule mit der Leiterin Sr. Fabiola Jung ins neu gebaute Spital Limmattal um. «Schwester Liliane Juchli prägte in den 60er- bis 90er-Jahren des letzten Jahrhunderts mit ihrem Wirken als Pflege-Expertin im In- und Ausland ganz entscheidend die Auffassung von Pflege. Sie setzte sich ein für ein neues Pflegeverständnis und ein professionelles Selbstbewusstsein der Pflegenden. Die Entwicklung und Emanzipation der Pflegeberufe im deutschsprachigen Raum durch Schwester Liliane gründete auf entscheidenden ethisch-christlichen Werten. Ein besonderes Anliegen war/ist ihr die Menschenwürde.» (Website des Klosters Ingenbohl). 1984 – 2003 war Sr. Elisabeth Müggler Schulleiterin. 2005 wurde die Schwesternschule in die neu geordnete kantonale Krankenpflegeausbildung integriert.

Das Bild zeigt den letzten Ausbildungskurs bei der Diplomfeier.

Das 1898 eröffnete Theodosianum beim Klusplatz war bis 1970 ein Spital der Ingenbohler Schwestern mit angeschlossener Krankenschwesternschule. 1973 übernahm die Stadt Zürich die Liegenschaft als Altersheim. (Bild: Alte Postkarte)

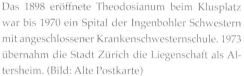

1905 eröffneten die Ilanzer Dominikanerinnen das Privatkrankenheim Sanitas in Zürich-Enge, das 1975 nach Kilchberg verlegt wurde (Bild). Von 1902 bis 1985 führten die Menzinger Schwestern die Klinik St. Raphael in Küsnacht.

Katholische Spitex Winterthur

Die Katholische Spitex Winterthur ist ein Beispiel für eine bis heute aktive Pfarreikrankenpflege. Seit 1918 führte der katholischen Frauen- und Töchter-Verein die Schwestern-Krankenpflege als Sektion. 1939 bildete sich daraus ein eigenständiger Verein. Bis im Frühjahr 1968 waren Baldegger Ordensschwestern eingesetzt. Für einige Zeit unterbrach der Verein seine Aktivitäten, bis dann 1973 Sarner Gemeindekrankenschwestern angestellt wurden. Nach und nach kamen andere diplomierte Pflegefachfrauen dazu.

Sr. Elisabeth Müggler

Ordensfrau in der Krankenpflege

Schwester Elisabeth, Sie treten im Alltag im Ordensgewand auf. Welche Bewandtnis hat es damit? _____ Ich bin eine Ingenbohler Ordensfrau, und das möchte ich auch gegen aussen vertreten. Ich setze damit ein Zeichen, das mich oft auch sehr fordert. Ich fühle mich wohl in diesem Kleid, obschon ich hie und da auch Irritationen wecke. Wenn mir jemand etwas provokativ zuruft: «Gelobt sei Jesus Christus», dann antworte ich gerne mit: «In Ewigkeit, Amen.» Aber ich finde es auch gut, dass das Tragen des Ordensgewands kein Zwang mehr ist. Ich habe mich selbst für die Freigabe engagiert.

Wollten Sie denn schon immer Ordensfrau werden? _____ Ich wollte Krankenschwester werden, schon als 15-jähriges Mädchen, und das konnte ich am 1952 gegründeten Theodosianum in Zürich. Hier gab es die einzige katholische Krankenpflegeschule im Raum Zürich, die aber bald zu einer christlich-ökumenischen Schule wurde, die auch von reformierten sowie von jüdischen Mädchen besucht werden konnte. Sie wurde von Ingenbohler Schwestern geführt. Nach

der Ausbildung trat ich ins Kloster ein, da mich dieser Lebensweg überzeugte. Später wurde ich als Krankenschwester nach Basel und St. Gallen entsandt, lernte dann selbst Krankenschwestern auszubilden, und 1967 bekam ich meine Aufgabe als Lehrerin an der Krankenpflegeschule des Theodosianums.

War es wichtig für die Zürcher Katholiken, dass es ein von Ordensfrauen geführtes Spital gab? _____ Grundsätzlich ja. Wir haben bei der Aufnahme von Kranken nicht nach Religionszugehörigkeit unterschieden, aber natürlich haben wir nicht versteckt, dass wir Ordensfrauen waren. Nebst den von Diakonissen geführten Kliniken Bethanien und Neumünster stellte das Spital Theodosianum einen sinnstiftenden katholischen Gegenpol dar. Krankenpflege, basierend auf einer christlich-religiös geprägten Spiritualität, wurde von der Bevölkerung damals mit Genugtuung wahrgenommen. Wir pflegten das Gebetsleben und hatten selbstverständlich unsere Kapelle. Diesen Kraftort, der stets allen zugänglich war, gibt es übrigens immer noch, auch wenn das Spital mittlerweile zum Altersheim Klus Park der Stadt umgebaut worden ist.

> «Krankenpflege, basierend auf einer christlich-religiös geprägten Spiritualität, wurde von der Bevölkerung damals mit Genugtuung wahrgenommen»

Es muss traurig gewesen sein, als das Spital 1970 aufgegeben werden musste. _____ Es war unumgänglich. Es stand eine durchgehende Modernisierung der Gebäude an, und die dafür nötigen Millionen hätten wir als Orden nie aufbringen können, abgesehen davon, dass es auch immer schwieriger wurde, die Stellen im Spital mit Ordensleuten zu besetzen. Das Spital wurde an die Stadt Zürich verkauft. Die Übernahmebedingungen waren fair. Die damalige Vorsteherin des Sozialamts, Emilie Lieberherr, hatte ja selbst die Handelsschule in Ingenbohl besucht, nota bene als reformierte Tochter, und sie war uns wohlgesinnt. Die Krankenpflegeschule konnten wir im Jahr 1970 ans Spital Limmattal zügeln. Dort waren wir sehr willkommen, wir bekamen sogar ein neues Schulhaus. Anfangs arbeiteten 22 Ordensfrauen dort, 5 an der Krankenpflegeschule und 17 im Spital, in der Pflege, im Labor, im Röntgen, zusammen mit den diplomierten Krankenschwestern. So verwandelte sich der Verlust in einen Gewinn. Zu Beginn bildete die Schule 150 Schülerinnen aus, am Ende waren es 300.

Das Ende der Schule kam mit der vom Kanton verordneten Konzentration der Krankenpflegeausbildung auf bloss noch zwei Standorte. _____ Ja, das war ein schmerzhafter Prozess. Damit verloren die Schulen im Gesundheitswesen ihre Existenz. Auch die Tradition, dass Ordensschwestern in den Spitälern Kranke pflegten und die übrige Arbeit erledigten, hatte sich aufgeweicht. Am Kantonsspital, dem heutigen Universitätsspital, führten wir Ingenbohler Schwestern zusammen mit Lernenden unserer Schule während langer Zeit zum Beispiel die Medizinische Poliklinik. Heute stellen jedoch die Kliniken ihre Lernenden selbst an und entsenden sie an die beiden Schulen in Zürich und Winterthur zur theoretischen Ausbildung.

Wo engagieren sich die Ingenbohler Schwestern heute? _____ Ausserhalb des Mutterhauses in Ingenbohl sind wir nicht mehr zahlreich tätig. Wir engagieren uns eher auf Einzelposten und leben in kleineren Gemeinschaften. Viele sind im kirchlich-pastoralen Dienst engagiert. Daneben messen wir der Referententätigkeit, dem Kunstschaffen, dem literarischen Wirken und dem Engagement im Bereich der franziskanischen Spiritualität hohe Bedeutung zu. Meine Vorgängerin an der Krankenpflegeschule, Schwester Fabiola Jung, macht auch mit 91 Jahren noch Krankenbesuche im Altersheim Klus Park. Ich selbst habe in Schlieren die Alterspastoral aufgebaut und helfe unter anderem in Urdorf in der Alters- und Frauenpastoral mit, ebenso beim ökumenischen Frauentreff und in der ökumenischen Erwachsenenbildung. Wichtig ist mir auch die «wabe Limmattal», die sich um die Begleitung sterbender Menschen zuhause, im Spital oder in Pflegeheimen kümmert. So fördern wir zusammen mit Fachinstitutionen die professionelle Entwicklung der Palliative Care.

Geistliche und Ordensfrauen – Verkündigung und Diakonie

Die Diaspora brachte ein neues Priesterbild. Die Pfarrer und Vikare hatten in der Pfarrei ein hohes Ansehen und waren als Präsides gut in die Vereine eingebunden. Man erwartete von ihnen einen grossen Einsatz bei bescheidenem Lohn. Aus arbeitsrechtlicher Sicht kann man die damaligen Vikare als akademisches Proletariat ansehen. Sie waren nämlich Untermieter im Pfarrhaus und fast rechtlos dem Bischof unterstellt, der nun ohne Rücksicht auf die Mitsprache von Kollatoren oder Pfarreien «seine» Geistlichen nach Belieben versetzen konnte. Bisher hatte man nur so viele Priester geweiht, wie Pfründen als Einkommen vorhanden waren; nun fiel diese soziale Absicherung weg. Die Geistlichen nahmen das hin, weil es dem im Priesterseminar vermittelten Kirchen- und Priesterbild entsprach. Der Einsatz und die Pionierarbeit der Geistlichen in der Diaspora kann nicht genug geschätzt und verdankt werden.

Die im Kanton Zürich eingesetzten Priester waren vorerst meist Einwanderer. Sie stammten aus den geschlossen katholischen Gebieten der Schweiz und der Nachbarländer, in denen der Alltag durch kirchliche Feste und Bräuche geprägt war. Nicht alle fühlten sich in der Diaspora daheim; viele kehrten nach einer kurzen Vikariatszeit in die katholischen Stammlande zurück.

Pfarreien und eingesetzte Priester im Kanton Zürich

Jahr	Pfarreien	Seelsorger (Priester)
1869	4	7
1893	8	12
1920	28	65

Die neue Stellung des Bischofs

Der Einfluss der Bischofs von Chur auf den Kanton Zürich war bis 1860 sehr gering. Erst die Zunahme der katholischen Bevölkerung und der Aufbau der Diasporapfarreien machten eine Zusammenarbeit nötig. Doch hatte das Bistum vorerst wenig Mittel und konnte keine Geistlichen einfach abordnen. Laienverbände schufen die finanziellen Grundlagen, drängten aber die Bischöfe in die Rolle von Integrationsfiguren. Damit gewannen die Bischöfe zunehmend an Einfluss und Macht, was durch die Erklärung des Unfehlbarkeitsdogmas mit der Sakralisierung der kirchlichen Ämter noch gefördert wurde. Die reformierte Landeskirche Zürich ging auch hier einen andern Weg, denn mit der Kirchenverfassung von 1895 wurde das Amt des Antistes durch einen von der Synode – der auch Laien angehören – gewählten Kirchenrat ersetzt

Die «Schwestern» gehörten bald in allen grösseren Pfarreien zum Alltagsbild. Sie führten den Kindergarten. Mit der Hauskrankenpflege begleiteten sie Familien bei der Pflege von Angehörigen. Sie führten den Haushalt in Wohnheimen für alleinstehende junge Arbeitssuchende, Gesellen, Lehrlinge, Schüler, Behinderte und Ältere. In sozialen Notlagen waren sie Ansprechpersonen und vermittelten Unterstützung. Die Bedeutung ihrer Leistungen in der Diakonie und der Bindung an die Pfarreien wird in den meisten Pfarreigeschichten viel zu wenig gewürdigt. (Bild: Ingenbohler Schwestern)

Im Kanton Zürich tätige Ordensfrauen

Auch wenn diese Liste Lücken hat und nicht alle von Schwestern in einzelnen Pfarreien geleisteten Dienste umfasst wie z. B. Hauskrankenpflege, Kindergarten, Seelsorgeaushilfen usw., soll hier in Dankbarkeit die unschätzbare Hilfe der Ordensfrauen aufgezeigt werden.

Baldegger Schwestern	Krankenpflege und Kindergarten in Pfarreien
Ilanzer Schwestern	Spital «Sanitas», Spitalseelsorge
Ingenbohler Schwestern	Spital / Altersheim Theodosianum, Krankenpflegeschule, Sozialarbeit, Pfarreiseelsorge, Kindergarten
Karmelitinnen	Haus der Stille / Kloster in Humlikon, Kinderheim St. Josef in Dietikon
Menzinger Schwestern	Katholische Mädchensekundarschule Zürich, Sozialarbeit, Mitarbeit in Heimen, Klinik St. Raphael in Küsnacht
Schönstätter Marienschwestern	Pfarreiarbeit in Rüti
Schwestern vom Guten Hirten	Sozialarbeit in Zürich
Suore di Carità dell' Immacolata Concezione	Missione Italiana Zurigo
Spirituelle Weggemeinschaft	Haus der Stille in Rheinau
Schwestern des hl. Vinzenz von Paul aus Salzburg	Hauskrankenpflege in Zürich
Vinzentinerinnen	Mitarbeit in der Pfarreiseelsorge Affoltern am Albis
Vinzenz-Schwestern	Haushalt, Sekretariatsarbeiten

Auftreten in der Öffentlichkeit

Die Diasporakirchen waren vorerst bescheidene Bauten. Erst später wurde ein Turm mit Glocken angebaut und das Innere mit Altären, Kanzel und Orgel ausgeschmückt. An den feierlichen Kirchweihen trat man selbstbewusst an die Öffentlichkeit. Vor dem Gottesdienst spielte die Blasmusik, während die Vereine hinter ihren Fahnen in die Kirche einzogen, gefolgt von den Messdienern, den Geistlichen und dem Bischof. Beim Glockenaufzug wirkte die Dorfjugend mit. Pfarrer Reichlin dachte sogar an eine Kathedrale mit Platz für dreitausend Gläubige beim Bellevue in Zürich.

Die Diasporapfarreien übernahmen die Feste und Feiern der katholischen Stammlande in ihren Jahreskalender und entwickelten eine reiche und vielfältige Festkultur mit kirchlichen und weltlichen Feiern, zu denen die festlich gekleideten Gläubigen zur Kirche strömten. Die Fronleichnamsprozession zog mit Musikkapellen durch die Strassen. Gruppen wanderten mit ihrer Fahne zu Wallfahrtsorten. Pfarrvereine begaben sich uniformiert auf ihre Ausflüge. Die Amtseinsetzung eines Pfarrers, der Empfang des Bischofs oder das Fest des Kirchenpatrons waren Gelegenheiten, sich öffentlich darzustellen. Pfarrjubiläen waren gross angelegte Festlichkeiten. Pfarreifasnacht, Samichlaus, Weihnachtsfeier und Herbstfest stärkten die Pfarreigemeinschaft.

Katholischer Volksverein, Katholikentag, christlichsoziale Partei und Tageszeitung

Nach 1880 begann die Zusammenfassung der Männervereine der Pfarreien in einem katholischen Volksverein. Die Jahresversammlung gestaltete man seit 1886 als «Katholikentag» in der Alten Tonhalle in Zürich. 1896 gründeten der Anwalt Dr. Caspar Melliger und Gesinnungsgenossen in Zürich die «Katholische Volkspartei» mit den «Zürcher Nachrichten» als zweimal wöchentlich erscheinende Zeitung, in der die Ereignisse aus katholischer Sicht dargestellt wurden. Der jährliche Katholikentag wurde zu einer öffentlichen Inszenierung des Verbandskatholizismus, während die politischen Vorstösse vorerst wenig Erfolg hatten.

Erst 1906 gelang es, mit der Neugründung als christlichsoziale Partei (CSP) zusammen mit den «Neuen Zürcher Nachrichten» (NZN) als Tageszeitung und Sprachrohr, als Interessenvertretung der Katholiken aufzutreten. Den Anstoss zur Neugründung gab NZN-Redaktor Georg Baumberger. Mit seiner Zeitung gelang es ihm, die Katholiken politisch wachzuhalten und in Wahlen und Abstimmungen auf die katholischen Interessen einzuschwören. Er wurde 1919 zum ersten Zürcher Nationalrat der CSP gewählt. Zu ihrem Erfolg trug bei, dass die Partei mit ihrer sozialen Ausrichtung in einem Diasporakanton stärker auf die Lage der Arbeitnehmer einging als die traditionell ländlich ausgerichteten katholisch-konservativen Parteien der katholischen Stammlande.

Kirchliche Feiern und weltliche Feste, Vereinsaus-
flüge und Wallfahrten als Gemeinschaftserlebnisse stärkten die Pfarrei nach innen und zeigten ihre
Bedeutung nach aussen. Die noch nicht vom Au-
toverkehr beanspruchten Strassen der Dörfer und
Quartiere waren auch Bühnen der Selbstdarstellung
von Kirchen, Parteien und Gewerkschaften mit Um-
zügen, Versammlungen und Feiern. (Bild: Fronleichnamsprozession in Zürich-Oerlikon)

Anzahl der Katholiken im Kanton Zürich

Jahr	Bevölkerung	Katholiken	(% Anteil)
1860	266 265	11 256	4,20 %
1870	284 867	17 994	6,30 %
1880	317 576	30 298	9,60 %
1890	336 541	39 768	11,80 %
1900	431 045	80 752	18,70 %
1910	503 915	109 668	21,80 %

Italienerseelsorge und Pfarrei Don Bosco

Nach der Eröffnung der Gotthardbahn suchten viele Zuwanderer aus Norditalien Arbeit im Kanton Zürich. Sie waren zugleich eine konfessionelle und eine sprachliche Minderheit. 1900 setzte Winterthur einen Italiener-Seelsorger ein.

Die damals noch selbständige Gemeinde Aussersihl, wo die Kirche St. Peter und Paul stand, vergrösserte sich rasch durch Zuwanderung von ausländischen Arbeitskräften, vor allem von Italienern. Um 1888 zählte Aussersihl bereits gegen 20 000 Einwohner, bei der Eingemeindung 1893 mehr als die damalige Stadt Zürich. Die italienischen Immigranten prägten das Quartier. Ihre Mentalität sowie ihre prekären Lebensverhältnisse führten zu sozialen Spannungen und Auseinandersetzungen mit jungen Schweizern, dem mehrtägigen «Italiener-Krawall» von 1896. Die Italiener wurden als Eindringlinge und Konkurrenten am Arbeitsmarkt betrachtet und wurden zu Sündenböcken für soziale Missstände und Benachteiligungen. Als Reaktion auf diese Auseinandersetzungen und auf die Lebensbedingungen der Italiener wurde 1898 die Missione Zurigo gegründet. 1901 weihte die Società ausiliare italiana ein Gebäude mit einer Kapelle ein. 1903 wurde die Mission zu einer Pfarrei mit dem Auftrag, die Einwanderer italienischer Sprache seelsorgerlich zu betreuen.

1903 konnte man in einer vorwiegend von Italienern bewohnten Gegend die Don-Bosco-Kirche einweihen. Die Salesianer stellen bis heute die Seelsorger. Hier entstanden Vereinigungen und Einrichtungen der Sozialfürsorge, Kinder- und Jugendbetreuung, Freizeitgestaltung, Kursangebote für berufliche und kulturelle Integration. Seit 1919 arbeiten die Suore di Carità dell'Immacolata Concezione in der Missione mit. 1953 weihte man eine grössere Kirche ein.

Mit ihren Gemeinschaftsfeiern, Familienfesten und Jubiläen ist Don Bosco nach hundert Jahren weiterhin ein Zentrum, das vielen in der fremden Stadt Heimat gibt. Wie in vielen anderen Pfarreien führten auch in Don Bosco Ordensschwestern einen Kindergarten. (Bild: Karnevalsfeier in der Missione)

Innenraum der 2005 renovierten Kirche Don Bosco.

Einbindung und Abgrenzung

Die Zeit der beiden Weltkriege und der Zwischenkriegszeit waren geprägt durch Armut, Wirtschaftskrisen, Arbeitslosigkeit und Streiks. Auch die schweizerische Wirtschaft stagnierte in diesen Jahrzehnten. Der berufliche und soziale Aufstieg in die Mittel- und Oberschicht war bald unmöglich, staatliche Stellen waren für Katholiken kaum zugänglich. Die Katholiken sahen sich als benachteiligte Minderheit.

Der Verbandskatholizismus hingegen erlebte seine Blütezeit. Die Kirche musste sich für die Interessen der Arbeiter einsetzen, um sie nicht an die sozialistischen Organisationen zu verlieren. Kirchlich geprägt waren Gewerkschaft und Partei, Krankenkasse, Heime und Spitäler. Die Katholikentage dienten der Selbstdarstellung und -bestätigung. Man war stolz auf das Erreichte.

- **1914 – 1918**
  Erster Weltkrieg, Grenzbesetzung

- **1918**
  Studentenseelsorge durch Jesuiten
  Generalstreik und Grippeepidemie

- **1919**
  Georg Baumberger wird erster Zürcher Nationalrat der CSP.

- **1920**
  Die Motion von Ludwig Schneller im Kantonsrat als erster politischer Vorstoss in der Kirchensteuerfrage

- **1923**
  Inflation, Arbeitslosigkeit

- **1924**
  Pfadfinderabteilung St. Georg
  Katholische Mädchensekundarschule der Menzinger Schwestern

- **1926**
  Überpfarreiliche Caritaszentrale

- **1931 / 1932**
  Weltwirtschaftskrise

- **1933**
  Blauring- und Jungwachtscharen
  Emil Buomberger wird erster CSP-Stadtrat in Zürich.

- **1936**
  Alfred Teobaldi wird Caritasdirektor.

- **1937**
  Akademikerhaus der Jesuiten, Leiter: Prof. Richard Gutzwiller SJ

- **1939 – 1945**
  Zweiter Weltkrieg, Grenzbesetzung

Das feierliche Pontifikalamt zum 50-jährigen Pfarrei-
jubiläum von St. Peter und Paul in Zürich (1924) zeigt
beispielhaft das Idealbild einer damaligen Pfarrei.
Das «Volk» drängt sich im Kirchenschiff, dem Klerus
im Chor zugewandt. Mit ihren Fahnen präsentieren
sich die Vereine als Rückgrat der Pfarreiseelsorge.

Die Pfarrei mit ihren Vereinen und Freizeitangeboten
war für die Gläubigen der Mittelpunkt ihres Bezie-
hungsnetzes. Sie traf Vorsorge für Krankenpflege und
Notfälle und begleitete mit Festen und Riten den Jah-
res- und Lebenslauf. Bei grossen Feierlichkeiten stellte
sich das Pfarrvolk unter der Leitung ihrer Geistlichen
als grosse und eng verbundene Gemeinschaft dar. Nie
gab es so viele Priester und Ordensschwestern wie in
diesen Jahrzehnten. Die Pfarreien hatten meist mehrere Vikare, die als Präsides die Pfarrvereine betreuten
und in ihnen fest verwurzelt waren. Viele Ordensleute
trugen dieses eng geknüpfte Netzwerk mit.

Katholisch und christlich-sozial

Die schwierigen Lebensumstände in der Kriegs- und Zwischenkriegszeit erforderten eine grosse Solidarität innerhalb der Pfarreien. Man rückte in der gegenseitigen Unterstützung zur Alltagsbewältigung näher zusammen. Es gelang, etwa ein Drittel der eingewanderten Katholiken in dieses Netzwerk einzubinden. Die andern lösten sich in der Diaspora von der Kirche, und viele setzten sich in den sozialistischen Vereinigungen für ihre Interessen ein.

Die Einwanderung war gering; das führte zur Verschweizerung. Weil viele Männer für die Grenzverteidigung aufgeboten oder arbeitslos waren, mussten ihre Familien mit geringen Mitteln auskommen. Die Pfarreien organisierten Suppenküchen und Lebensmittelverbilligungen und richteten Ferienheime ein, in denen die Familien sich erholen konnten. Die Ausflüge und Feste der Vereine brachten etwas Farbe in den bedrängten Alltag.

In den Arbeiterquartieren und Fabrikdörfern musste sich das katholische Netzwerk gegen die sozialistische Konkurrenz abgrenzen. Dabei blieb es nicht immer bei verbalen Auseinandersetzungen. Die Mitglieder der christlich-sozialen Gewerkschaften mussten oft den Vorwurf einstecken, den gemeinsamen Kampf der Arbeiterschaft für ihre Interessen zu schwächen.

Die als Interessenvertretung der Katholiken rasch erstarkende christlichsoziale Partei setzte sich mit Vorstössen im Kantonsrat für erste Schritte zur Anerkennung und Gleichbehandlung der katholischen Bevölkerung und ihrer Institutionen ein. Diese Bemühungen führten erst fünfzig Jahre später (1963) zum Erfolg.

Pfarreigründungen

1916	Zürich-Industriequartier: St. Josef
1919	Hombrechtikon: St. Nikolaus
1921	Zürich-Wiedikon: Herz Jesu
1922	Hausen: Herz Jesu
1922	Hinwil: Liebfrauen
1923	Schlieren: St. Josef
1923	Zürich-Wipkingen: Guthirt
1924	Schönenberg: Hl. Familie
1925	Dielsdorf: St. Paulus
1926	Dübendorf: Maria Frieden
1927	Wallisellen: St. Antonius
1928	Pfäffikon: St. Benignus
1928	Zürich-Wollishofen: St. Franziskus
1931	Zollikon: Dreifaltigkeit
1933	Zürich-Affoltern: St. Katharina
1933	Zürich-Friesenberg: St. Theresia
1933	Zürich-Oberstrass: Bruder Klaus
1934	Turbenthal: Herz Jesu
1935	Meilen: St. Martin
1935	Zürich-Seebach: Maria Lourdes
1938	Stäfa: St. Verena
1938	Zürich-Riesbach: Erlöser
1940	Zürich-Fluntern: St. Martin
1941	Mettmenstetten: St. Burkard
1942	Zürich-Höngg: Heilig Geist
1943	Bäretswil: Bruder Klaus*

*Pfarr-Rektorat resp. Pfarr-Vikariat

Die Fahnen dreier wichtiger Vereine in Bülach: Der Katholische Gesellenverein mit dem «Kolping-K», der Blauring mit dem marianischen M und die Jungwacht mit dem Chi-Rho-Zeichen.

Arbeitervereine, Gewerkschaft und Partei

Die Erfolge und Anziehungskraft der sozialdemokratischen Bewegung forderten eine stärkere Einbindung der katholischen Arbeiter. Die Enzyklika «Rerum Novarum» hatte 1891 den Weg zur Interessenvertretung der Arbeiterschaft ohne Klassenkampfideologie aufgezeigt. 1902 war in Winterthur der erste Arbeiterverein mit klarer sozialer Ausrichtung gegründet worden. 1907 entstand der Christlichsoziale Gewerkschaftsbund, der auch im Kanton Zürich Sektionen bildete.

Nach dem Generalstreik von 1919 wurden die Katholiken als verlässliche Mitbürger betrachtet, was sich in Wahlerfolgen niederschlug. Die christlichsoziale Partei gewann 1919 mit ihrem Parteigründer Georg Baumberger fünf Prozent der Wählerstimmen und ein erstes Nationalratsmandat. In Winterthur erschien seit 1920 mit der «Hochwacht» eine katholische Parteizeitung, und in den Wahlen von 1921 gewann die CSP vier Mandate im Grossen Gemeinderat. 1933 wurde mit Emil Buomberger der erste Katholik in den Stadtrat von Zürich gewählt.

Pfarrvereine für Kinder und Jugendliche (Jungmannschaft, Pfadi, Jungwacht, Blauring)

Die katholische Jungmannschaft erreichte die älteren Jugendlichen mit einem altersgemässen Programm. Einige initiative Geistliche und Laien gründeten Pfadfindergruppen. Diese schlossen sich 1924 in Zürich zur Pfadfinderabteilung St. Georg, in Winterthur zum Korps Suso zusammen und konnten bald in weiteren Pfarreien Fuss fassen.

1932 vereinigten sich bereits bestehende Knabengruppen zur «Jungwacht», 1933 folgte der «Blauring» als katholische Mädchenorganisation. Sie ermöglichten den schulpflichtigen Kindern Gruppenstunden, Samstagnachmittage und Ferienlager als prägende Gemeinschaftserlebnisse. Zudem lernten die Kinder mit altersgemässen Aufgaben für die Gruppen Verantwortung zu übernehmen; daraus gingen viele Mitarbeitende und Verantwortungsträger in den Pfarreien hervor. Junge Vikare als Präsides waren für Jugendliche oft die Vorbilder für einen geistlichen Beruf.

Ein Sonntag in einer Pfarrei

Das Pfarrblatt St. Peter und Paul Winterthur vom 6. November 1937 gibt uns einen Einblick in die damaligen Gottesdienstformen. Der «Seelen-Sonntag» holte das auf einen Werktag gefallene Allerseelen-Gedächtnis (2. November) nach, denn in einer Diaspora-Pfarrei konnte man sich für einen Gottesdienst am Vormittag nicht von der Arbeit befreien lassen, und Abendmessen waren damals noch nicht üblich.

Die Kapuziner waren als Beichtväter und Prediger beliebte Aushilfen. In den Sonntagsmessen waren «Generalkommunionen» mit vorheriger Beichte für jeweils bestimmte Vereine obligatorisch. Die Teilnahme wurde mit «Beichtzetteln» oder einer Mitgliederliste kontrolliert. Auch bei der Prozession an Fronleichnam, am Patronatsfest, bei Fahnenweihen und Neuaufnahmen von Mitgliedern traten die Vereine in den Gottesdiensten auf.

Das lateinische Amt war an Festtagen ein «levitiertes» Hochamt mit dem Pfarrer als Zelebranten und den Vikaren als Diakon und Subdiakon. Der Kirchenchor und seine gregorianische Schola hatten jeden Sonntag ein lateinisches Amt zu singen.

Die Nachmittagsandacht war für jeweils bestimmte Gruppen und Vereine obligatorisch. Die Jünglinge dürften sich danach ins Pfarreiheim zu einem Tischfussballspiel verzogen haben.

Die Abendandacht – häufig unter Mitwirkung vieler Messdiener, des Kirchenchors und eines beigezogenen Predigers – endete mit dem feierlichen Segen mit der Monstranz. Die Andachten waren beliebt, weil sie in deutscher Sprache gehalten und darum für die Kirchenbesucher verständlich waren. Mit dem Gebet im Wechsel von Vorbeter und Gemeinde konnten sie sich auch in den Gottesdienst einbringen.

An den Wochentagen lasen frühmorgens alle Geistlichen eine stille Messe. Das Rosenkranzgebet während der Messe war damals üblich, manchmal sogar von den Kirchenbesuchern laut und gemeinsam gesprochen, denn der Zelebrant sprach alle Gebete und Lesungen lateinisch still für sich, anstelle der Gemeinde antworteten die Ministranten, die das «Confiteor» mühsam auswendig lernen mussten.

Den Laien ermöglichte das Volksmessbuch mit den ins Deutsche übersetzten Texten, der «Schott» oder der «Bomm», die Messe mitzubeten. Nur die Predigt wurde in deutscher Sprache gehalten. Die Form der Betsingmesse wurde von der Liturgischen Bewegung seit den 1920er-Jahren verbreitet.

Der Rosenkranz am Samstag, oft mit einer der damals beliebten Litaneien, bildete den Abschluss der Woche. Die Vorabendmesse am Samstag wurde erst später in den Pfarreien eingeführt.

PFARRBLATT
ST. PETER u. PAUL WINTERTHUR

HERAUSGEGEBEN VOM PFARRAMT
Erscheint vierzehntäglich
Postcheck-Konto: Pfarrblatt St. Peter und Paul VIII b 1293
Abonnementspreis Fr. 2.40 jährlich

| III. Jahrgang | Nr. 23 | 6. November 1937 |

Gottesdienstordnung
vom 7. bis 21. November.

Sonntag den 7. November.
Großer Seelen-Sonntag.

Samstag und Sonntag Aushilfe durch HH. Pater Kapuziner.

5.30, 6.00, 7.00 und 8.00 Uhr: Frühmessen.

In der 7.00 Uhr-Messe Kommunion des Männer-Apostolates, der Männer und Jungmänner überhaupt, Ansprache und Segen. In der 8.00 Uhr-Messe Kommunion der 7. und 8. Klasse, der Sekundarschüler und der Frühkommunikanten.

9.00 Uhr: Amt und Predigt.

Nach der 7.00, 8.00, 9.00 und 11.00 Uhr-Messe wird vom Vinzenz-verein das Türopfer für die Armen der Pfarrei aufgenommen und herzlich empfohlen.

10.30 Uhr: Christenlehre und Singmesse.

13.00 Uhr: Jünglingskongregation, Predigt und Segen.

17.15 Uhr: **Armen-Seelen-Feier, Predigt, Armen-Seelen-Andacht u. Segen.**

Donnerstag den 11. November.

Heilige Messen für die Mütter und Hausfrauen, Aussetzung der Bruder Klausen-Reliquie.

Freitag den 12. November.

7.00 Uhr: Chormesse für die Schulkinder.

Während der 7.30 Uhr-Messe wird der Rosenkranz für die Armen Seelen gebetet.

Samstag den 13. November.

19.30 Uhr: Rosenkranz, Litanei und Segen.

Gedächtnisse und Jahrzeiten
vom 8. bis 13. November.

Montag   6.00 Uhr: Jahrzeit August Hahnloser.
               6.30 Uhr: Jahrzeit Stephan Weißenberger.
               7.00 Uhr: Jahrzeit Johann Baptist Zuber.
               7.30 Uhr: VII. Catharina Naunheim.
Mittwoch   7.30 Uhr: Jahrzeit Ungenannt.

Eine hierarchische und klerikale Kirche

Etwa in den Jahren 1920 bis 1960 erlebten nahezu alle Ordensgemeinschaften einen bisher nie dagewesenen Zustrom von Novizen. Sie konnten dadurch zusätzliche Aufgaben an kirchlichen Dienstleistungen und in Sozialwerken übernehmen. Geistliche und Ordensfrauen hatten als «Hochwürdiger Herr» und «Ehrwürdige Schwester» ein hohes Ansehen. Für viele katholische Mittelschüler der Unter- und Mittelschicht war die geistliche Laufbahn der einzige ihnen offenstehende Weg zu einem akademischen Beruf. Es gab so viele Priester- und Schwesternberufungen, dass man Missionsgebiete übernehmen konnte. Mit Stolz vermerkte man 1932 die Zahl der aus dem Kanton Zürich hervorgegangenen Berufungen: 73 Welt- und Ordenspriester, 70 Ordensbrüder und 313 Ordensschwestern.

Hervorragende Priesterpersönlichkeiten prägten und festigten über Jahrzehnte ihre Pfarreien und bauten – unterstützt durch Vikare und Ordensschwestern – Einrichtungen der Spezialseelsorge und Sozialarbeit auf. Ihnen und ihren Verdiensten hat Guido Kolb in seinen Büchern ein literarisches Denkmal gesetzt.

Die Pfarrhaushälterin – meist eine nahe Verwandte – begleitete «ihren» Pfarrer als freiwillig zölibatär lebende Frau. Im Pfarrhaushalt lebten die Vikare als Untermieter. Auf dieses Leben waren sie durch Internat und Seminar vorbereitet. Das Pfarrhaus St. Peter und Paul in Zürich, in dem mehrere Vikare auf engstem Raum untergebracht waren, hat man scherzhaft das «Priesteretui» genannt.

Die Vikare eines solchen städtischen Grosshaushalts waren oft als Mitarbeiter einer kirchlichen Dienststelle beschäftigt, mit einer Spezialaufgabe betraut oder wohnten zur Weiterbildung in der Stadt. Das bot auch die Gelegenheit zu Austausch und gegenseitiger Unterstützung.

Die Bedeutung der Bischöfe im Alltag der Pfarreien und der Gläubigen nahm weiter zu, denn sie konnten dank der Eisenbahn häufiger auf Firmreisen gehen und an Versammlungen und Wallfahrten auftreten. Fotos und Zeitungen machten die Bischöfe und Päpste bekannt. Bald hingen ihre Porträts in jedem Vereinszimmer. Das Unfehlbarkeitsdogma hatte die innerkirchliche Stellung des Papstes und der Bischöfe überhöht und sakralisiert. Das kam gerade in der Diaspora dem Bedürfnis nach kirchlichen Identifikationsfiguren für die Laienorganisationen entgegen und führte manchmal zu fast devoter Unterwürfigkeit gegenüber dem «Gnädigen Herrn» und «Ihrer Exzellenz». Heute heisst es «Herr Pfarrer» oder «Herr Bischof», und es werden eher Begegnungsformen auf Augenhöhe erwartet.

Im Buch «Katholische Erinnerungen zum fünfzigjährigen Jubiläum der Pfarrei St. Peter und Paul» wurde die Pfarrei als Teil der Weltkirche dargestellt unter der Leitung von Papst und den Bischöfen. Im Inhalt nimmt das Trauma der Abspaltung von 1873 grossen Raum ein. Die Schrift fordert unbedingte Treue zu Kirche, Papst und Bischöfen. Im Alltag der katholischen Arbeiter in der Diaspora stand hingegen die Konkurrenz und Abgrenzung zur sozialistischen Bewegung im Vordergrund.

Pfarreien und eingesetzte Priester im Kanton Zürich

Jahr	Pfarreien	Seelsorger (Priester)
1920	28	65
1930	39	81
1940	57	135
1950	62	158

Jesuiten in Zürich: Studentenseelsorge, Akademikerhaus und «Orientierung»

1918 übernahmen die Jesuiten die Studentenseelsorge in Zürich. P. Richard Gutzwiller prägte als Seelsorger und Prediger eine Generation katholischer Akademiker. Er hielt weit herum Vorträge und verfasste zahlreiche Beiträge in Zeitungen und Zeitschriften. 1961 folgte ihm P. Albert Ziegler. Vom liebevoll Aki genannten Bildungshaus am Hirschengraben, unmittelbar unter der ETH, gingen und gehen bis heute viele Anstösse und Anregungen zu Zeitfragen aus. Der 1919 gegründete «Club Felix» leistete als Treffpunkt für kulturellen und religiösen Austausch viel für den Zusammenhalt der Katholiken; er besteht noch heute.

1931 übernahmen Jesuiten das «Apologetische Institut» (später «Institut für weltanschauliche Fragen») im Auftrag des Schweizerischen Katholischen Volksvereins. Seit 1936 erschienen die «Apologetischen Blätter» (ab 1947 bis 2009 unter dem Namen «Orientierung»). P. Ludwig Kaufmann beschrieb die Zielsetzung so: «Wir betrachten als unser Zielpublikum weniger Menschen, die ihrer Sache schon allzu sicher sind und die wir in ihrem Glauben nur zu stärken und zu bestätigen hätten. Eher haben wir Leser vor Augen, die auf der Suche sind und mit denen wir uns auch selber suchend auf den Weg begeben möchten.» Die Berichte von P. Mario von Galli und P. Ludwig Kaufmann zum Zweiten Vatikanischen Konzil wurden weiterhin gelesen, und die «Orientierung» wurde im deutschen Sprachraum zum vielbeachteten Organ des Reformkatholizismus. Die «Orientierung» hat damit viel zu einem neuen katholischen Kirchenbild beigetragen.

Die Caritas – ein Werk der Solidarität und Diakonie

Der damalige Leiter der Caritas, Guido Biberstein, beschrieb 2001 zur 75-Jahr-feier die Gründungsjahre der Caritas:

«Caritas – Wohltätigkeit – definiert sich inhaltlich und wesentlich als christliche Grundhaltung. Das umfassende Engagement für Menschen, die am Leben leiden, ist Auftrag und Herausforderung des einzelnen wie der ganzen Gemeinschaft der Kirche. Als vor 75 Jahren formell eine Zürcher Caritas-Organisation geschaffen wurde, hatten ihre Inhalte schon lange Bestand. Frauen und Männer waren in je eigenen Vereinen, Kongregationen und Konferenzen am Werk, sammelten Geld und Lebensmittel und halfen Bedrängten aller Art; dies ausserberuflich und freiwillig, in kleinen Netzen und auf der Basis der Pfarrei. Durch ihren Zusammenschluss im Caritasverband suchten sie Rückhalt, Austausch, Ergänzung. Gemeinsame Kurse dienten ihrer Weiterbildung und Motivation. Ein Büro als Zentrale sollte Informationen, fachliche Kompetenz und Querverbindungen sicherstellen.

Kurz nach der Entstehung dieser Caritas-Organisation brach weltweit die Wirtschaft ein. Es folgten die harten Jahre der Arbeitslosigkeit und Armut zu Beginn der Dreissigerjahre. Die Caritaszentrale nahm die neue Herausforderung an. Unmittelbar Notleidende verlangten konkreten Einsatz. Aktionen der Lebensmittelbeschaffung und der Mittagsspeisung gefolgt vom Vermitteln von Arbeitseinsätzen kamen zur bisherigen Unterstützungsarbeit für die Pfarrvereine hinzu.

Zehn Jahre nach der Gründung übernahm mit Alfred Teobaldi ein Priester und Ökonom die erste hauptamtliche Leiterstelle der Caritas. Durch ihn wurde zunächst die Verbindung zu den Pfarreien gestärkt, führte er doch als Instrument der Bewusstseinsbildung die Caritas-Opferwoche in den Pfarreien ein: Durch Motivation zum eigenen Verzicht auf Annehmlichkeiten und Konsum im Sinne der kirchlichen Fastentradition erzielte er mehr Spendengelder für Hilfeleistungen. Pfarreien spürten stärker ihre Mitverantwortung für das soziale Engagement der Kirche. Gleichzeitig konnte ein aktiveres, solidarisches Mittragen durch breite Bevölkerungskreise erreicht werden.

Die Kriegsjahre verlagerten die Priorität des Handelns erneut auf Einzelschicksale. Hilfen für kinderreiche Familien, Entlastungsdienste, aber auch Kleider und Lebensmittelpakete waren sehr gefragt. Und nach Kriegsende konnte viel für die Aufbauarbeit in den geschädigten Nachbarländern getan werden.»

Die Zeit der Weltkriege und die Zwischenkriegszeit war eine Epoche des Mangels, erschüttert von Wirtschaftskrisen, Absatzschwierigkeiten, Fabrikschliessungen und Arbeitslosigkeit. Viele Familien erlebten Notlagen, wenn der Vater als Ernährer ausfiel. Auf diese Massenarmut war der Staat nicht vorbereitet. Viele Institutionen linderten mit Suppenküchen, Abgabe verbilligter Lebensmittel oder von Winterkleidung die Not der Arbeitslosen und ihrer Familien. So etwa das Arbeitshilfswerk, die Winterhilfe und andere gemeinnützigen Organisationen, aber auch die einzelnen Pfarreien in Arbeiterquartieren. Die Weltwirtschaftskrise Anfang der 1930er-Jahre führte zur strafferen Organisation der Caritas unter Leitung eines als Wirtschaftswissenschafter ausgebildeten Geistlichen: Alfred Teobaldi.

Armut tritt heute in andern Formen auf und hat andere Ursachen. Der rasche Modernisierungsprozess in Gesellschaft und Wirtschaft lässt Verlierer zurück, die nicht mithalten können. Viele Menschen – gerade Jugendliche, aber auch Familien mit einem Migrationshintergrund – haben wenig Zugang zum Bildungssystem und zum Erwerb von Kompetenzen für eine existenzsichernde Berufstätigkeit. Andere finden den Berufseinstieg nicht oder verstricken sich in der Schuldenfalle. Die zerbrechlicher gewordenen Kleinfamilien erfordern neue Formen der Kinderbetreuung, und die alleinerziehenden Mütter und Väter sind oft mit ihren Aufgaben überfordert. Darauf hat die Caritas mit vielfältiger Unterstützung und begleitender Betreuung zeitangepasst reagiert. Die Caritas-Läden sind eines ihrer Hilfsangebote.

1945 – 1963

Öffnung und Aufbruch

Der nach dem Zweiten Weltkrieg einsetzende Wirtschaftsaufschwung veränderte Gesellschaft, Kultur und Kirche. Der Bedarf an Arbeitskräften führte Menschen aus immer weiter entfernten Regionen in den Kanton Zürich. Die Seelsorge und kirchliche Integration von Katholiken aus anderssprachigen Kulturen wurde zur wichtigen Aufgabe.

Im Grossraum Zürich wurden viele Dörfer und Kleinstädte zu Agglomerationsgemeinden. Diese mussten für die Zuzüger kirchliche Infrastrukturen aufbauen, während die Pfarreien in der Innenstadt Einwohner verloren.

Von den Aufstiegschancen in der Wirtschaft profitierten auch die Katholiken, und die Zuschreibung von «katholisch» zu Minderheit und Unterschicht löste sich immer mehr auf.

- 1945
  Ende des Zweiten Weltkriegs

- 1948
  Einführung der AHV als eine zentrale Säule des Schweizer Sozialstaats

- 1948
  Berlin-Krise, einer der ersten Höhepunkte des Kalten Kriegs

- 1949
  Knabensekundarschule der Marianisten in Zürich

- 1956
  Flüchtlinge des Ungarn-Aufstands kommen in die Schweiz.
  Gründung des Generalvikariats Zürich

- 1957
  30. Katholikentag im Hallenstadion

- 1958
  Ankündigung des Zweites Vatikanischen Konzils durch Papst Johannes XXIII.

- 1961
  Missionsjahr

- 1962
  Eröffnung des Zweiten Vatikanischen Konzils
  Beginn Fastenopfer
  Gründung der Paulus-Akademie

- 1963
  11.4. Enzyklika «Pacem in terris»
  3.6. Tod von Papst Johannes XXIII.
  7.7. Katholisches Kirchengesetz

Die Kirche vor den Herausforderungen der Dienstleis-
tungsgesellschaft: Neue Berufschancen, Wohn- und
Lebensformen, die Verstädterung und die vielfältigen
Freizeitangebote lockerten die Einbindung in das traditionelle Pfarreileben und in die Vereine. Die bisher
geschlossenen weltanschaulichen Netzwerke lösten
sich auf. Das bot Chancen für individuelle Lebens-
pläne und Werthaltungen. Demgegenüber stand die
Suche nach Gemeinschaft und verpflichtenden Bindungen. Die wachsende Vielfalt brachte auch Belie-
bigkeit und Orientierungsschwierigkeiten. Diakonie
und Caritas mussten auf neue Armutsformen eingehen. Die Kirche stand vor neuen Herausforderungen.
Das angekündigte Konzil weckte grosse Hoffnungen.

89

Von den Stadtpfarreien in die Vororte

Die auffälligste Veränderung nach 1945 war das Wachstum der Bevölkerung. Die Einwohnerzahl der Stadt Zürich nahm von 1950 mit 390 020 bis 1970 um knapp 10 Prozent zu. Die Zahl der Katholiken aber stieg im gleichen Zeitraum von 117 376 um über 40 Prozent auf 167 374. Dazu kam die Binnenwanderung von der Innenstadt in die Aussenquartiere, wo Neubausiedlungen entstanden. Bereits 1893 und 1934 hatte die Stadt Zürich mit den Eingemeindungen ihr Stadtgebiet vergrössert.

Mit dem Bau von neuen kirchlichen Zentren folgte man dieser Entwicklung. Das Quartier Zürich-Schwamendingen ist ein Beispiel dafür. Von geschätzten 3000 Einwohnern im Jahr 1950, als hier die St.-Gallus-Pfarrei errichtet wurde, stieg deren Zahl auf 34 500 im Jahr 1966. Auch viele Ausländer zogen zu. Ihr Anteil beträgt heute 37 Prozent.

Dem Wachstum in den Aussenquartieren stand die Abnahme der Katholikenzahl in den Grosspfarreien der Innenstadtquartiere gegenüber. 1950 zählte z. B. St. Peter und Paul in Zürich 17 026 Pfarreiangehörige und 1970 noch 14 434.

Eine grosse Bevölkerungszunahme verzeichnete auch Winterthur: 1950 waren es 66 925 Einwohner, 1970 schon 92 722. Die Pfarr-Rektorate in den Quartieren wurden 1970 eigenständige Pfarreien.

Das Bevölkerungswachstum in den Agglomerationsgemeinden rund um die Städte Winterthur und Zürich setzt sich bis heute ungebrochen fort.

Wegen der raschen Bevölkerungszunahme in Zürich-Schwamendingen genügte die erste St.-Gallus-Kirche (1950) bald nicht mehr. Prälat Franz Höfliger (Pfarrer 1949–1966), der bereits während seiner früheren Pfarrtätigkeit in Stäfa die St.-Verena-Kirche gebaut hatte, sorgte 1956–1957 für den Bau einer grösseren Kirche. Gemäss seinem Biografen, Pfarrer Guido Kolb, finanzierte Pfarrer Höfliger diese Kirchenbauten wesentlich durch seine Predigttätigkeit, die ihn weit über die katholische Schweiz hinaus bekannt machte. Er war einer jener Diasporapfarrer, die in ihrem Leben mit grossem Einsatz neue Pfarreien und Kirchen aufgebaut haben.

St. Gallus ist eine sogenannte Pfammatter-Kirche, wie Dreikönigen, St. Konrad in Zürich oder Maria Frieden in Dübendorf. Der Architekt Ferdinand Pfammatter (1916–2003) stand in der Tradition der französischen Architekten Auguste und Gustave Perret.

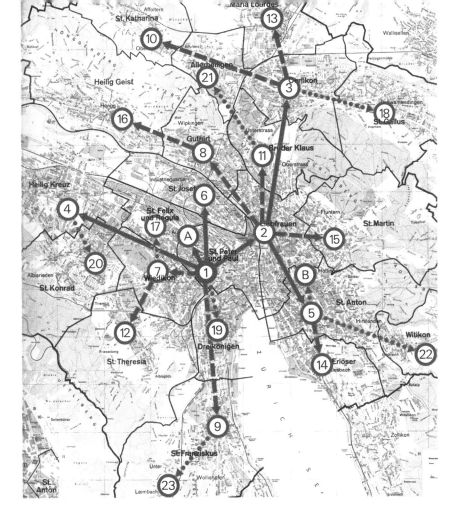

Name der Pfarrei	errichtet	Kirchenbau	Name der Pfarrei	errichtet	Kirchenbau
1 St. Peter und Paul	1807	1874	14 Erlöser	1938	1937
2 Liebfrauen	1893	1894	15 St. Martin	1940	1939
3 Herz Jesu, Oerlikon	1895	1993	16 Heilig Geist	1942	1940
4 Heilig Kreuz, Altstetten	1900	1900	17 St. Felix und Regula	1951	1950
5 St. Antonius	1908	1908	18 St. Gallus	1951	1950
6 St. Josef	1916	1914	19 Dreikönigen	1951	1951
7 Herz Jesu, Wiedikon	1921	1921	20 St. Konrad	1955	1955
8 Guthirt	1923	1923	21 Allerheiligen	1956	1964
9 St. Franziskus	1928	1928	22 Maria Krönung	1963	1965
10 St. Katharina	1933	1933	23 Maria Hilf	1974	1950
11 Bruder Klaus	1933	1933	A Missione		
12 St. Theresia	1933	1933	Cattolica Italiana	1898	1903
13 Maria Lourdes	1935	1935	B Mission		
			Catholique française	1925/1972	1966

«Wir riefen Arbeitskräfte, und es kamen Menschen»

Nach 1945 nahm die Gesamtbevölkerung des Kantons Zürich vor allem wegen der wieder möglichen Einwanderung rasch zu. Zwischen 1950 und 1970 vergrösserte sie sich um 43 Prozent auf 1 107 788 Einwohner.

Zunehmend suchten Einwanderer aus dem benachbarten und ferneren Ausland als Saisonarbeiter oder Niedergelassene ihr Auskommen im Kanton Zürich. Sie kamen nun nicht mehr vor allem aus dem benachbarten Süddeutschland, Tirol und Norditalien, sondern verstärkt aus den entfernten katholischen Regionen Süditalien, Spanien und Portugal.

Zwar waren sie als Arbeitskräfte willkommen, weil sie den Wirtschaftsaufschwung ermöglichten, aber die kulturellen Unterschiede führten bei manchen Einheimischen zu Unbehagen gegenüber den «fremden» Menschen. 1970 lancierte James Schwarzenbach die erste Überfremdungsinitiative. Dieses Thema prägte in den nächsten Jahrzehnten die Schweizer Politik stark.

Die Zuwanderung aus den Ländern Südeuropas liess die Seelsorge der Fremdsprachigen zu einer der wichtigsten Aufgaben der katholischen Kirche im Kanton Zürich werden. Für die Seelsorge der neu zuwandernden Sprachgruppen mussten regionale Netzwerke aufgebaut werden.

Pfarreigründungen

1946	Hirzel: St. Antonius
1948	Kloten: Christkönig
1951	Zürich-Hard: St. Felix und Regula
1951	Zürich-Schwamendingen: St. Gallus
1951	Zürich-Enge: Dreikönigen
1955	Zürich-Albisrieden: St. Konrad
1956	Zürich-Neuaffoltern: Allerheiligen
1960	Urdorf: Bruder Klaus
1961	Fischenthal: St. Gallus*
1962	Kilchberg: St. Elisabeth
1963	Andelfingen-Stammheim: Mariä Empfängnis
1963	Egg: St. Antonius
1963	Elgg: St. Georg
1963	Herrliberg: St. Marien
1963	Oberrieden: Hl. Chrüz
1963	Regensdorf: St. Mauritius
1963	Zürich-Witikon: Maria Krönung

*Pfarr-Rektorat resp. Pfarr-Vikariat

Der Satz von Max Frisch: «Wir riefen Arbeitskräfte, und es kamen Menschen», bringt die emotionale und soziale Situation der Saisonaufenthalter auf den Punkt, die zwar in der Schweiz arbeiten durften, aber ihre Familien zuhause lassen mussten.

Verhältnis der katholischen zur Gesamtbevölkerung im Kanton Zürich

Jahr	Bevölkerung im Kanton Zürich	davon Katholiken
1850	250907	6690 (2,60%)
1860	266265	11256 (4,20%)
1870	284867	17994 (6,30%)
1880	317576	30298 (9,60%)
1888	336541	39768 (11,80%)
1900	431045	80752 (18,70%)
1910	503915	109668 (21,80%)
1920	538602	113357 (21,10%)
1930	617776	141568 (22,90%)
1941	674505	150178 (22,30%)
1950	777002	193120 (24,90%)
1960	952304	302808 (31,80%)
1970	1107788	406280 (36,70%)
1980	1122839	397018 (35,40%)
1990	1179044	410105 (34,80%)
2000	1247906	380300 (30,50%)
2010	1373068	387678 (28,20%)

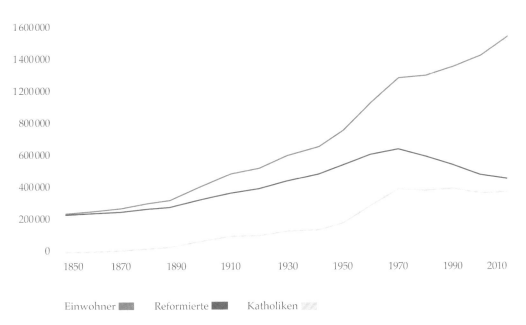

Einwohner ▮ Reformierte ▮ Katholiken ▨

Aufbruch und Ernüchterung

Franz-Xaver Kaufmann
über die Zeit
des Zweiten Vatikanischen Konzils

Die öffentlich-rechtliche Anerkennung der Katholiken im Kanton Zürich war eines der grossen politischen Anliegen meines Vaters Dr. iur. Joseph Kaufmann. Sie fiel in die Zeit des Zweiten Vatikanischen Konzils (1962–1965), an dem mein Bruder P. Ludwig Kaufmann SJ als Berichterstatter (vor allem in der «Orientierung») teilnahm. 1963 ist aber auch das Jahr, in dem ich mit meiner Familie die Schweiz verlassen habe, um eine wissenschaftliche Karriere als Soziologe in Deutschland anzustreben, und ich lebe seither in Deutschland. So bin ich einerseits biografisch mit dem Zürcher Katholizismus eng verbunden und doch gerade für die hier infrage stehende Periode mit den schweizerischen Entwicklungen nicht mehr vertraut. Es bleibt deshalb eine Skizze nur aus der Ferne und einer übergreifenden Perspektive.

Gesamtgesellschaftlich sind die letzten fünfzig Jahre für Deutschland, Österreich und die Schweiz eine Periode des Friedens, des wachsenden Wohlstands und des Bedeutungszuwachses internationaler Verflechtungen gewesen. Das Leben hat sich enorm beschleunigt, und die weltweit vernetzten Massenmedien prägen immer stärker das Bewusstsein. Die Menschenrechte und mit ihnen Gleichheits- und Mitbestimmungspostulate haben an Gewicht gewonnen. Insbesondere die Stellung der Frauen, aber auch diejenige der Ausländer und der Kinder hat sich nachhaltig verbessert. Grosse Fortschritte gab es auch im Bereich staatlicher Sozialpolitik, in der Schweiz schon beginnend mit der Einführung der AHV (1948). Diese Jahrzehnte sind aber auch eine Zeit des Traditionsverlustes, der Optionserweiterungen und der Liberalisierung der privaten Lebensverhältnisse. Das betrifft insbesondere die Bereiche von Sexualität, Ehe und Familie, aber auch der Religion. Während das Berufsleben für die meisten Menschen grössere Disziplin und höheren Einsatz als je zuvor fordert, haben sich die strengen Verbindlichkeiten im Raum des Privatlebens gelockert. Man sollte dies nicht als Werteverlust oder gar zunehmende Unmoralität in der Bevölkerung verstehen. Was die Werte betrifft, so resultiert ihre gelockerte Verbindlichkeit eher aus einer Werteinflation. Die werthaften Optionen sind stark gewachsen, und sie stehen in

Konkurrenz zueinander, insbesondere in Konkurrenz um Zeit und Aufmerksamkeit. Die traditionellen strengen Verbindlichkeiten wurden zunehmend als ein zu eng werdendes Korsett empfunden, vor allem von den Frauen. Ihre Bildungs- und Berufschancen haben mit der Tertiarisierung der Wirtschaft erheblich zugenommen, und damit auch ihre Unabhängigkeit von den Erwerbsmöglichkeiten eines Ehemannes. Das erklärt die starke Zunahme der Scheidungshäufigkeit. Hinzu kam in den 1960er-Jahren die Entdeckung neuer Kontrazeptionsmethoden («Pille»), die Frauen auch in ihrem Sexualverhalten von Schwangerschaftsängsten und dem Verhalten der Männer unabhängiger machten. Das trug zur Verbreitung nicht-ehelicher Lebensgemeinschaften und zur sich ausbreitenden Kinderlosigkeit unter den jüngeren Jahrgängen bei.

«Eine Zeit des Traditionsverlustes, der Optionserweiterungen und der Liberalisierung der privaten Lebensverhältnisse»

Die Machtbalance zwischen Geschlechtern hat sich deutlich zugunsten der Frauen verschoben. Überdies haben sich die Lebensverhältnisse für beide Geschlechter individualisiert; biografische Entscheidungen sind in weit geringerem Masse als früher durch gemeinschaftliche Vorgaben bestimmt. Man muss sein Leben selbst führen, die vorhandenen Leitplanken geben einen breiten Korridor von Möglichkeiten frei, in dem jeder seinen Weg finden muss. All dies hat erhebliche Konsequen-

zen für die Kirchenbindung. In meiner Jugend stand die Kirche noch «im Dorf», während seit dem Konzil die massenmediale Präsenz der Kirche für das Kirchenverständnis wichtiger wird als die lokale Pfarrei. Früher blieben die meisten Männer im Wirtshaus, bis ein eigens beauftragter Bub meldete, der Pfarrer sei mit der Predigt fertig. Es genügte, von der Opferung bis zur Kommunion bei der Messe zu sein, um die Sonntagspflicht zu erfüllen, und das machten die Männer eben rationell. Aber insoweit gingen sie alle hin. Wer nicht zur Kirche ging, war verdächtig. Es gab eine starke soziale Kontrolle, wie man es mit dem Kirchgang hielt. Heute ist es den Familien und den Einzelnen überlassen, wie sie es mit dem Sonntagsgottesdienst halten. Die noch kommen, meinen es wohl häufig ernster als früher. Aber es sind ihrer weit weniger geworden.

In den Pfarreien der Zürcher Diaspora gab es ebenfalls einen starken Zusammenhalt. Mein Vater hatte als Anwalt fast nur katholische Klienten, und er wollte, dass wir beim Gemüsehändler an der Ecke kauften, weil er katholisch war, zur christlichsozialen Partei gehörte und überdies fünf Kinder hatte. Als sich meine Mutter durchsetzte und mich zur Migros zum Einkaufen schickte, war das der erste Riss im «katholischen Milieu», an den ich mich erinnere.

Die Kirchenbindung war in der Jugend von uns Älteren sozial eingebettet. Eine Vielzahl von Sachverhalten, die eigentlich mit dem Glauben oder der Konfession nicht viel zu tun hatten, waren praktisch damit verbunden. Katholisch-Sein war eine Lebensform, und wir stellten uns die Lebensformen der Protestanten ganz an- 95 ders vor, was umso leichter war, als wir mit ihnen nach Möglichkeit nicht verkehrten. Das waren feste Bande, die sich mit dem wachsenden Wohlstand nach dem Zweiten Weltkrieg allmählich lockerten: Die Verbreitung des Autos machte den Alltag mobil. Das Radio und bald auch das Fernsehen verbreiteten eine Weltsicht, die nicht mehr von katholischem Geist geprägt war. Und mit dem Wirtschaftsaufschwung und der damit verbundenen Mobilität gerieten die Katholiken auch in den katholischen Gebieten zunehmend in Kontakt mit Protestanten – die Vorurteile nahmen ab und die Mischehen zu. Im Zuge der Auflösung der katholischen Milieus verloren auch die katholischen Zeitungen und Zeitschriften immer mehr Abonnenten. Die Alltagskultur fand mehr und mehr ohne Kirche, ja, ohne Gott statt, weil sie «konfessionell neutral» sein wollte. Das spezifisch Katholische, beispielsweise eine Fest- oder Fronleichnamsprozession, wirkte in der Öffentlichkeit zunehmend sonderbar – oder wurde zur Touristenattraktion.

«Und dann kam das Konzil!»

In der Spätzeit des Pontifikats Pius' XII., also in den 1950er-Jahren, wuchs das Gefühl einer «Katholischen Enge». Was bis dahin als Geborgenheit vermittelnde konfessionelle Heimat erfahren wurde, geriet allmählich in Konkurrenz zu anderen, freieren Möglichkeiten. Für mich und viele meiner Generation war das Büchlein von Hans Urs von Balthasar «Die Schleifung der Bastionen» (1952) ein Hoffnungszeichen.

Und dann kam das Konzil! Für die meisten Katholiken ein Grund zur Hoffnung, insbesondere nachdem mit der Schaffung des «Sekretariats für die Einheit der Chris-

ten» und der Einladung orthodoxer und protestantischer Beobachter zum Konzil die den Schweizern besonders wichtige ökumenische Offenheit von Johannes XXIII. deutlich wurde. Die Durchsetzung der öffentlich-rechtlichen Anerkennung der Zürcher Katholiken wurde durch das Konzil erleichtert. Der Geist des Konzils brachte zum einen eine erhebliche Vertiefung des Selbstverständnisses der römisch-katholischen Kirche und eine Reform der kirchlichen Liturgie, die vom Grossteil der Gläubigen gerne angenommen wurde. Die mit dem Konzil verbundene Betonung der Personalität des Menschen und seiner Gewissensentscheidungen wie auch die Betonung des allgemeinen Priestertums aller Getauften und der Aufgaben der Laien setzten zudem starke Motivationen bei vielen Laien zum kirchlichen Engagement frei, was im Grundsatz bis heute anhält.

Zum anderen folgte aus dem konziliaren Aufbruch der Verzicht auf manche Formen der Kirchenstrafen und – unterstützt durch die allgemeine Liberalisierung des Privatlebens – eine Lockerung der Kirchendisziplin. Viele Katholiken verloren das schlechte Gewissen bei Verstössen gegen die Kirchengebote. Und vor allem brachte der Verlust des örtlich gebundenen Zusammenhalts mit sich, dass die Kirchenverbundenheit weiter Bevölkerungskreise sich erheblich lockerte und sich im Kirchenbesuch nur noch an Weihnachten und besonderen Anlässen äussert. Auf der pfarreilichen Ebene wächst der Unterschied zwischen Kerngemeinde und randständigen Mitgliedern. Im Vergleich zu den Reformierten hat sich aber die Kirchenzugehörigkeit der Katholiken in der Schweiz bisher deutlich besser gehalten.

Ein besonderes Problem stellt der Rückgang von Priestern und Ordensangehörigen dar. Einzelne Orden und Kongregationen sind dem Aussterben nahe. Generell altern Klerus und Orden vor sich hin, ohne dass bisher eine Wende absehbar wäre. Der Kirche kommt hierzulande allmählich das «Bodenpersonal» abhanden. Inwieweit das ein Problem des Zölibats ist, scheint eine offene Frage; sicher sind Eltern von nur ein oder zwei Kindern weniger erbaut über die geistliche Berufung eines ihrer Kinder, als wenn eine grössere Kinderschar trotzdem die Ankunft von Enkeln erwarten lässt. Die allgemeine Säkularisierung der Lebensverhältnisse stellt aber unabhängig davon an einen Lebensentscheid für das Priestertum oder eine ordensmässige Bindung weit höhere Anforderungen als früher. Ohne eine Erweiterung der Laienverantwortung oder die Modifikation des Zugangs zum Priestertum wird es für die Weitergabe des Glaubens schwierig werden.

«Der Kirche kommt das ‹Bodenpersonal› abhanden»

Auch die katholischen Laien müssen sich darauf einstellen, eine gesellschaftliche Minderheit zu werden. Und sie werden nur zu ihrem Glauben stehen, wenn ihnen dieser existenziell nahegekommen ist. Gewohnheit allein genügt nicht mehr. Der bedeutende Theologe Karl Rahner brachte es auf die Formel: «Der Christ der Zukunft wird ein Mystiker sein – einer, der etwas erfahren hat.» Die Erfahrung der Gegenwart Gottes ist Gnade – ein prägendes Geschenk, aber pastorale Aufgabe bleibt, hierfür günstige Voraussetzungen zu schaffen.

«Bisogna lasciar gli Svizzeri nei loro usi ed abusi.» Dieses geflügelte Wort im Vatikan bezog sich ursprünglich wohl auf die Schweizergarde und wurde einzelnen päpstlichen Nuntien in die Schweiz mitgegeben, es könnte heute aber auch für das Verhältnis des Schweizer Katholizismus zum Vatikan benutzt werden. Aus der Sicht eines in Deutschland lebenden Auslandschweizers ist in der Schweiz liturgisch und hinsichtlich der Pfarreileitung vieles möglich, wozu man sich in Deutschland nicht traut. Beide Länder haben Anfang der 1970er-Jahre durch landesweite Synoden versucht, die Wegweisungen des Zweien Vatikanischen Konzils umzusetzen. Beide Synoden sind insoweit gescheitert, als die innovativen Vorschläge von Rom ignoriert oder abgelehnt wurden. Aber in der Schweiz wurde – gewiss in von Bistum zu Bistum verschiedenem Masse – stärker den pastoralen Erfordernissen Rechnung getragen als in Deutschland, wo das Heil in Reorganisationen und Grosspfarreien gesucht wird. Ob der «neue Kurs» unter Papst Franziskus Bewegung auch auf der Ebene der Diözesen bringt, die heute vielfach eher als Hemmschuh denn als Motor für die Weitergabe des Glaubens wirken, bleibt abzuwarten.

Franz-Xaver Kaufmann, Prof. Dr. oec., Dr. h. c.
Geboren 1932. In Deutschland lebender Schweizer Soziologe, war 1969–1997 Professor in Bielefeld, zudem langjähriger Vorsitzender des Wissenschaftlichen Rates der Katholischen Akademie in Berlin.

Neuorientierung der Pfarrvereine

In der Bülacher Pfarreigeschichte von 1968 stellt Hugo Hungerbühler fest: «Nach dem Zweiten Weltkrieg geriet dieser traditionelle Vereinskatholizismus in eine Krise, die noch nicht überwunden ist. (...) Der technische Aufschwung nach dem Krieg änderte die Voraussetzungen radikal. Radio und mehr noch das Fernsehen liefern Politik und Kultur und Vergnügen sozusagen gratis und franko ins Haus. Die konfessionelle Geschlossenheit brach auf, zerbrach. (...) Man ringt heute überall um Umgestaltung, neue Formen.»

Die Freizeit veränderte sich stark, vor allem später durch den arbeitsfreien Samstag. Gesellige Anlässe hatten die Vereine bisher mit den Talenten ihrer eigenen Mitglieder gestaltet. Nun waren Freizeitangebote dank neuer Medien konsumierbar und mit dem Ausbau des Verkehrs über das Dorf oder Quartier hinaus erreichbar. Bei den Männern führte die räumliche Trennung von Arbeit, Wohnen und Freizeit zu einem Verlust an örtlicher Gebundenheit.

Viele Vereine und Pfarreien nutzten die neuen Chancen. Für ihre Mitglieder waren Pilgerfahrten oder Romreisen oft die ersten Auslandreisen. Die Frauen- und Jugendvereine konnten sich dem Wandel gut anpassen, Kirchenchöre und Ministrantengruppen haben weiterhin eine geschätzte Aufgabe.

Demgegenüber haben sich die Etappen im Lebensverlauf gewandelt. Bezeichnungen wie «Jungfrauenkongregation» oder «Jungmannschaft» entsprachen nicht mehr dem Selbstverständnis von jungen Erwachsenen. Diese wünschten gemeinsame Freizeitangebote für Frauen und Männer. Neue Gemeinschaftsformen statt der traditionellen Kongegrationen und Vereine entstanden. Angebote wie Pfarreireisen, Verbandsanlässe und regionale Events wiesen neue Wege.

Die grössten Veränderungen ergaben sich bei den Männer- und Arbeitervereinen. Die gegenseitige Unterstützung in Beruf und Existenzsicherung wurde wegen zunehmenden Wohlstands sowie des Ausbaus des Sozialstaates und der Sozialversicherungen weniger verbindlich. In diesen Bereichen waren die christlich-sozialen Gewerkschaften und Verbände tätig geworden, oft mit denselben Mitgliedern. Es gab bald (zu) viele Gruppen mit ähnlichen Zielsetzungen.

Mit dem Kirchengesetz von 1963 bekamen die Pfarreien eine gesicherte finanzielle Grundlage, was die Männervereine als bisherige Träger entlastete.

Die Ausrichtung der Vereine engte sich nun immer mehr auf den religiös-bildenden und geselligen Bereich ein. Zudem fehlte mit dem Wegfall der Vikare als Präsides den Vereinen oft die zentrale, gemeinschaftsstiftende Person.

Gelungene Modernisierungen: Jugendvereine

Mit Impulsen durch Zeitschriften und durch die
Ausbildung von Leitungspersonen gelang es vielen
Vereinen, sich den Entwicklungen anzupassen. So
gab der charismatische Bundesleiter Meinrad Hengartner der Jungwacht neue Ziele und weckte mit
Anlässen und Treffen eine Aufbruchstimmung, die
in Missionsjahr und Fastenopfer neue Formen der
Themensetzung und Aktivierung aufnahm, z. B. die
Jahresthemen, die an Osterexerzitien eingeführt wurden. Das strahlte auf die Blauringscharen aus, die
zunehmend als Jubla mit der Jungwacht zusammen-
arbeiteten.

Die katholischen Pfadfinder konnten sich durch die
jeweils kurze Amtszeit ihrer Leiter rasch neuen Herausforderungen anpassen. Zudem brachten die modernen Hilfsmittel und Präsideskurse des Verbandes
katholischer Pfadfinder (Vikar Urs Boller, Rolf Steiner) viele umsetzbare Anregungen für zeitgemässe
Besinnungen und religiöse Inputs. Die Gesellenver-
eine modernisierten sich zu Kolping Schweiz, bezo-
gen nun auch Familien und Ältere ein und setzten
sich mit Solidaritätsaktionen für bedrängte Bergbau-
ernfamilien und Entwicklungsprojekte ein.

Frauen- und Müttervereine mit neuen Aufgaben

Der katholische Frauenbund ist heute der mit-
gliederstärkste Dachverband der Zürcher Kirche.
Seine Aufgabe sieht er so: «Der KFB Zürich schult
die Vorstände der Ortsvereine, fördert die Weiterbildung von Frauen in den Bereichen Gesellschaft,
Staat und Kirche, er bietet Beratung an und setzt
sich für Frauenanliegen ein.» Er unterhält heute
eine Anlaufstelle für die Beratung und Begleitung
für schwangere Frauen und Mütter in Not über
die konfessionellen Grenzen hinaus. Manche Vereine übernehmen zudem besondere Aufgaben,
etwa die Begleitung des Pfarreikindergartens oder
die Hauskrankenpflege.

Katja Meier
Blauring-Scharleiterin

Ein Porträt

Der Weg zum Gruppenlokal des Blaurings Wädenswil führt von der Pfarrkirche St. Marien ins Untergeschoss. Zunächst geht es am Refugium der Jungwacht vorbei, dann öffnet sich die Tür zu den zwei Räumen, die den Mädchen zustehen. Scharleiterin Katja Meier entschuldigt sich: Es riecht etwas «müffelig», vielleicht bringt die bevorstehende Renovation hier Besserung. Es gibt viele Sitzgelegenheiten, damit man es sich gemütlich machen kann, die Wände sind über und über mit Zeichnungen versehen, die von den zahlreichen Aktivitäten der Mädchen berichten: vom Sommerlager, von Skiausflügen, vom Frühlingsmarkt, vom Fussballturnier, von der Volleyballnacht. Rund 90 Mädchen gehen hier ein und aus. Bei den Buben nebenan sind es noch etliche mehr. Insgesamt zählen Jungwacht und Blauring in der Schweiz 28000 Mitglieder.

Wie hat Katja Meier zum Blauring gefunden? «Über eine Freundin», sagt sie. Diese erzählte so begeistert vom Skilager, dass Katja samt ihrem Bruder, beide eifrige Snowboarder, den Beitritt gab. «Obschon ich reformiert bin», wie Katja anmerkt.

Das war im Jahr 2002. Jeden Samstag trafen sich die jungen Mädchen zur Gruppenstunde, wobei man Neuigkeiten austauschte, an Spielen teilnahm, in die Stadt ging.

«Wir verbringen einen grossen Teil unserer Freizeit im Blauring», erklärt sie. Sie wurde bald ins Leitungsteam aufgenommen und war nun selbst für eine Gruppe verantwortlich. Man lerne extrem rasch, lautet ihre Einschätzung, wisse bald, wie wichtig eine gute Kommunikation sei. Man spreche sich mit den andern Leiterinnen und Leitern ab, habe Kontakt zum Pfarrer und zum Diakon, lerne Entscheide treffen, wobei man aber immer auch auf Wünsche und Ideen der Blauringmädchen aus der Gruppe eingehe, für die man verantwortlich sei. Man lerne Geduld haben, aber auch etwas anordnen und durchsetzen. «Man darf kein Würmlein sein», merkt sie an, «sonst lachen die Kinder über einen.» Man könne experimentieren und in der Gemeinschaft verschiedenes ausprobieren, wobei, wie sie lächelnd anmerkt, die Eltern nicht alles im Detail zu wissen kriegten. «Diese sind ohnehin oft froh, dass sich ihre Kinder nicht hinter dem Computer vergraben oder auf der Strasse herumhängen.»

Was sie im Blauring gelernt habe, das komme ihr auch im Berufsleben zugute. Sie hat eine kaufmännische Lehre absolviert und arbeitet in der Stadtverwaltung.

«Wir verbringen einen grossen Teil unserer Freizeit im Blauring»

Höhepunkte im Blauringleben sind die mehrtägigen Lager, wobei es natürlich vorkomme, dass ein Kind Heimweh verspüre und am liebsten die Mutter anrufen würde, damit sie einen abhole. Die Gruppe helfe einem aber darüber hinweg. Und etwas Action mitten in der Nacht sei natürlich sehr aufregend.

Was ihr sehr gefällt: dass man kreativ sein kann, dass Fairness etwas zählt, dass man als Team funktioniert. Während die Jungwacht-Burschen sich häufig in der Natur aufhalten, ist das beim Blauring mindestens in Wädenswil weniger der Fall. «Die Mädchen scheuen sich vielleicht mehr davor, schmutzig zu werden», meint sie schmunzelnd.

Und wie steht es mit dem Glauben? Die Blauring-Mädchen besuchten vier- oder fünfmal im Jahr den Gottesdienst, und wenn der Diakon beim Skilager dabei sei, diskutiere man auch religiöse Fragen, aber das stehe nicht im Vordergrund. Blauring und Jungwacht stünden allen Konfessionen und Religionen offen, gegenwärtig sei auch ein muslimischer Knabe mit dabei.

«Ich hoffe, es kommen noch mehr», sagt Katja Meier.

Was auch speziell ist beim Blauring: Es gibt, im Gegensatz zu den Pfadfindern, keine Uniform. Ob die Mädchen in Rock oder Hose kommen, sei grundsätzlich egal – abgesehen davon, dass ein Rock im Wald eher unpraktisch ist, wie Katja einräumt.

Stehe die Religion auch nicht im Mittelpunkt, so ethisches Handeln durchaus. Toleranz, Solidarität würden grossgeschrieben, auch spiele die Nachhaltigkeit eine Rolle. Man lasse beispielsweise keinen Abfall in der Natur liegen. Aber bei aller Ernsthaftigkeit komme der Spass nicht zu kurz.

Ist es nicht so, dass die Verantwortung für eine Gruppe für einen jungen Menschen recht gross ist? Katja Meier nickt: Als sie das erste Mal einen Vertrag als Verantwortliche für ein Lager unterschrieben habe, sei ihr bewusst geworden, was Verantwortung übernehmen heisse. Aber sie sei ja gut ausgebildet worden in mehreren Kursen. Und vor allem: Es mache wirklich Spass, Verantwortung zu tragen, ob sie nun zusammen mit ihrer aus 14 Mädchen bestehenden Gruppe unterwegs sei oder als Scharleiterin amte. Übrigens: Sie sei nicht unglücklich, wenn von den 14 Mädchen nur deren 10 erschienen. «Das ist manchmal grad genug», meint sie lachend.

Entstehen im Blauring auch Freundschaften fürs Leben? Die Scharleiterin bejaht: «Ich habe ganz tolle Kameradinnen gefunden, mit mindestens zwei von ihnen werde ich sicher ewig verbunden sein.»

Die Errichtung des Zürcher Generalvikariats 1956

Bis heute ist der Kanton Zürich wie auch andere Teile der Schweiz keinem Bistum definitiv zugeschrieben, sondern nur provisorisch dem Bischof von Chur ad personam unterstellt. 1844 bis 1998 war nicht einmal diese provisorische Unterstellung formalrechtlich festgeschrieben. So hatte etwa Wolfgang Haas als Churer Bischof kein Mandat von Rom für die Zürcher Katholiken.

Die Nuntien als Initianten

Im 19. und in der ersten Hälfte des 20. Jahrhunderts war die Verbindung der in Zürich wirkenden Geistlichen zum Bischof von Chur lose. Erst 1877 wurde ein eigenes Zürcher Priesterkapitel gegründet. Der Anstoss zur Errichtung eines Generalvikariats in Zürich schliesslich kam nicht von Chur, sondern 1941 vom Berner Nuntius Filippo Bernardini, der sich der Bedeutung Zürichs für die Schweiz bewusst war. Da der Churer Bischof Christian Caminada sich unwillig zeigte, blieb die Umsetzung über Jahre liegen, bis Nuntius Gustavo Testa 1954 diese Angelegenheit wieder aufnahm. Testa verbrachte 1955 anlässlich der Ausstellung «Leben und Kunst der Etrusker», wo auch einige Objekte aus den Vatikanischen Museen gezeigt wurden, mehrere Tage in Zürich. Der Nuntius wurde vom Zürcher Regierungsrat empfangen. Organisator dieses Aufenthalts war Alfred Teobaldi – ein Test für die Berufung zu höheren Aufgaben.

Keine Widerstände

Im Mai 1956 war die Errichtung eines Generalvikariats in Zürich Gesprächsthema in Bern. Zwei christlichsoziale Politiker, zu denen Teobaldi gute Beziehungen unterhielt, wiesen ihn darauf hin, dass ein Bundesrat sich kritisch darüber geäussert habe: Eine solche Errichtung stiesse sowohl beim Zürcher Regierungsrat wie auch bei den Zürcher Protestanten «im gegenwärtigen Moment» auf heftigen Widerstand. Direkte Erkundigungen Teobaldis beim Direktor des Innern, Regierungsrat Emil Reich, und bei Kirchenratspräsident Oskar Farner zerstreuten jedoch diese Bedenken.

Nach Teobaldi verfrüht

Teobaldi selbst hielt den Zeitpunkt für die Errichtung des Generalvikariats 1956 für verfrüht; diese sollte erst mit der Annahme eines neuen Kirchengesetzes erfolgen, von dem sich die Römischkatholische Kirche die von ihm vehement betriebene öffentlich-rechtliche Anerkennung erhoffte. Auf den 1. Juli 1956 aber errichtete der Churer Bischof Christian Caminada das Generalvikariat Zürich und ernannte Alfred Teobaldi zum ersten Generalvikar – offensichtlich dazu durch Nuntius Gustavo Testa gezwungen. Alfred Teobaldi war sich bewusst, dass vor allem die Pfarrer im Kanton Zürich ihm gegenüber, der nie eine Pfarrei geleitet hatte, kritisch eingestellt waren, weshalb er sowohl dem Churer Bischof wie auch dem Nuntius riet, von seiner Ernennung abzusehen, denn bereits die Ernennung Teobaldis zum bischöflichen Kommissar war 1951 frostig aufgenommen worden.

Hirschengraben 66

Dieses Gebäude, während vieler Jahre «Centrum 66» oder «C66» genannt, ist die Zentrale von «Katholisch Zürich». Sowohl das Generalvikariat als auch der Synodalrat haben hier ihre Büros und Sitzungszimmer. Ferner sind auch die RKZ (Römisch-Katholische Zentralkonferenz), das Offizialat (kirchliches Gericht) sowie die Rekurskommission der Körperschaft darin untergebracht.

Das Haus wurde 1925 vom bekannten Zürcher (Kirchen-) Architekten Anton Higi als Katholische Mädchensekundarschule erbaut. Oberhalb des Hauses, an der Schienhutgassse 7, war das «Schwesternhaus», in dem die als Lehrerinnen tätigen Menzinger Schwestern wohnten. Das Schulhaus wurde durch einen Neubau an der Kreuzbühlstrasse ersetzt und 1980 an die Körperschaft verkauft, die es renovierte und 1982 zur Zentrale von «Katholisch Zürich» machte. Der grosse Saal im Parterre war der Singsaal, über dessen Eingang sich heute noch ein Sgraffito des Harfe spielenden Königs David befindet. Auch in den Gängen mit Brunnen ist die Schulhausstimmung von damals noch spürbar.

Das Generalvikariat hatte seinen ersten Sitz an der Wiedingstrasse 46, einer Liegenschaft, die von einem eigens dazu geschaffenen Verein erworben wurde. Das Haus gehört seit 1971 der Körperschaft.

Christlichsoziale Partei und Katholikentage

Während sich die Blockbildung der Katholiken in Bund und Kantonen aufzulösen begann, blieb der Vereinskatholizismus im Kanton Zürich weiterhin geeint und trat geschlossen auf. Der Grund dafür war die Stellung der Katholiken. Einerseits verstärkte deren rasche zahlenmässige Zunahme durch die Einwanderung ihre Bedeutung. Andererseits begann sich dank des Wirtschaftsaufschwungs die bisherige Zuschreibung von katholisch und Unterschicht aufzulösen.

Während die persönliche Integration der Katholiken rasche Fortschritte machte, blieb die nicht öffentlich-rechtlich anerkannte katholische Kirche gegenüber der reformierten Landeskirche weiterhin stark benachteiligt. Die Katholiken fühlten sich als Bürger zweiter Klasse. Dies umso mehr, als nun ein grösserer Teil der Geistlichen im Kanton Zürich geboren und aufgewachsen war. An ihre Seite war eine starke Elite gut ausgebildeter Akademiker und erfahrener Politiker getreten.

Den 30. Katholikentag 1957 feierten über 16 000 Gläubige im Hallenstadion in Zürich-Oerlikon als Grossdemonstration des Katholizismus im Kanton Zürich. Alle Vereine und Verbände waren mit ihren Mitgliedern und Fahnen vertreten. Damit trat die katholische Minderheit an die Öffentlichkeit und forderte Beachtung und die staatliche Anerkennung.

Die christlichsoziale Partei auf ihrem Höhenflug
Die CSP des Kantons Zürich hatte mit zunehmendem Erfolg die Anliegen und Interessen der Katholiken auf sozialem und kirchlichem Gebiet vertreten. Am 28. April 1963 wurde mit Urs Bürgi zum ersten Mal ein CSP-Vertreter in den Regierungsrat gewählt. Die Partei erreichte gleichzeitig mit 23 Mandaten (14 %) im Kantonsrat das beste Resultat in ihrer Geschichte.

Die CSP setzte sich mit Nachdruck für die öffentlich-rechtliche Anerkennung der katholischen Kirche und die Erarbeitung eines entsprechenden Gesetzes ein. Dessen Annahme am 7. Juli 1963 kann man auch als ihren Erfolg betrachten. Von der Mobilisierung der Katholiken profitierte die Partei auch in den Nationalratswahlen vom 27. Oktober 1963, als die Zürcher CSP fünf von 35 Mandaten gewann und damit ihren Höchststand an Sitzen erreichte.

Der Katholikentag von 1957 fand im Zürcher Hallen-stadion statt. Auf den Berichterstatter der NZZ, den reformierten Fraumünsterpfarrer Peter Vogelsanger, machte grossen Eindruck, dass nicht ein barockes lateinisches Pontifikalamt zelebriert, sondern eine deutsche Betsingmesse gefeiert wurde. «Zum Got-tesdienst ist zweierlei überrascht hervorzuheben: einmal die grosse Schlichtheit, die an urchristliche, zum mindesten frühkatholische Formen erinnerte, und sodann die aktive und intensive Beteiligung des Volkes an dieser Messfeier. Da stand in der Mitte der Arena auf hohen Stufen der mächtige weisse Tisch des Altars, (...) und um ihn herum vollzog sich unter dem Klang der Clairons der Aufmarsch der Fahnen und Organisationen und des hierarchisch geglieder-ten Klerus mit dem geistlichen Oberhirten Bischof Caminada am Schluss. (...) Wir dürfen uns als evan-gelische Christen aufrichtig darüber freuen, dass der 30. Zürcher Katholikentag in Geist und Aufmachung und Wort nicht nur keine Schranken aufgerichtet hat, sondern vielmehr eine eindrückliche Demonstration dafür war, dass die Konfessionen sich näher gekom-men sind. Eine gemeinsame Basis wurde gerade an dieser grossen Gottesdienstfeier unserer katholi-schen Brüder sichtbar.»

Theologische Aufbrüche

Die 1950er- und 1960er-Jahre waren in der Schweiz von einem beispiellosen wirtschaftlichen Erfolg gekennzeichnet, der breiten Schichten einen Wohlstand brachte wie nie zuvor.

Der ehemlige Jesuit und Theologe Hans Urs von Balthasar lebte nach seinem Ordensaustritt von 1950 bis 1956 in Zürich und schrieb dort sein berühmtes Büchlein «Schleifung der Bastionen: Von der Kirche in dieser Zeit». 1956 wurde er auf sanften Druck von Zürcher Laien von Bischof Christian Caminada als Churer Diözesanpriester inkardiniert. Balthasar nahm wahr, dass Altes zusammenbrach, ja zusammenbrechen musste. Parallel aber entwickelte sich auch Neues, es entwickelte sich eine religiöse Vitalität, eine Folge theologischer Wachheit und gesunder Unruhe, was sich in der Suche nach zeitgemässeren Formen im Kirchenbau und in der Kirchengestaltung, in einem neuen Gottesdienstverständnis, in Aufbrüchen in der Jugendarbeit und im Missionsverständnis, aber auch in theologischen Meisterleistungen zeigte.

Neben Hans Urs von Balthasar sind Hans Küng, Otto Karrer und wichtige Theologen wie Johannes Feiner, Franz Böckle, Josef Trütsch oder Magnus Löhrer aus dem Bistum Chur zu nennen, die einige Jahre später für die Herausgabe des theologischen Standardwerks «Mysterium salutis» verantwortlich zeichneten.

Der Luzerner Hans Küng hatte grossen Einfluss auf die Zeit vor und nach dem Konzil. Mit seinen Büchern «Konzil und Wiedervereinigung» (1960) und «Strukturen der Kirche» (1962) nahm er thematisch und inhaltlich manche Diskussionen und Beschlüsse des Konzils vorweg.

Hans Küng war zusammen mit Karl Rahner, Joseph Ratzinger und Yves Congar einer der bekanntesten Konzilstheologen.

Hans Küng (*1928)

Er wurde 1928 in Sursee geboren und studierte in
Rom und Paris, wo er mit einer Arbeit über Karl
Barth promovierte. Mit 31 Jahren wurde er Professor für Fundamentaltheologie in Tübingen. Als Kon-
zilstheologe hatte er nachweislich grossen Einfluss.
Küng schrieb später grosse Werke über die Weltreligionen und setzt sich für ein Weltethos ein, das er
als Grundlage für einen Religionsfrieden sieht. Sein
Werk umfasst Dutzende von Büchern, die in viele
Sprachen übersetzt wurden. Als man ihm 1979 die
kirchliche Lehrerlaubnis entzog, schuf die Universität Tübingen für ihn einen fakultätsunabhängigen
Lehrstuhl für Ökumenische Theologie. Küng erhielt
weltweit unzählige akademische Ehrungen.

Hans Urs von Balthasar (1905–1988)

Er wurde 1905 in Luzern geboren und entstammte
einer Luzerner Patrizierfamilie. Er war zunächst Jesuit und wurde einer der bedeutendsten Theologen
seiner Zeit. Er galt als einer der Wegbereiter des
Konzils, nicht zuletzt durch sein Buch «Schleifung
der Bastionen». Er wirkte als Studentenseelsorger in
Basel, trat aber 1950 aus dem Jesuitenorden aus und
wurde im Bistum Chur inkardiniert. Aufgrund seiner
Verdienste wurde er – wenige Tage vor seinem Tod –
von Papst Johannes Paul II. zum Kardinal ernannt.

Hinwendung zur Welt –
das Missionsjahr

Die Glaubensverkündigung hatte durch die Kolonisierung einen starken Auftrieb bekommen. Die Berichte über die Tätigkeiten und Erlebnisse von Missionaren und Ordensfrauen waren für viele Jugendliche ein spannender Lesestoff voller Abenteuer und Exotik. Die Vorträge von Missionaren in den Pfarreien vermittelten einen Einblick in fremde Kulturen und ferne Länder. Sie öffneten ein Fenster zur Welt. Nach dem Zweiten Weltkrieg wurde mit der Entkolonialisierung die Entwicklungshilfe zum Thema, ebenso Solidarität und Unterstützung der Eigenentwicklung.

1957 führte der damalige Bundesleiter der Jungwacht, Meinrad Hengartner, ein verbandsinternes Missionsjahr durch. Aufgrund des grossen Echos wurde für 1960/61 ein gesamtschweizerisches Missionsjahr angesetzt. Neu waren die gut verständlichen Unterlagen und Hilfsmittel für die Pfarreiarbeit, der Einbezug der Medien und die Themensetzung über das ganze Jahr. Alle Missionsgesellschaften bündelten ihre Kräfte und erreichten damit eine hohe Aufmerksamkeit. Das Sammelergebnis von 17,5 Mio. Franken übertraf alle Erwartungen. Das Missionsjahr förderte unmittelbar vor dem Konzil das Bewusstsein einer universalen Kirche und der Solidarität mit den Ärmsten. Es liess erkennen, wie weltoffen und sozial verantwortungsbewusst Katholiken sind.

Das Fastenopfer

Das Missionsjahr 1961 fand eine Fortsetzung im «Fastenopfer der Schweizer Katholiken». Damit sollte die Fastenzeit neu gesehen werden als «Teilen» mit Bedürftigen. Die Idee der Solidarität fand Anklang. Am Anfang wurden die eine Hälfte des Ertrags hälftig für Projekte und Hilfen im Inland eingesetzt mit dem Gedanken des Ausgleichs unter den Bistümern und als Hilfe an Pfarreien in Diaspora- und Berggebieten, die andere Hälfte für die Missionsgebiete in der sogenannten Dritten Welt verwendet. So konnten erstmals sprachregionale und gesamtschweizerische Institutionen in der Schweiz finanziert und Projekte in Entwicklungsländern finanziert werden. Der Anteil der Unterstützungen in der Schweiz nahm bald zugunsten der Drittweltprojekte ab.

1969 begann die Zusammenarbeit mit dem reformierten Hilfswerk «Brot für Brüder» (später: «Brot für alle»). Das bedeutete eine Bündelung der Kräfte und eine höhere Beachtung der Kampagnen. Von Anfang arbeitete das Fastenopfer sehr transparent und stellte seine unterstützten Projekte in einer Gesamtabrechnung vor. Zudem wollte man nicht nur Spenden sammeln, sondern das Bewusstsein für Solidarität mit ärmeren Ländern durch Information und Aufklärung wecken und vertiefen.

Meinrad Hengartner (1925–1984)

Er war schon in jungen Jahren eine charismatische, sehr begeisterungsfähige Persönlichkeit. Nach der Primarschule wurde er Hilfsarbeiter, war aber in seiner Freizeit unermüdlich für die Jungwacht tätig. Bereits mit 23 Jahren wurde er Bundessekretär, später Bundesleiter der Jungwacht.

Mit dem Fastenopfer schuf er 1962 eine Einrichtung, die jedes Jahr Millionen für die Entwicklungshilfe, aber auch für die Finanzierung der Kirche in der Schweiz sammelte. 1964 wurde das Fastenopfer als Stiftung von der Schweizer Bischofskonferenz gegründet und Hengartner zum ersten Direktor ernannt. 1977 verlieh ihm die Universität Freiburg die Würde eines Ehrendokors.

John F. Kennedy (1917–1963)

Er war die Lichtgestalt der frühen 1960er-Jahre. Er genoss grosses Vertrauen und führte wieder Ideale und Visionen in die Politik ein. Kennedy war der erste Katholik im Amt des amerikanischen Präsidenten. Ihm war gelungen, was die Katholiken im Kanton Zürich anstrebten: als Einwanderer eine geachtete Stellung zu erreichen. Das hat ihn zum Vorbild für die jungen Katholiken gemacht. Gleichzeitig war er ein Beweis dafür, dass katholisch auch bedeuten konnte, moderne Ideen zu vertreten, an die Verantwortung des Bürgers zu appellieren und eine glaubwürdige Weltpolitik zu verfolgen. Für viele reformierte Zürcher war er der «moderne Katholik», und dieses neue Bild hat dazu beigetragen, den Weg zum Kirchengesetz von 1963 zu ebnen.

Magdalen Bless-Grabher

Ehemalige Redaktorin
der Zeitschrift «Mirjam»

Sie waren von 1979 bis 1999 Mitredaktorin der Zeitschrift «Mirjam», die sich im Untertitel lange Zeit «Christliche Zeitschrift für die Frau» nannte. Wie sind Sie dazu gekommen? _____ Im Rheintal, wo ich aufwuchs, war es üblich, dass katholische Mädchen – so auch ich – im Blauring mitmachten und als Teenager zur «Kongri» («Marianische Jungfrauenkongregation») wechselten. Diese gab in Zürich die Zeitschrift «Ancilla» heraus. Als die «Kongri» in den 1970er-Jahren aufgelöst wurde, blieb «Ancilla» als Frauenzeitschrift bestehen, litt aber unter Abonnentinnenschwund. Daher forderte sie 1978 die Leserinnen auf, sich Gedanken zu machen, wie sich das ändern liesse. Inzwischen lebte ich als Historikerin im Kanton Zürich und war nebenbei auch im Journalismus tätig. Aus Nostalgie hatte ich «Ancilla» immer noch abonniert. Auf den Aufruf hin schrieb ich ihr, sie müsste in erster Linie Frauen zu Wort kommen lassen – ein Grossteil der Texte stammte bisher von Männern. Prompt wurde ich zur Mitarbeit eingeladen. Damals traten auch noch andere jüngere Frauen der Redaktionskommission bei – es war ein weltoffenes, pfiffiges Team.

Die Zeitschrift hatte damals ja schon eine längere Tradition. _____ Sie war 1919 gegründet worden. Ihre verschiedenen Namen spielten stets auf die Madonna an und widerspiegelten zugleich den jeweiligen Zeitgeist. So hiess sie anfänglich «Marienkind», ab 1933 «Unsere Führerin» und ab 1964 «Ancilla» («Magd», nach der Bibelstelle Lk 1,38: «Siehe, ich bin eine Magd des Herrn»). Noch bis 1968 war jeweils ein Zürcher Jesuit Redaktor gewesen. Auch danach blieb sie noch jahrelang unter kirchlichem Dach. Der heutige Generalvikar Josef Annen begleitete dann aufgeschlossen und klug ihre Wandlung zu einer modernen, aktuellen Zeitschrift. Ab 1982 wurde sie unter dem neuen Namen «Mirjam» (hebräisch «Maria») herausgegeben.

Was war das Ziel der Zeitschrift? _____ Sie suchte das Selbstbewusstsein und die Emanzipation der Frauen zu fördern und gleichzeitig gewisse Werte im Auge zu behalten. Unter einem weiblichen Blickwinkel setzte sie sich mit Zeitströmungen, Kultur, Gesellschaft, Religion und Kirche auseinander. Die

Aufbruchstimmung nach dem Zweiten Vatikanischen Konzil und der Synode 72, aber auch die noch junge feministische Theologie beflügelten uns. Zunehmend richtete sich «Mirjam» auch ökumenisch aus.

Und Ende 1999 war Schluss? _____ Leider. Inzwischen war der kirchliche Support weggefallen, doch konnte sie sich noch bis 1999 behaupten. Ich engagierte mich anschliessend bei anderen Fraueninstitutionen, so auch beim Katholischen Frauenbund des Kantons Zürich, für den ich seit Langem regelmässig Exkursionen, Führungen und Vorträge gestalte, teilweise zusammen mit dem Evangelischen Frauenbund Zürich. Erstaunlich viele Frauen sind interessiert an bedeutenden Frauen der Vergangenheit sowie an Kultur, Geschichte und Spiritualität aus weiblicher Perspektive.

Da liegt die Frage nach der Stellung der Frau in der Kirche nahe. _____ Gewiss herrscht da ein Nachholbedarf. Klar, heute gibt es auch Theologieprofessorinnen, Gemeindeleiterinnen, Pastoralassistentinnen, Ministrantinnen, Frauen in Kirchenpflegen, Pfarreiräten, Synoden usw. Ich bin froh, dass unsere staatskirchenrechtlichen Strukturen eine demokratische Ausrichtung und damit auch die Mitsprache von Frauen voraussetzen. Dass aber Frauen nach wie vor von Weiheämtern, also vom Priestertum und damit auch von allen Ebenen der Hierarchie, ausgeschlossen sind, ist in unserem Kulturkreis anachronistisch und ein Verschleiss von Ressourcen und Goodwill trotz dem enormen Priestermangel. Dabei gäbe es viele gut ausgebildete Theologinnen. Allerdings agiert die Kirche

weltweit, und sicher ist es nicht leicht, all die unterschiedlichen gesellschaftlichen Entwicklungen unter einen Hut zu bringen. Eine Lösung wäre, den Zentralismus aufzuweichen und den Ortskirchen mehr Eigenständigkeit zu gewähren, auch hinsichtlich der «Frauenfrage».

> «Dass aber Frauen nach wie vor von Weiheämtern, also vom Priestertum und damit auch von allen Ebenen der Hierarchie, ausgeschlossen sind, ist in unserem Kulturkreis anachronistisch und ein Verschleiss von Ressourcen und Goodwill trotz dem enormen Priestermangel»

Heisst es also: geduldig abwarten? _____ Ob geduldig oder nicht: Es heisst vorderhand abwarten und hoffen. Keine Institution ist vollkommen. Es dauerte auch lange, bis in der Schweiz das Frauenstimmrecht eingeführt wurde. In der Kirche gab es immer wieder neue Bewegungen und Veränderungen. Abgesehen davon besteht sie nicht nur aus Hierarchie oder «Ämtern», sondern aus der ganzen «Gemeinschaft der Gläubigen», inklusive der Frauen. Letztlich geht es ums Evangelium – diese atemberaubenden Botschaft der Liebe, die ein Gegengewicht zur materialistischen Welt bietet.

111

Johannes XXIII. – ein Übergangspapst?

Nach dem Tod von Pius XII. am 9. Oktober 1958, der 19 Jahre lang in schwieriger Zeit Papst war, fiel die Wahl des Nachfolgers offenbar nicht leicht, denn das Konklave dauerte vom 25. bis zum Abend des 28. Oktober und erstreckte sich über 11 Wahlgänge. Schliesslich wurde Kardinal Angelo Roncalli, Patriarch von Venedig, zum Papst gewählt, der den Namen Johannes XXIII. annahm. Nicht zuletzt wegen seines hohen Alters – er war 77 – und seiner konservativen Frömmigkeit wurde er vielerorts als Übergangspapst bezeichnet. Doch sein Pontifikat gab dem Begriff «Übergang» eine andere Bedeutung als die implizierte: Er führte die Kirche in eine neue Epoche.

Offenbar hat er bereits wenige Tage nach seiner Wahl im engsten Kreise von einem Konzil gesprochen. Am 25. Januar 1959 verkündete er in der Benediktinerabtei San Paolo fuori le mura vor den 17 dort versammelten Kardinälen im Wohnzimmer des Abtes zum grossen Erstaunen aller die Absicht, ein Konzil einzuberufen. Der offizielle Text lautete: «Gewiss ein wenig zitternd vor Bewegung, aber zugleich mit demütiger Entschlossenheit im festen Vorsatz sprechen wir vor euch den Namen und das Vorhaben einer doppelten feierlichen Veranstaltung aus: einer Diözesansynode der Stadt Rom und eines Ökumenischen Konzils für die Gesamtkirche.» Darauf hin sollen die Kardinäle lange geschwiegen haben.

Die Spannung und Erwartung, die diese Ankündigung auslöste, war auch in der Schweiz spürbar. Papa Giovanni, wie er vielerorts liebevoll genannt wurde, strahlte Väterlichkeit und Güte aus, was auch sein Übername «il Papa buono» ausdrückt.

Die Diözesansynode von Rom im Januar 1960 war kein Erfolg und wurde international nicht besonders beachtet. Ganz anders das Konzil. Der Papst drängte darauf, dass es intensiv und zügig vorbereitet werde, und setzte den Beginn auf den 11. Oktober 1962 an. Vor 1041 europäischen, 956 amerikanischen, 379 afrikanischen und über 300 asiatischen Bischöfen, Konzilstheologen und Beobachtern hielt der Papst die Eröffnungsrede, die eine ausserordentliche Langzeitwirkung hatte. Und seine Kernbotschaften «aggiornamento» (Aktualisierung, wörtlich à-jour-Bringung), «die Zeichen der Zeit erkennen» und «die Fenster der Kirche öffnen» wurden allgemein sehr wohl verstanden.

Das Konzil hatte auch einen grossen Einfluss auf die katholische Kirche in der Schweiz. Die Liturgiereform (Messfeier in der Muttersprache, Volksaltar usw.) wurde auch in der Diözese Chur schnell umgesetzt.

Johannes XXIII. zur Konzilseröffnung (11. Oktober 1963)

«Es jubelt die Mutter Kirche, weil durch besondere Gnade der göttlichen Vorsehung dieser hochersehnte Tag angebrochen ist, an dem (…) das Zweite Vatikanische Ökumenische Konzil seinen Anfang nimmt. (…)

Alle Konzilien (…), die im Laufe der Geschichte gefeiert wurden, bezeugen offensichtlich die Lebenskraft der katholischen Kirche und zählen in ihren Annalen zu den strahlenden Lichtern.

Der letzte geringe Nachfolger des Apostelfürsten, der zu Euch spricht, wollte bei der Einberufung dieser hochansehnlichen Versammlung wiederum, dass das kirchliche Lehramt, das niemals fehlte und das bis ans Ende der Tage bestehen wird, befestigt wird; es soll, indem es den Irrtümern, den Notwendigkeiten und Chancen unserer Zeit Rechnung trägt, durch dieses Konzil allen Menschen auf Erden in ausserordentlicher Weise vorgestellt werden. (…)

Gern erinnert er sich der Verdienste der Päpste aus vergangenen und jüngsten Zeiten. (…)

Aber neben diesen Gründen geistlicher Freude können Wir auch nicht leugnen, welche Schmerzen und Bitternisse seit 1900 Jahren in langer Reihenfolge diese Geschichte verdunkelt haben. (…)

Erleuchtet vom Licht des Konzils, so vertrauen Wir fest, wird die Kirche an geistlichen Gütern zunehmen und, mit neuen Kräften von daher gestärkt, unerschrocken in die Zukunft schauen. (…)

In der täglichen Ausübung Unseres apostolischen Hirtenamtes geschieht es oft, dass bisweilen Stimmen solcher Personen Unser Ohr betrüben, die zwar von religiösem Eifer brennen, aber nicht genügend Sinn für die rechte Beurteilung der Dinge noch ein kluges Urteil walten lassen. Sie meinen nämlich, in den heutigen Verhältnissen der menschlichen Gesellschaft nur Untergang und Unheil zu erkennen. Sie reden unablässig davon, dass unsere Zeit im Vergleich zur Vergangenheit dauernd zum Schlechteren abgeglitten sei. Sie benehmen sich so, als hätten sie nichts aus der Geschichte gelernt (…) und als sei in den Zeiten früherer Konzilien, was die christliche Lehre, die Sitten und die Freiheit der Kirche betrifft, alles sauber und recht zugegangen.

Wir aber sind völlig anderer Meinung als diese Unglückspropheten, die immer das Unheil voraussagen, als ob die Welt vor dem Untergange stünde. In der gegenwärtigen Entwicklung der menschlichen Ereignisse, durch welche die Menschheit in eine neue Ordnung einzutreten scheint, muss man viel eher einen verborgenen Plan der göttlichen Vorsehung anerkennen. Dieser verfolgt mit dem Ablauf der Zeiten, durch die Werke der Menschen und meist über ihre Erwartungen hinaus sein eigenes Ziel, und alles, auch die entgegengesetzten menschlichen Interessen, lenkt er weise zum Heil der Kirche.»

Jahreszeiten
im Leben der Kirche

Walter Kirchschläger

Am 9. Oktober 1958 starb Pius XII. Auch der damalige Patriarch von Venedig, Angelo Giuseppe Roncalli, reiste nach Rom. Am 17. Oktober entschuldigte er sich brieflich beim Rektor seines Priesterseminars für seine Abwesenheit bei der Eröffnung des Studienjahres. Dabei verwies er auf die Notwendigkeit, «dafür zu beten, dass sein [= des Pius] Nachfolger, wer immer dies auch sein werde, nicht einfach eine Lösung der Kontinuität darstellt, sondern einen Fortschritt im Bemühen um die zeitlose Jugendlichkeit der heiligen Kirche, deren Aufgabe es immer ist, die Menschen zur göttlichen Höhe der Verwirklichung des Evangeliums (…) zu führen». Am 28. Oktober 1958 wurde Roncalli zum neuen Bischof von Rom gewählt.

Es wird Frühling in der Kirche
Was Roncalli geschrieben hatte, wurde zu seinem Programm. Die Vorbereitung und Durchführung des angekündigten Konzils prägen fortan seine Tätigkeit und sein ganzes Leben. Das Bild vom «neuen Pfingsten» ist dafür sprichwörtlich geworden, es geschieht ein neuer Aufbruch der Kirche in ihrer Sorge für alle und an allen

Menschen in dieser Welt. Der Sendungsauftrag des Auferstandenen (Mt 28,18–20) wird zu einem der biblischen Leittexte – bis hin zum Eröffnungsgottesdienst des Konzils.

Was zwischen 1962 bis 1965 in Rom und mit der Kirche passiert, wird von Johannes XXIII. in den Jahren davor angestossen: engagiert, ungeduldig und stets ermutigend, voll Vertrauen und Hoffnung. Daher muss er nicht alles selbst regeln; er erkennt seine Aufgabe darin, dem Wirken des Geistes Gottes in der Kirche Raum zu verschaffen. So kann er sich selbst bescheiden («Du bist ja nur Papst») und zugleich sich und andere dazu ermutigen («coraggio, coraggio» und «avanti, avanti»), ihr Möglichstes beizutragen, damit Gott selbst handeln kann.

Johannes XXIII. ist kein Revolutionär. Aber Kontinuität nach dem Geschmack der römischen Kirche ist nicht sein Ziel. Zu gerne wird sie mit Tradition im schlechten Sinn gleichgesetzt, als wäre die Maxime «nur nichts verändern» die Leitidee Jesu von Nazaret gewesen. Aber es geht eben um diesen «Fortschritt» für «die Jugendlichkeit der Kirche». Johannes XXIII. entfaltet das Stichwort «aggiornamento» als Programm in seiner Konzilseröffnungsrede. Das Konzil selbst wird – bis zur Pastoralkonstitution als seinem letzten Dokument – konsequent diese Dynamik ins Heute verfolgen. Die Kirche beginnt, sich als das Volk Gottes auf dem Weg der Pilgerschaft zu verstehen (vgl. Kirchenkonstitution «Lumen Gentium», Art. 8, sodann 9–17).

Die Aufbruchstimmung nach dem Konzil ist allerorts zu spüren. Der Bischof von Chur, Johannes Vonderach, spricht von einer «neuen Epoche in der Geschichte der Kirche». Auch wenn die Tribünen in St. Peter abgebrochen sind, ist der St. Galler Bischof Joseph Hasler überzeugt: «Dennoch wird das Konzil weiterleben.» Franziskus von Streng, Bischof von Basel und Lugano, erkennt im Konzil ein «Geschehen, über dem der Heilige Geist gewaltet hat», und er formuliert daraus die Konsequenz: «Für uns beginnt jetzt die Aufgabe, das Konzil in unserem Land, in der Diözese, in jeder Pfarrei fruchtbar werden zu lassen.» Das bringe auch Unruhe, aber: «Nicht in jeder Hinsicht sollen wir zuwarten.»

Ein kurzer Sommer
Zahlreiche Ortskirchen warten in der Tat nicht zu. Die niederländische Kirche führt ein Pastoralkonzil (1966–1970) durch. Die Wiener Diözesansynode 1971/72 und der Österreichische Synodale Vorgang 1973/74 versuchen ebenso wie die Gemeinsame Synode der Bistümer in der Bundesrepublik Deutschland (1971–1975) «die Zeichen der Zeit richtig zu verstehen, um in der Kraft des Gottesgeistes fruchtbare Aufbauarbeit für die Kirche (…) zu leisten». Dieses Geleitwort von Paul VI.

zeigt, dass die Kirchenleitung die Konkretisierungsprozesse zumindest grundsätzlich begünstigte. Dies galt auch für die Synode 72, die durch das kluge Vorgehen der Initianten eine intensive Arbeit aller Delegierten ermöglichte. Allerdings musste sich auch diese Synode mit der kompromisslosen Ablehnung ihrer Erneuerungsvorschläge seitens der Zentralbehörde abfinden, die alle Kirchenversammlungen jener Zeit traf. Die in kleinen Etappen zugestandene Muttersprachlichkeit der Eucharistiefeier lassen die Zurückhaltung und Sorge erkennen, mit der Paul VI. vorging. Dabei waren von der Schweiz und insbesondere durch die Theologische Hochschule in Chur schon vor dem Konzil massgebliche Impulse für eine Theologie- und Kirchenreform ausgegangen (so z. B. die Publikationen zu Fragen der Theologie heute und Mysterium Salutis).

Herbst und Winter
«Zentralismus statt Kollegialität» (Franz König) – diese Antithese zur Absicht des Konzils kennzeichnet die Zeit von Johannes Paul II. Die Sorge um die Kirche nahm in Rom zu. Aber Angst legt Mangel an Glauben offen und ist ein schlechter Ratgeber, und die Antwort darauf war strategisch falsch: In Krisensituationen können die Zügel nicht angezogen werden. Der Bischof von Rom liess die Kurie gegenüber den Ortskirchen gewähren. Wo bei Bischofsernennungen noch Elemente von Mitsprache verbrieft waren, wurden sie unterlaufen: So geschehen in Salzburg, zweimal in Chur, in Köln oder dort, wo das Votum der Ortskirchen provokativ ignoriert wurde, wie z. B. in Wien, St. Pölten, Feldkirch oder Regensburg. 15-jährige Arbeiten an einer Grundverfassung der Kirche wurden von Johannes Paul II.

ebenso verworfen wie das Bemühen um neue kirchliche Ämter im Gefolge der Synode 72 gemäss einer Vorgabe, die Paul VI. eröffnet hatte. Ob der 1993 veröffentlichte «Weltkatechismus» eine geeignete Antwort auf den Glaubensschwund in der Gesellschaft sein kann, bleibe dahingestellt.

Die Aufdeckung innerkirchlicher Missbrauchswellen, ein ungezügelter Kompetenzzuwachs der römischen Kurie, deren Unwille zu Reformen und zur Verwirklichung des Konzils lähmten das kirchliche Leben in der Zeit von Benedikt XVI. Aber die kirchlichen Autoritäten können nicht einfach so tun, als ob alles so weiterginge, wie es einmal geschichtlich entstanden ist (Peter Hünermann).

Es wird erneut Frühling!

In dieser tiefen Erstarrung wiederholte sich, was nach dem Tod von Pius XII. geschehen war: Mit dem Wechsel im Amt des Bischofs von Rom brach eine neue Jahreszeit für die Kirche an. Pfingsten hat in diesem Jahr bereits in der österlichen Busszeit begonnen: Ein «fratelli e sorelle, buonasera», ein gemeinsames Schweigen zum Gebet … Schon diese erste Begegnung mit Bischof Franziskus zeigte die Veränderung an. Unzählige Menschen innerhalb und ausserhalb der Kirche spürten das Einfache, Demütige, Bescheidene in diesem Menschen, der hier einen Dienst antrat. In der Zeit seither liess er keinen Zweifel daran, dass er es so und nur so meinte.

Da und dort wurde sehr schnell der Begriff «Kontinuität» bemüht – so als wolle man das unerwartet Neue, das Befreiende und Ermutigende am Verständnis, Bischof von Rom (!) zu sein, schnell nivellieren. Aber das will nicht gelingen, weil dieser Mensch nicht so viel Schnittmenge mit seinen Vorgängern hat, wie gerne herbeigeredet wird. Wir erleben in dieser Person das Charisma der persönlichen Jesusnachfolge. Wohin das führt, ist noch nicht zu sagen. Aber es wird jesuanischer, geschwisterlicher, kollegialer, auch bescheidener und genügsamer in dieser katholischen Kirche zugehen.

Ob die Ortskirchen sich da einordnen können? Vor Ort ist eine gewisse Beharrlichkeit auffällig. Zwar vermeidet Bischof Franziskus konsequent den Titel «Papst»; kirchenintern ebenso wie von den Medien wird ihm diese Benennung unbekümmert zugeteilt – als könne man die Nuance nicht wahrhaben! Auch der Lebens- und Leitungsstil dieses Bischofs hat sich noch zu wenig herumgesprochen – sein «sforza», das nicht nur den Kardinälen (bei deren erster Audienz am 15. März 2013) gilt, und seine Einsicht, dass es in der Kirche wichtigere Dinge gibt als die Übereinstimmung mit der Glaubenskongregation. In dieser Grundhaltung werden auch die angesammelten «heissen Eisen» ihren Platz haben.

«Es ist Zeit, vom Schlafe aufzustehen» (vgl. Röm 13,11). Die Kirche geht als Volk Gottes auf ihrem Pilgerweg. Wer diesen Morgen verpasst, verschläft die Kirche in ihrem neuen Frühling, in dem ihre «zeitlose Jugendlichkeit» erneut erkennbar wird. Für einmal kommen die Weckrufe aus Rom. Auch in den Bischofs- und Pfarrhäusern müssen sie gehört werden.

Chronologie des Zweiten Vatikanischen Konzils

1958

28.10. Angelo Roncalli wird zum Papst gewählt
und nennt sich Johannes XXIII.

1959

25.1. Johannes XXIII. kündigt in San Paolo fuori
le mura ein Ökumenisches Konzil an.

14.7. Das Konzil wird «Zweites Vatikanisches
Konzil» genannt werden.

1962

11.10. – Feierliche Eröffnung des Konzils

11.10. – 8.12. Erste Sitzungsperiode

1963

11.4. Enzyklika «Pacem in terris»

3.6. Unterbrechung des Konzils durch den
Tod Johannes' XXIII.

21.6. Giovanni Battista Montini wird zum Papst
gewählt und nennt sich Paul VI.

29.9. – 4.12. Zweite Sitzungsperiode
Konstitution über die heilige Liturgie;
Dekret über die sozialen Kommunika-
tionsmittel

1964

14.9. – 21.11. Dritte Sitzungsperiode
Dogmatischen Konstitution über die Kir-
che; Dekrete über die katholischen
Ostkirchen und über den Ökumenismus

1965

14.9. – 8.12. Vierte Sitzungsperiode
Dekrete über die Hirtenaufgabe der
Bischöfe in der Kirche, über die Ausbildung der Priester und über die zeitgemässe Erneuerung des Ordenslebens;
Erklärungen über die christliche Erzie-
hung und über das Verhältnis der Kirche
zu den nichtchristlichen Religionen;
Dogmatische Konstitution über die göttli-
che Offenbarung; Dekret über das Apostolat der Laien; Pastorale Konstitution über
die Kirche in der Welt dieser Zeit; Dekret
über Dienst und Leben der Priester und
über die Missionstätigkeit der Kirche;
Erklärung über die Religionsfreiheit

8.12. Feierlicher Schluss den Konzils

Die Enyzklika «Pacem in terris»

Am 11. April 1963 veröffentlichte Papst
Johannes XXIII. die Enzyklika «Pacem
in terris» – «Über den Frieden unter
allen Völkern in Wahrheit, Gerechtigkeit, Liebe und Freiheit». Darin reagierte
der «Papa buono» nur zwei Monate
vor seinem Tod auf die damalige welt-
politische Situation mitten im «Kalten
Krieg», gekennzeichnet durch die 1961
erfolgte Errichtung der Berliner Mauer
und durch die Kubakrise des Jahres 1962,
wo die Grossmächte USA und Russland
nur knapp an einer direkten militäri-
schen Konfrontation vorbeigeschlittert
waren. Die Enzyklika machte klar, dass
Konflikte «nicht durch Waffengewalt,
sondern durch Verträge und Verhandlungen beizulegen» seien. Weiter wurde
erstmals in einem päpstlichen Schreiben
die Bedeutung der Menschenrechte als
notwendige Konsequenz des christlichen
Verständnisses vom Menschen festgehalten und die Allgemeine Menschenrechts-
erklärung der Vereinten Nationen von
1948 gutgeheissen. Die Friedensenzykli-
ka war als Vermächtnis Johannes' XXIII.
nichts weniger als eine Revolution.

Ein neues Papsttum und eine neue Kirche

Hans-Joachim Sander bringt es so auf
den Punkt: «Wer sich an alle wendet,
muss etwas zu sagen haben, in dem alle
sich wiederfinden. Dem folgte Johannes
XXIII. mit seiner letzten Enzyklika. Das
war aber schwer, weil sein Amt von einem Diskurs beherrscht war, die Katholiken im Glauben auf Kosten anderer zu
stärken. (…) Wer dem in der Kirche nicht
folgte, galt dem Modernismus verfallen.

Pacem in terris ersetzt diesen Diskurs
mit einer Aufmerksamkeit auf Probleme,
vor denen alle Menschen stehen, wie
dem in der Kuba-Krise gefährdeten
Weltfrieden, und mit dem Respekt vor
Lösungen, die ausserhalb der Kirche
bereits gefunden waren, wie den Men-
schenrechten. Statt auf Schwächen zu
schielen, setzt Johannes XXIII. bei der
gefährdeten Würde an, um deren Anerkennung heutige Menschen gesellschaft-
lich ringen. Das ist ihre Stärke, der die
Kirche nicht ausweichen darf. Pacem in
terris nennt dieses Ringen – nur in der
italienischen Publikation – ‹Zeichen der
Zeit›. Erst an ihnen kristallieren sich
kirchliche Botschaften, die dem Evangelium Bedeutung bei allen Menschen geben können. Ohne sie kommt kein Papst
über geistreiche religiöse Verlautbarungen hinaus.

Hier beginnt ein anderes Papsttum.
Päpste können mit dieser Strategie zu
global anerkannten Repräsentanten
des religiösen Kapitals der Menschheit
werden, aber daran auch scheitern. Dem
Konzil war damit ein Weg aus der Sack-
gasse der innerkirchlichen Kontroversen
gewiesen, in die es sich in der ersten
Intersession verstrickte. Erst nach dem
Geniestreich von Pacem in terris näherte
es sich langsam dem inhaltlichen Ni-
veau der globalen Aufmerksamkeit, von
der seine Akteure überrascht worden
waren.»

Angelo Roncalli wurde am 25. November 1881 in Sotto il Monte, einem Bauerndorf unweit von Bergamo, geboren. In seinem Tagebuch schrieb der spätere Papst: «Ich bin aus der Armut und den kleinen Verhältnissen von Sotto il Monte hervorgegangen; ich habe immer versucht, mich niemals davon zu entfernen.» Nach dem Doktorat in Theologie und der Priesterweihe (1904) wurde er Sekretär des Bischofs von Bergamo, Spiritual in Rom, dann begann eine Diplomatenlaufbahn, die ihn nach Bulgarien, in die Türkei und schliesslich nach Paris führte. 1953 wurde er Patriarch von Venedig, und am 28. Oktober 1958 erfolgte die Wahl zum Papst. Er war auch in der Schweiz sehr beliebt, nicht zuletzt wegen seiner gütigen Ausstrahlung, seiner Schlichtheit und dem «Geheimnis einer Kultur der Armen», wie es der Schweizer Jesuitenpater Ludwig Kaufmann ausdrückte.

Zweiter Teil

1963 – 2013

Die Körperschaft organisiert sich

Mit der Abänderung der Zürcher Staatsverfassung vom 7. Juli 1963 wurde die verfassungsrechtliche Grundlage für das Gesetz über das katholische Kirchenwesen geschaffen, dem am gleichen Tag ebenfalls die Zustimmung erteilt wurde. Auch die reformierte Landeskirche erhielt ein neues Kirchengesetz. In den folgenden zwei Jahrzehnten erfolgte der Auf- und Ausbau der Römisch-katholischen Körperschaft und der römisch-katholischen Kirchgemeinden. Erstmals konnte «Katholisch Zürich» nun dank der Kirchensteuern auf genügend finanzielle Ressourcen zurückgreifen. Diese im Kleinen bedeutsamen Änderungen korrespondierten mit grossen Veränderungen in Kirche und Gesellschaft: Das Zweite Vatikanische Konzil führte in der Kirche weltweit zu einer Erneuerung, während die Gesellschaft sich durch wirtschaftliche Entwicklung und die Ereignisse des Jahres 1968 stark bewegte.

- **1962 – 1965**
Zweites Vatikanisches Konzil: 2500 Konzilsväter verabschieden 16 Dokumente, die eine Kirchenerneuerung bewirken und eine neue Verhältnisbestimmung der Kirche zur Welt zur Folge haben.

- **1963**
Die Zürcher Stimmberechtigten sagen Ja zum Gesetz über das Katholische Kirchenwesen: Zentralkommission und Kirchgemeinden konstituieren sich.

- **1966**
Die Paulus-Akademie wird als erste katholische Akademie der Schweiz in Zürich eröffnet.
Die Zentralkommission regelt die Finanzierung der Fremdsprachigenseelsorge.

- **1968**
Europaweite Jugendunruhen; am 29. Juni bricht in Zürich der Globus-Krawall aus und bildet den Auftakt zur 68er-Bewegung in der Schweiz.

- **1972 – 1975**
Die Synode 72 wird in den einzelnen Diözesen durchgeführt. Ihre Beschlüsse werden gesamtschweizerisch zusammengefasst, aber von Rom nicht approbiert.

- **1977**
Ablehnung der kantonalen Initiative zur vollständigen Trennung von Kirche und Staat; der Kantonsrat überweist jedoch eine Motion, die eine Entflechtung von Kirche und Staat fordert.

- **1980**
Das Schweizer Stimmvolk lehnt die Initiative für eine vollständige Trennung von Kirche und Staat mit 78,9 Prozent Nein-Stimmen ab.
Revision des Gesetzes über das katholische Kirchenwesen.
Einführung der Synode (in Kraft ab 1983).

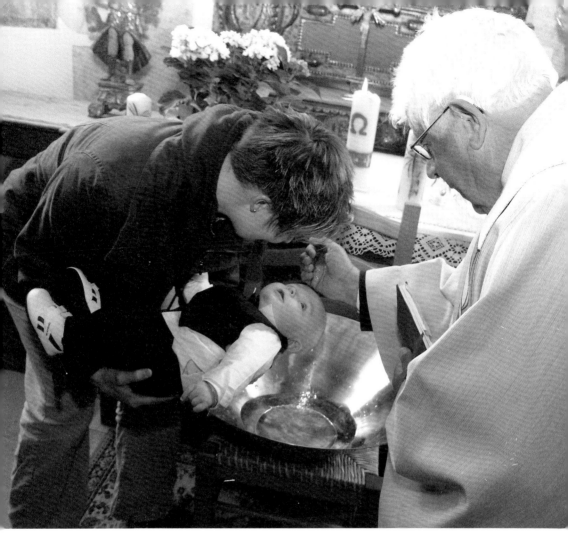

Das Zweite Vatikanische Konzil und die Synode 72 fördern auch die Ökumene im Kanton Zürich. In vielen Pfarreien und Kirchgemeinden konkretisiert sich diese Entwicklung schrittweise: Kirchenpflegen laden sich gegenseitig ein, und man beginnt zusammenzuarbeiten. Ein wichtiger Schritt in der Ökumene ist die gegenseitige Anerkennung der Taufe vom 5. Juli 1973:

«In gemeinsamer Verantwortung und im Bewusstsein, dieselbe Hoffnung und denselben Auftrag für den sinnvollen Vollzug der einen christlichen Taufe zu haben, beschliessen der Schweizerische Evangelische Kirchenbund, die römisch-katholische Bischofskonferenz der Schweiz, der Bischof und der Synodalrat der christkatholischen Kirche in der Schweiz:

1. die mit Wasser, im Namen des Vaters und des Sohnes und des Heiligen Geistes gespendete Taufe gegenseitig anzuerkennen;

2. alle jene Fälle, in denen die Art der Spendung oder die Person des Taufenden für die Anerkennung Schwierigkeiten bereiten könnte, gemeinsam zu prüfen;

3. die gemeinsame Arbeit an den theologischen und pastoralen Problemen, welche sich heute allen Kirchen bezüglich der Taufe stellen, zu fördern.»

123

Die Abstimmung über das Kirchengesetz: «Endlich wieder anerkannt»

Geduld, Geduld, Geduld: Das waren die Worte des Gründers und Führers der christlichsozialen Partei im Kanton Zürich, Georg Baumberger (1855 – 1931), zur Frage, was die Katholiken im Kanton Zürich vor allem bräuchten. Geduld musste auch der Promotor der öffentlichrechtlichen Anerkennung, Alfred Teobaldi, haben, der noch 1955 anlässlich des Empfangs des Berner Nuntius Gustavo Testa durch die Zürcher Regierung das Zürcher Rathaus nicht betreten durfte, weil die römisch-katholische Kirche noch nicht öffentlich-rechtlich anerkannt war.

Das grosse Jahr der Zürcher Katholiken

So charakterisiert Hugo Hungerbühler das Jahr 1963, in dem das Zürcher Volk am 7. Juli mit 88 256 Ja- gegen 38 161 Nein-Stimmen die entsprechenden Artikel der Zürcher Staatsverfassung abgeändert hat, in denen die verfassungsrechtliche Grundlage für das Gesetz über das katholische Kirchenwesen ermöglicht wurde. Dieses Gesetz wurde gleichentags mit 77 441 Ja- gegen 47 887 Nein-Stimmen durch das Zürcher Volk angenommen (Stimmbeteiligung 51,7 Prozent). Damit waren die Voraussetzungen für die Errichtung einer Römisch-katholischen Körperschaft und für die Einteilung des Kantonsgebietes in römisch-katholische Kirchgemeinden geschaffen.

Wahl der Zentralkommission

Bereits am 22. September 1963 wählten die katholischen Stimmberechtigten des Kantons erstmals die Zentralkommission, der 9 Laien und 6 Geistliche, also 15 Mitglieder angehörten. Diese konstituierte sich am 28. Oktober 1963 mit Dr. Bruno Flueler als Präsident und Moritz Amherd als Sekretär und erarbeitete in Absprache mit den kirchlichen Behörden eine 1964 verabschiedete Pfarrwahlverordnung.

Im ersten Jahr nach der staatlichen Anerkennung konnte die Zentralkommission verständlicherweise nicht alle Aufgaben und Probleme lösen, die sich mit der öffentlich-rechtlichen Anerkennung stellten, sondern nahm die dringlichsten Aufgaben beherzt und effizient in Angriff. Sie setzte die Schaffung einer Pensionskasse für Geistliche und Laien sowie die Subventionierung kirchlicher Bauten auf die Traktandenliste.

Aufbau der Kirchgemeinden

Zwischen dem 7. November und dem 9. Dezember 1963 konstituierten sich die Kirchenpflegen in den 67 römisch-katholischen Kirchgemeinden. Die Pfarrbesoldungen der drei historischen Kirchgemeinden Dietikon, Rheinau und Winterthur wurden weiterhin vom Kanton bezahlt, aber über die Zentralkommission abgewickelt. In der Stadt Zürich einigten sich die 22 Kirchgemeinden auf einen gemeinsamen Steuerfuss und gründeten im Herbst 1964 den «Verband der römisch-katholischen Kirchgemeinden der Stadt Zürich», kurz Stadtverband genannt, womit eine komplizierte Ausscheidung der Kirchensteuern auf die einzelnen Kirchgemeinden vermieden werden konnte.

Das Gesetz über das katholische Kirchenwesen (vom 7. Juli 1963)

1. Abschnitt: Die römisch-katholische Kirche

§ 1. Im Kanton Zürich bestehen die kantonale römisch-katholische Körperschaft und die im Anhang dieses Gesetzes genannten römisch-katholischen Kirchgemeinden.

Sie sind staatlich anerkannte Personen des öffentlichen Rechts und steuerfrei nach den Bestimmungen der Steuergesetzgebung.

§ 2. Die römisch-katholische Körperschaft und die römisch-katholischen Kirchgemeinden ordnen im Rahmen des staatlichen Rechts ihre innerkirchlichen Angelegenheiten selbständig.

§ 3. Die römisch-katholische Körperschaft und die römisch-katholischen Kirchgemeinden stehen hinsichtlich der nicht innerkirchlichen Angelegenheiten unter der Aufsicht der staatlichen Behörden.

Die Oberaufsicht über die Körperschaft wird durch den Kantonsrat ausgeübt.

Die staatliche Aufsicht über die Kirchgemeinden richtet sich nach dem Gemeindegesetz. (…)

§ 7. Die Organe der römisch-katholischen Körperschaft sind:

1. die Stimmberechtigten der römisch-katholischen Körperschaft;

2. die römisch-katholische Zentralkommission.

§ 8 Abs. 1. Die Zentralkommission umfasst höchstens fünfzehn Mitglieder. Wählbar sind die stimmberechtigten Mitglieder der Körperschaft.

Die Mehrheit der Mitglieder hat dem weltlichen Stand anzugehören.

§ 9 Abs. 1. Die Zentralkommission konstituiert sich selbst und gibt sich eine Geschäftsordnung. Gehören der Sekretär und der Quästor der Kommission nicht als Mitglieder an, so haben sie beratende Stimme.

Frauenstimmrecht in kirchlichen Angelegenheiten

Das Kirchengesetz von 1963 sah das Frauenstimmrecht vor, die Stimmberechtigten (Männer) mussten darüber aber in einer separaten Vorlage abstimmen. Auch diese Vorlage wurde mit grossem Mehr angenommen. Allerdings trat das Frauenstimmrecht – im Gegensatz zum Kirchengesetz – nicht sofort in Kraft, sodass die ersten konstituierenden Kirchgemeindeversammlungen und die Wahl der ersten Zentralkommission den Männern vorbehalten war. Dies änderte sich aber bei der nächsten Wahlperiode, und 1974 gab es nur noch zwei Kirchenpflegen ohne Frauen; kantonsweit wirkten 132 Kirchenpflegerinnen.

In der Zentralkommission wurde 1967 Alice Strüby-Vannier aus Zürich-Dreikönigen als erste Frau in die Zentralkommission gewählt. Ihr fiel auch die Ehre zu, als Alterspräsidentin die erste Sitzung der Legislatur zu eröffnen. Die ersten Frauen der Zentralkommission waren allesamt Vorstandsmitglieder des Katholischen Frauenbundes.

Andreas Henrici

Jurist

Sie sind vor der Abstimmung von 1963 von Pfarrei zu Pfarrei gezogen, um für ein Ja zum Kirchengesetz zu werben? _____ Walter Blattmann, der spätere langjährige Pfarrer von Witikon, Moritz Amherd, Sekretär von Generalvikar Alfred Teobaldi und ich als dessen ehrenamtlicher juristischer Berater hatten die Aufgabe, an den Pfarreiversammlungen zu erklären, warum es richtig sei, dass die Kirchen und der Boden, auf dem sie standen, nicht der neuen staatsrechtlichen Kirchgemeinde, sondern einer Stiftung gehören sollten, die dem Bischof untersteht. Das stiess vorerst zum Teil auf Unverständnis.

Warum? _____ Man fand diese Konstruktion zu kompliziert.

Und warum waren die Stiftungen die bessere Lösung? _____ 1873, nach der Erklärung des Unfehlbarkeitsdogmas, gab es in der katholischen Kirchgemeinde Zürich eine Abstimmung, in der entschieden wurde, sich als altkatholisch zu erklären. Seither gehört die Augustinerkirche der christkatholischen Kirche. Das war ein Schock. Einer solchen Entwicklung wollte man vorbeugen.

War es schwierig, den Stimmberechtigten darzulegen, warum eine Trennung von Besitz bei einer Stiftung einerseits und Nutzungsrecht sowie Unterhaltsverpflichtung bei der Kirchgemeinde anderseits richtig war? _____ Für Nichtjuristen insbesondere war das nicht leicht verständlich, aber diese Konstruktion hat sich grundsätzlich durchgesetzt.

War das «Kirchenvolk» der öffentlich-rechtlichen Anerkennung gegenüber positiv eingestellt? Was bekamen Sie da zu hören? _____ Jetzt komme ich zum zweiten Punkt. Das war die Wahl der Zentralkommission. Gemäss dem neuen Kirchengesetz dachte anfänglich niemand an ein Kirchenparlament. Man fand, nach der Zustimmung zur öffentlich-rechtlichen Anerkennung gebe es nichts Legislatorisches zu entscheiden. Es genüge eine Administrativkommission, die das Technische regle. Aber damit gab es ein Problem bei der Wahl der Zentralkommission. Man löste es mit der Einberufung einer Wahlkommission, die die Aufgabe hatte, die Wahl der Zentralkommission vorzubereiten; ich durfte ihr vorsitzen. Es wurden viele überpfarreiliche Versammlungen einberufen mit dem Ziel, eine möglichst ausgewogene Liste zusammenzustellen. Und dann mussten wir beten, dass niemand auf die Idee kam, eine andere Liste einzureichen.

Und es kam zu keiner Konkurrenzliste? ⸻ Nein. Wir schauten, dass auf unserer Liste alle Gruppierungen vertreten waren. Die Zentralkommission traf die meisten Entscheidungen, ohne dass es eine siegreiche Mehrheit und eine Minderheit gab. Damals herrschte ja noch der Milieukatholizismus, wie man später sagte, und die Kandidaten für die Ämter wurden unter den Treuesten der Treuen ausgewählt. Erst später fand man, es wäre gut, mehr Leute an den Entscheidungen zu beteiligen, und die Synode wurde erfunden.

War die Frage der Steuer ein gewichtiges Argument zugunsten der Anerkennung? ⸻ Zweifellos. Früher gab es zwar eine private «freiwillige» Kirchensteuer der ganz braven Katholiken, die an ihr Pfarramt gerichtet war. Das war eine Notlösung. Mit dem neuen Kirchengesetz wurden alle Katholiken – Austritt natürlich vorbehalten – kirchensteuerpflichtig. Ausserdem, und dies war wohl das Entscheidende, bekamen die Katholiken neu auch einen Anteil an der Steuer der juristischen Personen. Darum muss ich etwas schmunzeln über Verlautbarungen aus Chur, die das am liebsten wieder abschaffen würden.

Warum hat Alfred Teobaldi nicht daran geglaubt, dass die Abstimmung positiv ausgehen könne, wie er in seinen Memoiren festhält? ⸻ Ich habe eher erlebt, dass die Bevölkerung ganz positiv eingestellt war. Und zwar auch auf reformierter Seite. Der damalige Regierungsrat Ernst Brugger hat sich ausserordentlich für die Annahme der neuen Regelung eingesetzt, und zwar nicht nur den Katholiken zuliebe, die nun mit Recht darauf pochen konnten, keine kleine Minderheit mehr zu sein, sondern auch den Reformierten zuliebe, die an Autonomie gewannen und nicht mehr allein als Staatskirche funktionierten.

Wie war denn die Haltung der Pfarrer? ⸻ Im Allgemeinen hatten sie keine Angst vor der neuen Kirchenpflege, in vielen Pfarreien gab es ja schon beratende Gremien von Laien. Die Pfarrer waren eher froh, dass ein offizielles Gremium ihnen hinfort gewisse Sorgen abnehmen konnte.

Und man befürchtete nicht, eine arme Kirche sei den Leuten näher als eine Kirche, die dank Steuern zu viel Geld komme und satt und selbstzufrieden werde? ⸻ Nein, man war generell ganz anderer Meinung. Damals hatten viele Pfarreien grosse Sorgen wegen des Unterhalts der kirchlichen Bauten oder wegen anstehender Neubauten, und man war auf die Inländische Mission angewiesen, die zum Teil gerade darum gegründet worden war, um den Zürcher Pfarreien finanziell unter die Arme zu greifen. Damals fand man: Gott sei Dank sind jetzt unsere dringendsten Probleme gelöst.

Steuern und Finanzausgleich

Die am 7. Juli 1963 angenommenen Kirchengesetze für die Evangelisch-reformierte Landeskirche des Kantons Zürich und für die Römisch-katholische Körperschaft des Kantons Zürich traten unmittelbar nach Veröffentlichung in Kraft; die Ergänzung, dass den Schweizer Bürgerinnen im Kanton Zürich in staatskirchenrechtlichen Angelegenheiten nun das Stimm- und Wahlrecht zustand, auf den 1. Januar 1964, immerhin sechs Jahre vor der Einführung des Frauenstimmrechts auf staatlich-kantonaler und sieben Jahre vor dessen Einführung auf eidgenössischer Ebene. Das Kirchengesetz erlaubte nun auch den Austritt aus der Römisch-katholischen Körperschaft. Dieser hielt sich zahlenmässig in städtischen Verhältnissen in Grenzen und war auf dem Lande noch sehr selten.

Finanzielle Vorteile der Anerkennung

Der Hauptvorteil der öffentlich-rechtlichen Anerkennung lag eindeutig im finanziellen Bereich. Das Kirchengesetz sah die Schaffung einer Zentralkasse vor, aus der die finanziellen Bedürfnisse der Zentralkommission bestritten und finanzschwache Kirchgemeinden unterstützt werden konnten. Die Zentralkommission erhielt allgemeine Beiträge des Kantons, aus denen die Pfarrbesoldungen der drei historischen Pfarreien Dietikon, Rheinau und Winterthur zu bezahlen waren, direkt Gelder an die Kirchgemeinden flossen und der Rest für den Finanz- und Steuerausgleich unter den Kirchgemeinden zur Verfügung stand. Die bisherigen Staatsleistungen zugunsten der Gefängnisseelsorge wurden weiterhin direkt durch den Staat bezahlt, während der pauschale Kantonsbeitrag für die Spitalseelsorge an die Zentralkommission floss, die diesen anteilsmässig an die betreffenden Kirchgemeinden weiterleitete.

Freiwillige Kirchgemeindebeiträge

Da es keine kantonale Kirchensteuer gab, wurde die Zentralkasse durch freiwillige Beiträge der Kirchgemeinden alimentiert. Daraus wurden die Kosten der kirchlichen Verwaltung im Ordinariat in Chur, die den Kanton Zürich betrafen, und das Generalvikariat und Vizeoffizialat in Zürich bezahlt, ausserdem die personenbezogene Spezialseelsorge (Fremdsprachige, Arbeiter, Mittelschüler, Akademiker sowie für die 1964 geplante Paulus-Akademie). Die Zentralkommission subventionierte ausserdem kirchliche Bauten und Institutionen und sah den Finanzausgleich gegenüber Kirchgemeinden bei der Erfüllung ausserordentlicher Aufgaben vor.

Die Kirchgemeinden konnten nun die obligatorische Kirchensteuer einziehen und erhielten auch Gelder aus der Kirchensteuer juristischer Personen. Die Steueransätze konnten im Vergleich zur früher freiwilligen «Steuer», die de facto eine Spende war, erheblich gesenkt werden. Mit der öffentlich-rechtlichen Anerkennung wurde auf die früher unentbehrlichen Sammlungen und Kollekten ausserhalb des Kantons und auf die Unterstützung der Inländischen Mission verzichtet.

Beiträge der Kirchgemeinden an die Zentralkasse (der kantonalen Körperschaft) von 1965 bis 2012

Jahr	Beitrag an die Zentralkasse	Beitragssatz (in %) natürliche Personen	Beitragssatz (in %) juristische Personen
1965	1 981 181	1,80*	2,70*
1970	4 148 890	2,00*	3,00*
1975	7 189 799	1,70*	2,55*
1980	7 681 010	1,70*	2,55*
1985	13 452 620	2,10**	3,15**
1990	19 623 525	2,10	3,15
1995	31 858 907	2,90***	4,35***
2000	31 442 386	2,50	3,75
2005	26 696 322	1,80	2,70
2010	32 953 056	1,90	2,85
2012	27 107 386	1,50****	2,25****

*Freiwilliger Beitrag aufgrund eines empfohlenen Beitragssatzes

** Das geänderte Gesetz über das katholische Kirchenwesen bestimmt, dass die 1983 geschaffene Synode die Beiträge der Kirchgemeinden in Steuerprozenten auf je drei Jahre, heute für zwei Jahre festsetzt.

*** Hauptsächlich wegen der Kantonalisierung der Spaniermission und einer Reduktion des Beitragssatzes in der Vorperiode musste der Beitragssatz erhöht werden.

**** Reduktion dank des erhöhten Staatsbeitrags auf der Basis des neuen Kirchengesetzes

Die Synode legte infolge des überarbeiteten Kirchengesetzes und der neuen Kirchenordnung (1982) den Beitragssatz für die Kirchgemeinden erstmals 1983 für das Jahr 1984 und 1984 für drei Jahre (1985–1987) fest.

Werner Kramer

Über die Anerkennung
der Katholiken
aus reformierter Sicht

Wie haben Sie 1963 aus reformierter Warte die Zeit der Anerkennung der katholischen Kirche im Kanton Zürich als öffentlich-rechtliche Institution erlebt? _____ Für mich als kirchlich-weltanschaulich und konfessionspolitisch interessierten Menschen war klar: Es war Zeit, diesen Schritt zu tun, eine Frage der Gerechtigkeit. Innerhalb der evangelisch-reformierten Kirche waren die Meinungen allerdings geteilt. Es herrschte zum Teil ein gewisses Misstrauen gegenüber einer Machtvergrösserung der katholischen Kirche, man befürchtete, der römische Katholizismus erfahre eine Stärkung.

Wie liessen sich die Reformierten dennoch überzeugen? _____ Gerade nach dem Zweiten Vatikanischen Konzil herrschte ein «Aggiornamento». Wir erkannten: Papst Johannes XXIII. wollte eine Öffnung der Kirche. Das spielte eine wichtige Rolle.

1970 wurden Sie Mitglied des Kirchenrats. Wie hat sich das Verhältnis zur katholischen Kirche entwickelt? _____ Ich war von Anfang an Mitglied der inter-konfessionellen Konsultativkommission. Hier wurden alle kontroversen Fragen bezüglich der Konfessionen besprochen. Es war das allgemeine Bestreben, eine Zusammenarbeit zu suchen, soweit das möglich war.

Zum Beispiel? _____ Etwa bei der konfessionsverschiedenen Ehe. Früher ging das Paar mit seiner Unterschrift unter das sogenannte Brautexamen die Verpflichtung ein, die Kinder katholisch zu erziehen. Neu konnte das Paar gemäss dem eigenen Gewissen entscheiden. Damit eine ökumenische Trauung von katholischer Seite anerkannt wurde, brauchte es aber immer noch einen Dispens bezüglich der Konfessionsverschiedenheit und zusätzlich einen Dispens von der Formpflicht, wenn das Trauversprechen durch einen nicht-katholischen Pfarrer abgenommen wurde. Die reformierte Seite anerkennt eine ökumenische Trauung ohne Auflagen vorbehaltlos.

War die Interkommunion auch in der Diskussion? _____ 1963 war das kein Thema, aber in der Synode 72, an der ich als Vertreter der zürcherischen reformierten Kirche teilnehmen konnte. Unserer interkonfessionellen Konsultativkommission war klar: Wir haben theologisch oder dogmatisch einen anderen Hintergrund. Ohne dies zu verleugnen, waren beide Seiten gewillt, Lösungen zu finden, die den Menschen entsprachen. Lösungen, die ihnen halfen. Gerade in Bezug auf die Eucharistie fand ich damals: Es ist erstaunlich, wie nahe sich die beiden Kirchen sind. Eine früher so heikle Frage wie die Transsubstantiation wurde nicht einmal mehr aufgeworfen. Man sprach von eucharistischer Gastfreundschaft, und das hiess, dass Mitglieder der andern Kirche bei der katholischen Kommunion willkommen waren. Anekdotisch kann ich erwähnen: Bischof Johannes Vonderach hat mich vor der Schlussmesse zur Synode 72 persönlich eingeladen, an der Kommunion teilzunehmen. Heute herrschen leider vielerorts wieder andere Bräuche. Man spürt bei manchen Katholiken Trauer darüber, dass der römische Zentralismus wieder überhandnahm und die eucharistische Gastfreundschaft mancherorts nicht mehr gewährt wird.

> «Gerade in Bezug auf die Eucharistie fand ich damals: Es ist erstaunlich, wie nahe sich die beiden Kirchen sind»

Und das Thema biblische Geschichte in der Volksschule? _____ 1963 wurde ein einheitlicher Lehrplan für Biblische Geschichte und Sittenlehre entwickelt. Der gemeinsame BS-Unterricht war eigentlich die erste Auswirkung der öffentlich-rechtlichen Anerkennung auf institutioneller Ebene. Zuvor hatten katholische Eltern ihr Kind in der Regel vom BS-Unterricht dispensieren lassen.

Wie sieht Ihr Blick auf die katholische Kirche heute aus? _____ Der stark konservative Zug ist zu bedauern. Wir sind etwas ratlos und betrübt über diese Entwicklung. Aber die Ökumene hängt ja nicht einfach von Rom oder von Chur ab, sondern in erster Linie von den Personen, die in den Kirchgemeinden wirken. Heikel wird es aber, wenn Chur bisher übliches ökumenisches Verhalten als nicht mehr gängig erklärt und dieses bestraft wird. Das ist bitter. Der Elan, Schritte aufeinander zu zu tun, leidet jetzt natürlich zum Teil. Anderseits ist auf der praktischen Ebene in manchen Gemeinden eine neue Normalität entstanden, die sich nicht an alle innerkirchlichen Regeln hält, etwa im Rahmen der «Mischehenseelsorge» die Zulassung des nichtkatholischen Partners zur Kommunion. An vielen Orten sind gemeinsame Anlässe, Reisen, Kurse von katholischen und reformierten Gemeinden selbstverständlich geworden. Sie sind weniger als früher darauf ausgerichtet, einander die konfessionellen und lehrmässigen Besonderheiten darzulegen. Es geht um die grossen Fragen des Lebens, die Katholiken und Reformierte gleichermassen beschäftigen.

In der Stadt Zürich diskutiert man neuerdings, dass Reformierte und Katholiken einzelne Kirchen aus Spargründen gemeinsam nutzen. Könnte das zu neuer Nähe führen? _____ Durchaus. Wir haben so viele Gemeinsamkeiten, die meisten Leute würden sich an einer gemeinsamen Kirche sicher nicht stören.

Die Zusammenarbeit zwischen der Zentralkommission und der kirchlichen Hierarchie

Die Zürcher Lösung von 1963 stiess bei den Gläubigen wie auch bei der kirchlichen Hierarchie auf grosse Akzeptanz, auch wenn man sich bewusst war, dass das Kirchengesetz von 1963 eine Kompromisslösung war. Mehr war nämlich nicht zu erreichen. Sowohl Generalvikar Alfred Teobaldi als auch das Zürcher Priesterkapitel und der Bischof von Chur unterstützten diese Kompromisslösung.

Bischof Christian Caminada selbst bestimmte in der Person von Nationalrat Emil Duft den Präsidenten der vorbereitenden Kirchengesetzkommission; Alfred Teobaldi nahm an fast allen Sitzungen dieser Kommission teil, und der Bischof wurde in Einzelfragen einbezogen.

Kirchgemeinden und Pfarrkirchenstiftungen

Noch 1963 befasste sich die Zentralkommission mit der Frage der Kirchenopfer und hielt fest, dass diese nicht der Kirchgemeinde zufallen und Sache des innerkirchlichen Bereichs sind. Weniger reibungslos verliefen die Diskussionen über die Pfarrkirchenstiftungen. Die Pfarrkirchenstiftungen waren eine Folge des Kulturkampfs mit dem Ziel zu verhindern, dass kirchliche Gebäude, wie 1873 in Zürich geschehen, durch Mehrheitsbeschluss der Kirchgemeinde zweckentfremdet bzw. der römisch-katholischen Kirche entzogen werden können. Im Kanton Zürich wurden nach 1873 in allen römisch-katholischen Pfarreien solche Kirchenstiftungen errichtet, in denen der jeweilige Pfarrer Präsident ist und der Churer Bischof die Oberaufsicht wahrnimmt und die Mitglieder der Stiftung ernennt. Noch vor der Abstimmung vom 7. Juli 1963 sicherte die vorbereitende Kirchengesetzkommission den Zürcher Pfarrern zu, dass diese Stiftungen auch nach Inkrafttreten des Kirchengesetzes erhalten blieben. Nach 1963 war aber das Verhältnis von Kirchenstiftung und Kirchgemeinde regelungsbedürftig. 1964 erliess die Zentralkommission im Einvernehmen mit dem Generalvikar ein Kreisschreiben, in dem festgelegt wurde, dass die Kirchgemeinden die benötigten Räume gegen angemessene Entschädigung von den Stiftungen mieten sollen. 1965 erliess Bischof Johannes Vonderach Richtlinien, die festlegten, dass die Kirchenpflege zwei Mitglieder für die Pfarrkirchenstiftung vorschlagen kann.

Die meisten Kirchgemeinden schlossen mit den Stiftungen wie vorgeschlagen Verträge ab. Wo kirchliche Gebäude noch dem Diözesankultusverein Chur gehörten, wurden neue Stiftungen errichtet, so dass heute für alle Pfarreien eine eigene kirchliche Stiftung besteht, ausgenommen die Winterthurer Pfarreien, allerdings ohne St. Peter und Paul.

Eine Pressepolemik und eine Interpellation im Kantonsrat (1965) waren mehr psychologischer Natur und berücksichtigten zu wenig die rechtlichen und kirchlichen Gegebenheiten. Jedenfalls spielte sich das neue System ein und zeugt bis heute von einer guten Zusammenarbeit von staatskirchenrechtlichen und kirchlichen Amtsträgern.

Streitpunkt Pfarrwahlrecht

Die öffentlich-rechtliche Anerkennung setzte die Pfarrwahl durch die Kirchgemeinde voraus. Dieser konnte der Bischof von Chur zustimmen unter der Bedingung, dass die Wesensstruktur der römisch-katholischen Kirche gewahrt bleibe. Diesem Anliegen wurde die Zentralkommission gerecht mit der Wahlbedingung, dass nur ein Priester zum Pfarrer gewählt werden kann, der aufgrund der kirchlichen Ordnung gemäss dem «Codex iuris canonici» wählbar ist. Der 1964 verabschiedeten Pfarrwahlordnung stimmten Bischof Johannes Vonderach und Generalvikar Alfred Teobaldi zu.

Die Pfarrwahl im Kanton Zürich war und ist für die jahrhundertealte Praxis in der Schweiz nichts Aussergewöhnliches. Bei Amtsbesetzungen waren und sind im Normalfall immer mehrere Instanzen beteiligt, auch wenn die Zustimmung des Bischofs für eine Stellenbesetzung zweifellos konstitutiv ist.

Alfred Teobaldi

Er wurde am 31. Oktober 1897 in Zürich geboren als Sohn eines Einwanderers aus dem Piemont und einer Mutter aus Bosco Gurin. Er besuchte das Gymnasium in Disentis, studierte Theologie in Chur und wurde 1920 zum Priester geweiht. Nach Studienaufenthalten in Freiburg, Paris und Münster promovierte er 1923 in Münster zum Dr. rer. pol.

1923 wurde er Vikar von St. Anton in Zürich, publizierte rege zur christlichsozialen Bewegung, zur Arbeiterfrage und zum Lehrlingsschutz. Später engagierte er sich als Krankenseelsorger am Burghölzli, als Gefängnisseelsorger in Regensdorf, als Jugendseelsorger in Zürich und in der Internatsschule in Baar sowie im Kinderheim Lattenberg. Teobaldi gründete und initiierte zahlreiche kirchliche Einrichtungen wie die Caritas Zürich, die katholische Volksschule, die Glaubenskurse für Laien und die Paulus-Akademie. Er organisierte die Katholikentage in Zürich, zu denen auch deren grösster von 1957 zählt.

1951 wurde er bischöflicher Kommissar und 1956 erster Generalvikar des Kantons Zürich. In dieser Zeit war er treibende Kraft im Bemühen um die öffentlich-rechtliche Anerkennung der Katholiken im Kanton Zürich, das 1963 durch die Annahme des Gesetzes über das katholische Kirchenwesen durch die Stimmberechtigten des Kantons Zürich zum Erfolg geführt werden konnte.

Teobaldi war in Zürich eine markante, stadtbekannte Persönlichkeit. Der Zürcher Schriftsteller Kurt Guggenheim hat ihm in seinem Roman «Alles in allem» als Pfarrer Hausherr ein Denkmal gesetzt. Teobaldi starb am 26. August 1977 und wurde auf seinen Wunsch in Disentis begraben.

Moritz Amherd über Generalvikar Alfred Teobaldi

Wer war Alfred Teobaldi?

Im Buch von Alfred Teobaldi «Katholiken im Kanton Zürich», das 1978 postum im NZN Buchverlag Zürich erschien, hat Moritz Amherd ihn ausführlich und eindrücklich geschildert. Hier ein paar kurze Auszüge aus seiner 17 Seiten umfassenden Darstellung.

«In seiner Jugend waren die Katholiken in Zürich in ihrer Mehrheit keine Zürcher, es waren Deutsche, Tiroler, Italiener, Innerschweizer oder Bündner. Für diese Katholiken (…) musste er eine Heimat suchen. Und das konnte nur geschehen, indem diese Katholiken Zürcher sein wollten und konnten. Von da her erklärt sich, dass er fast besessen danach strebte, auch den kirchlichen Raum zürcherisch zu gestalten.

Teobaldi war Politiker; jedoch nicht Parlamentarier, sondern Exekutivmann und insofern ‹Chef›. Und darum tritt kirchenpolitisch vor allem seine Führungsfunktion hervor. (…) In dieser Funktion haben ihn die meisten gekannt. Seine Beurteilung in der Öffentlichkeit richtete sich fast ausschliesslich nach dieser Aufgabe.

Er hatte alle Qualitäten, die ein Chef haben muss: Er unternahm nichts ohne genaue Zielsetzung: Er hatte ein Globalziel, er hatte Teilziele, die in Schritten zu erreichen sind, er nahm allenfalls (wenn auch ungern) Umwege in Kauf.

Hier ist noch ein Wort zu Teobaldis Beziehungen zu Chur anzubringen. (…) So entschieden Teobaldi im eigenen Reich regierte, so zurückhaltend muss er dem Bischof gegenüber gewesen sein.

Vorausschauend – beharrend: In diesem Gegensatzpaar fasse ich eine ganze Reihe von Eigenschaften zusammen, die das weite Spannungsfeld von Teobaldis Persönlichkeit und Wirkung darzustellen vermögen: Vorausschauend steht für progressiv, planend, die Zukunft gestaltend. Beharrend heisst konservativ. (…) Das Bezeichnende am vorliegenden Gegensatzpaar ist der Umstand, dass man mit dem heute gängigen Schema progressiv – konservativ bei Teobaldi nichts anfangen kann.

Anfang der sechziger Jahre machte er eine (erfolglose) Eingabe nach Rom, es möge bei der Messe der Gebrauch von unvergorenem Traubensaft gestattet werden. (…) Das Postulat auf Wiedereinführung des ständigen Diakonats hatte Teobaldi schon lange vor dem Konzil gestellt. Seine grössten Pionierleistungen lagen im Bereich der Erwachsenenbildung, die erst weit nach dem Zweiten Weltkrieg zuerst zum Schlagwort und später auch zur Realität geworden war. Sie wurde von ihm schon weit früher praktiziert (TKL, Paulus-Akademie, Glaubenskurs).

«Er hatte alle Qualitäten, die ein Chef haben muss»

Teobaldi war stolz und selbstbewusst: Er hat mit einem Regierungsrat im gleichen Tonfall gesprochen wie mit einem Strafgefangenen, er liess sich nicht einschüchtern, nie habe ich ihn ernstlich in Verlegenheit gesehen. Andrerseits: Teobaldi war bescheiden, anspruchslos, er konnte sich unterordnen.

Teobaldi war empfindlich (…). Teobaldi war unmusikalisch (…). Teobaldi war ein ausgesprochener Einzelgänger.

Alfred Teobaldi verkörperte die Gestalt des Priesters in seiner absoluten Hingabe an die Aufgabe seiner Kirche. Ausgestattet mit reichen Gaben des Geistes war er sich aber auch schmerzlich seiner menschlichen Schwächen, Begrenzungen und seines Unvermögens bewusst.»

Moritz Amherd (1935–2009)
Moritz Amherd war nach seinem Studium der Theologie und Ökonomie Sekretär von Alfred Teobaldi, ab 1963 Generalsekretär der Römisch-katholischen Zentralkommission des Kantons Zürich und somit während vieler Jahre auch «rechte Hand» von Alfred Teobaldi, der als Generalvikar ebenfalls Mitglied der Zentralkommission war. Moritz Amherd trug viel zur Erarbeitung des Kirchengesetzes von 1963 bei und war auch treibende Kraft bei der Schaffung der Römisch-Katholischen Zentralkonferenz der Schweiz, deren Geschäftsführer und späterer Präsident er war. Er hat darüber hinaus zu Gründungen katholischer Dienststellen im Kanton Zürich beigetragen (Fachstelle für Religionspädagogik, Fachstelle für Arbeitslosigkeit, Paulus-Akademie usw.). Er publizierte u. a. über Fragen der öffentlich-rechtlichen Anerkennung der katholischen Kirche, über Alfred Teobaldi und Wolfgang Haas («Wolfgang Haas: Bischof ohne Volk – Volk ohne Bischof»).

Tarcisi Venzin

Vom Hirtenbub zum Pfarrer
in Bülach und Rüti

Wie kam es eigentlich dazu, dass Sie Priester wurden? _____ Wer sagt, der Herrgott rufe einen mit gewaltiger Stimme, der ist mir eher verdächtig. Die Berufung ist ein langer Prozess. Bei mir spielte ganz früh meine Grossmutter eine Rolle. Sie sprach oft von den armen Afrikanern, von denen ein Missionar erzählt hatte, und sie besass von da her ein «Nicknegerlein», wie man damals sagte, ein Kästchen mit einem kleinen Afrikanerbuben, der nickte, wenn man eine Münze einwarf. Als der Pfarrer einmal fragte, was wir Buben von Dardin werden wollten, sagte der eine Lokomotivführer, der andere Pilot und ich, ohne lang zu überlegen, Missionar. Missionar zu werden, sagte der Pfarrer, kostet aber viel Geld. Da musst du nach Disentis ins Gymnasium.

Und wer bezahlte das? _____ Es kam anders. Als ich jemandem von meinem Wunsch berichtete, nach Disentis zu gehen, sagte dieser, dort seien die Buben aus der Surselva nicht besonders willkommen; ein Pater habe gesagt, die romanischen Mistkäfer drückten nur den Notendurchschnitt. Da wurde ich so zornig, dass ich dem Vater sagte, ich gehe nicht nach Disentis. Also holte dieser Rat bei seinem Onkel Benedikt Venzin, der Generalvikar in Chur war. Dann hiess es, ich könne nach Rebstein und später nach Immensee gehen und die Matura machen. Zunächst zahlte dieser Onkel für mich und später eine Person, die mir ihren Namen nicht verraten wollte. So schrieb ich jeweils zum Neujahr meinem «unbekannt-sein-wollenden Wohltäter» einen Dankesbrief nach Immensee. Dieser Wohltäter war für mich wie eine Vertikale des Himmels.

Und dann gings gradlinig zum Theologiestudium? _____ Nein, eine Tuberkuloseerkrankung verschlug mich für ein Jahr nach Davos. Im Juli 1955 machte ich dann die Matura und begann mein Theologiestudium im Priesterseminar St. Luzi in Chur und setzte es in Innsbruck fort. Dort genoss ich die grosse Freiheit des Universitätsbetriebs. Eine herrliche Zeit. Dann rief mich der Bischof nach Chur zurück, denn er wollte ein volles Seminar haben. Ich gehorchte selbstverständlich. Aber es gab später noch ein Hindernis: Ich war bald fertig mit dem Theologiestudium, als es zu einem Konflikt mit meinem Ortspfarrer kam. Dieser wollte wegen einer Kleinigkeit einen Kameraden aus der Jungmannschaft ausschliessen, und ich wehrte mich für diesen. Da sagte der Pfarrer am darauffolgenden Sonntag in der Kirche, er sei nicht sicher, ob es im nächsten Jahr eine Primiz zu feiern gebe. Das war für die Familie Venzin ein Schlag, und ich wandte mich an den Regens in Chur. Dieser fand, ich müsse das sofort mit dem Bischof besprechen. Das geschah. Bischof Caminada hörte mir zu, dann schlug er mit der Faust auf den Tisch und sagte, ich müsse bleiben, er vertraue mir. Gut, antworte ich, dann bleibe ich, und ein Jahr später gab es dann eine festliche Primiz im Dorf. Das war der letzte Punkt meiner Berufung.

> «Ich habe Sie als Vikar für die Pfarrei Horgen bestimmt. Melden Sie sich bei Herrn Telle. Bischof Caminada»

Und wie verschlug es Sie dann in den Kanton Zürich? _____ Auch das war das Werk von Bischof Caminada. Er verteilte jeweils die Jungpriester auf seine Diözese, behielt aber einen für alle Fälle zurück. In meinem Jahrgang hatte ich diese Rolle und machte da und dort Aushilfe. Eines Tages fragte mich der Bischof, wohin ich denn wolle, und ich antwortete, ich möchte unter die Leute, nicht in eine einsame Bergpfarrei. Also gut, sagte der Bischof, Sie werden bald einen Brief bekommen. Das war so, und darin stand: «Ich habe Sie als Vikar für die Pfarrei Horgen bestimmt. Melden Sie sich bei Herrn Pfarrer Telle. Bischof Caminada.»

Sie waren dann 42 Jahre als Priester im Kanton Zürich; 8 Jahre Vikar in Horgen und je 17 Jahre Pfarrer in Bülach und Rüti, und an all diesen Orten spricht man heute noch mit Begeisterung von Ihnen. Wie kommt das? _____ Ich war in alle drei Pfarreien wie verliebt. Und ich wusste nicht nur aus der Bibel, was ein guter Hirte ist. Als Bub war ich ja jeweils den ganzen Sommer auf der Alp beim Schafehüten, und dort habe ich gelernt, die Tiere zusammenzuhalten, einem schwächeren Unterstützung zu geben und den Leittieren Anerkennung. Irgendwie habe ich es auch in den Pfarreien so gemacht. Ich hatte Respekt vor den Behörden, und ich schätzte die Mitarbeit der Laien. So habe ich manche junge Frau zur Katechetikausbildung motiviert und manche dazu fähige Person zum Kirchenpfleger.

Erfolgten die Berufungen nach Bülach und später nach Rüti auch im Befehlston? _____ Nach Bülach wurde ich von Generalvikar Teobaldi, ja, sagen wir: beordert. Aber es war gut für mich. Nach 17 Jahren fand dann der damalige Generalvikar Gebhard Matt, es wäre sinnvoll, noch einmal zu wechseln, und er machte mir einen Vorschlag, der mir aber eine Schuhnummer zu gross schien. Dann folgte nach ein paar Tagen der zweite Vorschlag: «Rüti», und den akzeptierte ich gerne.

So sind 42 Jahre zusammen gekommen … _____ … und jetzt lebe ich zusammen mit meinem Bruder wieder im Elternhaus in Dardin. Von hier aus betreue ich als Seelsorger das Pflegezentrum «Casa s. Martin» in Trun. Aber mindestens einmal pro Monat muss ich nach Zürich, Horgen, Bülach oder Rüti, sonst fehlt mir etwas. Zürich ist ein Teil von mir geworden. 137

Die Entwicklung des Pfarreilebens seit 1963

Mit der öffentlich-rechtlichen Anerkennung der Römisch-katholischen Kirche im Kanton Zürich wurden den Pfarreien Kirchgemeinden beigestellt. Die Kirchgemeinden sind die wichtigsten Stützen der Pfarreifinanzierung. Die Ablösung der bisher freiwilligen Kirchenfinanzierung durch die auf Kirchgemeindeebene eingezogenen Kirchensteuern führte dank der guten Wirtschaftslage und der stetigen Einwanderung in den Kanton Zürich dazu, dass die bis 1963 prekäre Finanzsituation nicht nur behoben, sondern seit 1963 so gut gewährleistet ist, dass die Tätigkeit der Pfarreien ausgebaut und sogar etliche neue Pfarreien gegründet werden konnten (siehe nebenstehende Tabelle). In Winterthur wurden bestehende Pfarr-Rektorate, die schon früher von der Mutterpfarrei St. Peter und Paul abgelöst worden waren, zu eigenen Pfarreien erhoben, und in der ganzen Zürcher Landschaft wurden neue Pfarreien errichtet.

Vom «Hochwürden» zum «Herrn Pfarrer»

Weit über das Zweite Vatikanische Konzil hinaus wurden die Pfarreien stark durch ihre Pfarrer geprägt, was sich erst in den letzten Jahrzehnten mit dem fortschreitenden Priestermangel verändert, der neue kirchliche Berufe bedingt oder wiederentdecken lässt (Pastoralassistentinnen und -assistenten, Religionspädagoginnen und -pädagogen sowie Ständige Diakone). Was für das Bistum Basel galt, ist auch in der Diaspora des Bistums Chur festzustellen: Stadtpfarrer wie Landgeistliche mussten sich nicht nur als Leiter einer heterogenen und tendenziell diskriminierten Minderheit profilieren, sondern auch den Umgang mit den Behörden und den protestantischen Pfarrern gut pflegen.

Die Ortspfarrer waren die treibenden Kräfte bei der Umsetzung der Beschlüsse des Zweiten Vatikanischen Konzils, die manchmal geradezu abrupt vor sich ging. So ist es im Vergleich mit früheren Konzilien erstaunlich, wie geräuschlos und schnell die liturgischen Neuerungen eingeführt wurden – die Zeit war offensichtlich reif dazu. In der Liturgie vollzog sich für die meisten Zeitgenossen mit dem Wechsel zur Muttersprache, der Veränderung des Messritus, der Zuwendung des Priesters zur Gottesdienstgemeinde, dem neuen Predigtstil und der Mitwirkung von Lektoren und Kommunionhelfern der grösste und sichtbarste Wandel (in) der Kirche.

Die Gründung von Pfarreiräten

Das neue Kirchenverständnis, das die «Laien» nun nicht mehr als Befehlsempfänger und Nichtkleriker definierte, sondern neu vom allgemeinen Priestertum aller Getauften ausging, dem das spezielle Priestertum als Dienstamt zugeordnet ist, fand in mehr Partizipation seinen Ausdruck. Dies zeigte sich in der Mitarbeit in der seit 1963 gesetzlich vorgeschriebenen Kirchenpflege oder auch in den Pfarreiräten, die als Beratungsgremium des Pfarrers oder der Gemeindeleitung das Pfarreileben mitgestalten.

Das Strukturmodell von 1971

Ausdruck der Partizipation waren auch drei Befragungen, die von 1968 bis 1970 bei «Laien», Geistlichen und Kirchenvorstandsmitgliedern durchgeführt wurden. Es ging einerseits darum, mit diesen repräsentativen Befragungen die Einstellung zu den Änderungen in der Kirche seit dem Zweiten Vatikanischen Konzil herauszuarbeiten. Die bereits erfolgten kirchlichen Reformmassnahmen wurden von 80 Prozent der Befragten befürwortet, während vor allem ältere und weniger gebildete Personen weitergehenden Reformen kritisch gegenüberstanden.

Andererseits aber ging es auch um die Erarbeitung neuer Formen der Zusammenarbeit unter den Geistlichen und unter den verschiedenen Pfarreien und darüber hinaus. Dahinter verbargen sich erste Anzeichen eines Priestermangels, aber ebenso die nun auch finanziell mögliche Einführung von Spezialfunktionen mit dem Ziel, für jedes Ressort eine kantonale Arbeitsstelle zu schaffen. Dieses Anliegen wurde später umgesetzt. Nicht umgesetzt wurde die Vermehrung der Dekanate von vier auf acht bis elf. Das Hauptanliegen bestand in einem Satz darin, «dass das ganze Volk Gottes den Heilsauftrag wahrnehmen soll». Um diesem Grundanliegen gerecht zu werden, wurden in der damals aufkommenden soziologischen Fachsprache fünf Grundziele definiert (Verkündigung, Liturgie, Recht und Verwaltung, Seelsorge und Diakonie, Dienst an der Welt), die in 19 Hauptziele aufgefächert wurden. Der Pfarreirat wurde in diesem Strukturmodell nicht nur als Beratungsgremium – dies vor allem im Bereich der Verkündigung und der Liturgie –, sondern im Bereich von Seelsorge und Diakonie auch als Entscheidungs- und Ausführungsorgan angesehen.

Die Pfarreigründungen nach 1963

1964	Birmensdorf: St. Martin
1964	Illnau-Effretikon: St. Martin
1964	Rümlang: St. Petrus
1965	Bonstetten: St. Mauritius
1965	Oberengstringen: St. Mauritius
1965	Opfikon-Glattbrugg: St. Anna
1967	Glattfelden: St. Josef
1970	Dietlikon: St. Michael
1970	Oberwinterthur: St. Marien
1970	Seen: St. Urban
1970	Uitikon-Waldegg: St. Michael*
1970	Winterthur: Herz Jesu
1970	Winterthur: St. Ulrich
1970	Winterthur-Töss: St. Josef
1970	Wülflingen: St. Laurentius
1971	Feuerthalen: St. Leonhard
1971	Gossau: Mariä Krönung*
1971	Rickenbach-Seuzach: St. Martin
1971	Volketswil: Bruder Klaus
1972	Dietikon: St. Josef
1972	Geroldswil: St. Johannes
1974	Greifensee: Johannes XXIII.*
1974	Embrach: St. Petrus
1974	Zollikerberg: St. Michael
1974	Zürich-Leimbach: Maria Hilf
1975	Fällanden: St. Katharina*
1981	Wiesendangen: St. Stefan
1982	Maur-Ebmatingen: St. Franziskus*
1983	Bassersdorf: St. Franziskus
1995	Niederhasli: St. Christophorus
1997	Rüschlikon: St. Nikolaus

*Pfarr-Rektorat resp. Pfarr-Vikariat

August Durrer, Pfarrer, und Paula Zurfluh, Pfarrhaushälterin

Ein Porträt

Ein Pfarrhaus ist viel mehr als ein Haus für den Pfarrer. Das zeigt sich bei einem Gespräch mit Pfarrer August Durrer und der Pfarrköchin Paula Zurfluh. Durrer war von 1970 bis 1998 Pfarrer der Stadtzürcher Pfarrei St. Konrad, als Nachfolger von Ambros Zurfluh. Dieser hatte seine Nichte Paula schon als 16-Jährige von Zeit zu Zeit als Aushilfe herbeigerufen, und später übernahm sie das Zepter im Pfarrhaushalt ganz, auch wenn sie anmerkt: «Eigentlich hätte ich gar nie Pfarrhaushälterin werden wollen.» Als ihr Onkel starb, blieb sie. «Ich war darüber sehr froh», sagt Durrer. «Sie hat den ganzen Haushalt völlig eigenständig geführt.» Sie nickt. Man merkt: Die beiden waren ein gutes Gespann.

Während der Pfarrer seine Verpflichtungen als Seelsorger in der Pastoralarbeit, bei der Feier der Gottesdienste, der Katechese, der Pfarreiorganisation und überall sonst erfüllte, besorgte sie alles, was den Haushalt betraf. Das hiess nicht nur die täglichen Besorgungen machen, kochen und den Haushalt in Schuss halten, sie schloss auch die Kirche auf, verkaufte

Taufkerzen und Trauerkarten und leistete Telefondienst, wenn das Sekretariat geschlossen war. «Das Pfarramt war ein 24-Stunden-Betrieb», sagt der Pfarrer, und seine ehemalige Haushälterin fügt bei: «Und zwar jeden Tag im Jahr.»

«Paula war von allem Anfang an eine ausgezeichnete Köchin»

Der Pfarrhaushalt umfasste ausser dem Pfarrer zahlreiche weitere Personen. «Wir waren eine grosse Familie», sagt Paula Zurfluh. Immer waren auch zwei oder drei Vikare im Haus, später Pastoralassistenten oder Pastoralassistentinnen. Manchmal kam eine zusätzliche Haushalthilfe dazu, etwa eine ledige Mutter mit Kind, die unbedingt ein Dach über dem Kopf brauchte und sich als Hilfsköchin ein kleines Einkommen verdienen konnte.

Immer wieder waren zudem Kostgänger anwesend, junge Burschen, die zuhause Schwierigkeiten bekommen hatten und Zuflucht im Pfarrhaus suchten. Meistens ging das ganz gut, doch Paula Zurfluh erinnert sich auch an einen Burschen, den man am Morgen jeweils aus dem Bett herausholen musste. Insgesamt sassen meistens sechs bis acht Leute am Tisch.

Natürlich waren öfter Gäste zu verpflegen, von Theologiestudentinnen und -studenten, die ein Praktikum absolvierten, und Seelsorgeaushilfen bis zum Bischof. Allerdings hat der Churer Bischof Caminada bei Paula Zurfluh einen eher zwiespältigen Eindruck hinterlassen, beklagte er sich doch bei einem Besuch im Pfarrhaus von St. Konrad über Hundegebell, das er gehört habe.

«Paula war von allem Anfang an eine ausgezeichnete Köchin», lobt August Durrer. Sie hatte nicht nur von ihrer Mutter im Urnerland gelernt, wie man einen Haushalt führt, sondern auch in Orselina in einem Hotel gedient und sämtliche hauswirtschaftlich relevanten Bereiche kennen gelernt.

Beim Einkauf der Nahrungsmittel hat die Haushälterin übrigens immer darauf geachtet, dass gesundes Essen auf den Tisch kam. Fleisch musste sie, als noch ihr Onkel die Anweisungen gab, immer bei einem katholischen Metzger einkaufen, obschon eine andere Metzgerei ganz in der Nähe war, aber deren Besitzer war reformiert. Bei August Durrer gab es diesen Unterschied nicht mehr.

Fleisch gab es übrigens sehr dosiert, denn das zur Verfügung stehende Haushaltgeld war bescheiden. Pro Tag und Person standen acht Franken zur Verfügung, und von diesem Geld waren auch Putzmittel und anderes mehr zu berappen. Pfarrer und Haushälterin waren froh, wenn ein Kirchgemeindemitglied für den Sonntag einen Zopf oder eine Flasche Wein abgab oder auch einfach Gemüse und Beeren aus dem Garten vorbeibrachte.

«Fleisch gab es übrigens sehr dosiert»

Nach 30 Jahren in St. Konrad wirkte Durrer im Generalvikariat fünf Jahre lang als Personalverantwortlicher. In Höngg, wo er jetzt lebt, war er Pfarradministrator und hat in der Seelsorge ausgeholfen. Paula Zurfluh wechselte bald nach Pfarrer Durrers Weggang aus St. Konrad die Stelle und besorgte sieben Jahre lang Pfarrer Guido Kolb nach dessen Pensionierung den Haushalt, bis zu dessen Tod. Darauf zog sie in ihr Herkunftsdorf im Kanton Uri zurück.

Heute finden sich im Kanton Zürich nur noch vereinzelt Pfarrer, die von einer Haushälterin unterstützt werden. Die Zahl der Priester ist rückläufig, und wo Pfarreibeauftragte im Amt sind, braucht es keine Pfarrköchinnen mehr.

Auf seine Zeit in St. Konrad blickt August Durrer mit Genugtuung zurück: Vieles sei gelungen, man habe Vertrauen schaffen und Menschlichkeit pflegen können; ein Freundeskreis besteht immer noch.

Und Paula Zurfluh, die ledig blieb – «andernfalls hätte ich mich gleich verabschieden können» –, sagt rückblickend: «Für mich hat's auch gestimmt.»

Die Fremdsprachigenseelsorge

Für die fremdsprachigen Katholikinnen und Katholiken im Kanton Zürich, die etwa ein Drittel der katholischen Bevölkerung ausmachen, gab es zum Teil schon seit Jahrzehnten eigene Seelsorgestrukturen, wie weiter vorn aufgezeigt. Ein Geistlicher oder mehrere betreuten diese von der Mission aus. Nach der schon zu Beginn des 20. Jahrhunderts errichteten italienischen Personalpfarrei Don Bosco in Zürich wurde die französischsprachige Mission in Zürich 1964 zur Personalpfarrei erhoben. Bei den kleineren Missionen, die seit den 1970er-Jahren stark gewachsen sind, erstreckt sich ihr Gebiet über mehrere Kirchgemeinden, zum Teil sogar über den ganzen Kanton oder darüber hinaus. Mit der öffentlich-rechtlichen Anerkennung 1963 wurde die Finanzierung durch die kantonale Körperschaft und die Kirchgemeinden übernommen. Die Zentralkasse übernahm ab 1964 ungefähr die Hälfte der Kosten.

Ab 1992 trug die Zentralkasse die gesamten Kosten der Spaniermission. Seit 1993, als die Zentralkommission angesichts der finanziellen Turbulenzen ein Gesamtkonzept für die Fremdsprachigenseelsorge ausarbeiten liess, war diese bis vor Kurzem ein Dauerthema. 1999 beschloss die Synode, die Fremdsprachigenseelsorge der Pfarreiseelsorge gleichzustellen. 2005 wurden die Italienermissionen in sieben Pastoraleinheiten eingeteilt und 2012 kantonalisiert. Kirchgemeinden, Stadtverband und Körperschaft finanzieren gegenwärtig 22 kantonale, regionale und gesamtschweizerische (Minoritäten-) Missionen ganz oder teilweise.

2012 wurde dafür in der Verwaltung der Körperschaft eine eigene Bereichsleitung geschaffen. Nach dem langjährig für die Missionen im Generalvikariat tätigen Franz Stampfli bekleidet seit 2006 mit Luis Capilla ein Fremdsprachiger selbst diese Stelle.

Die diversen Migrantenseelsorgen

Kantonal organisiert:	Personen*
Englisch	6 200
Französisch	2 900
Italienisch	33 200
Kroatisch	3 700
Polnisch	900
Portugiesisch	16 600
Spanisch	10 200

Kleinere Migrantenseelsorgen

Kantonal organisiert:
Ungarisch

Regional organisiert:
Albanisch

National organisiert (durch Migratio):
Chinesisch
Eritreisch-äthiopisch
Koreanisch
Philippinisch
Slowakisch
Slowenisch
Tamilisch
Tschechisch
Ukrainisch
Vietnamesisch
Seelsorge der Syro-Malabaren
Seelsorge der Fahrenden

* Bundesamt für Statistik (2011). Erfasst sind Personen ab 16 Jahren.

Vier Beispiele von Fremdsprachigenseelsorgen

Oben: Fest der Englischsprachigenmission anlässlich des 50. Jahrestags ihres Bestehens 2012.

Mitte: Jugendliche der Kroatenmission am Palmsonntag.

Unten links: Die Koreanermission, eine kleine, aber besonders lebendige Gemeinschaft.

Unten rechts: Kinder aus der spanischsprachigen Seelsorge beim Krippenspiel «Belén viviente». Diese Mission betreut nicht nur Spanier, sondern auch viele Spanisch Sprechende aus Süd- und Mittelamerika.

Franz Stampfli

Zur Fremdsprachigenseelsorge

Sie gelten in Zürich als «Mister Migratio». Wie kam das? _____ Nach dem Theologiestudium in Innsbruck und Chur, einem Vikariat und Einsätzen als Pfarrer kam ich zur Kategorialseelsorge, also Spitalseelsorge, Mittelschulseelsorge und Fremdsprachigenseelsorge. Und hier, in der Fremdsprachigen- und heutigen Migrantenseelsorge, blieb ich hängen. Im Generalvikariat gehörte diese zu meinem Verantwortungsgebiet.

«Die Kirche durfte die Zuwanderer nicht einfach alleinlassen»

Die Italienerseelsorge ist ja schon uralt. _____ Ja. Die Salesianer haben sich in Zürich der katholischen Italiener angenommen. Auslöser war der sogenannte Italienerkrawall von 1896. Damals gingen einheimische und italienische Arbeiter nach einem Zwischenfall aufeinander los, und man fand, die Kirche dürfe die Zuwanderer nicht einfach alleinlassen. 1903 wurde im Kreis 4, in Aussersihl, die Pfar-

rei Don Bosco gegründet und die eigene Kirche eingeweiht. Die Missione cattolica di lingua italiana ist immer noch sehr aktiv.

Auch die Mission catholique de langue française verfügt über eine eigene Kirche. _____ Sie wurde aber vor allem für die Zuwanderer aus der französischsprachigen Schweiz gegründet. Heute prägen vor allem die Schwarzafrikaner aus den ehemaligen französischen und belgischen Kolonien den Gottesdienst. Insgesamt gibt es jetzt in der Migrantenseelsorge über 20 nach Sprachen unterschiedene Gruppen.

Die englischsprachige Seelsorge dient wohl vielen Nationalitäten. _____ Es sind hier Menschen aus fünfzig Nationen dabei, unter ihnen natürlich auch Einwanderer aus England, den USA und Kanada.

Ist die Integration bei der Migrantenseelsorge ein Thema? _____ Sogar ein sehr wichtiges, wobei gerade die jüngeren Migrantenseelsorger zugunsten der Integration tätig sind, indem sie Ausländer und Schweizer wo immer möglich zusammenführen. Wir unterscheiden zwischen Assimilation und Integration. Wir meinen keineswegs, dass sich die Ausländer vollständig anpassen müssen. Die Zugezogenen sollen ihre Herkunft nicht verleugnen müssen. Aber wir sagen ihnen: Macht auch mit in der Ortspfarrei. Ihr gehört zu uns.

Können sich die Fremdsprachigen frei entscheiden, ob sie der Ortskirche oder einer Migrantenmission angehören wollen? _____ Alle Katholiken gehören bezüglich Stimm- und Wahlrecht zur Kirchgemeinde an ihrem Wohnort. Aber jedes Mitglied ist frei, zu einem Priester seiner Wahl zu gehen, ob dieser nun zur örtlichen Pfarrei gehört oder zur Mission.

Fühlen sich vor allem die Zuwanderer der ersten Generation in der Migrantenmission wohl oder auch die Angehörigen der zweiten und dritten Generation? _____ Wer in die Schweiz eingewandert ist, fühlt sich sicher noch zu einem schönen Teil seiner ursprünglichen Heimat nahe und macht in der Mission der eigenen Sprachgruppe mit. Viele denken ja auch daran, einmal zurückzukehren, selbst wenn sich das öfter als schwieriger erweist als gedacht. Ihre Kinder fühlen sich dann eher als Schweizer. Bemerkenswert ist, dass sich dann die Mitglieder der dritten Generation eher wieder auf ihre Wurzeln besinnen und sich in der Migrantenmission engagieren.

Bei der Anstellung eines Priesters gibt es einen Unterschied zwischen Ordensangehörigen und den anderen Geistlichen. _____ Bei den Salesianern in der Italienermission und bei den Clare-tinern, die in der Spaniermission wirken, bestimmen die Ordensoberen, wen sie nach Zürich schicken. Was die Seelsorge angeht, unterstehen aber auch sie dem Bischof der Diözese Chur. In meinen Augen problematisch ist, dass zum Teil Priester geschickt werden, die sich keine Mühe geben, die hiesigen Sitten und Gebräuche zu berücksichtigen. Sie sagen sich: Ich führe den Gottesdienst so durch, wie ich das in Italien oder Spanien getan habe, und damit basta.

«Die Italienermission geniesst eine Art Erstgeburtsrecht»

Es scheinen sich Verteilkämpfe anzubahnen? _____ Es gibt gewisse Auseinandersetzungen um Räumlichkeiten und Geld. So wird etwa vorgebracht, die Koreaner als kleinste Gemeinschaft würden übermässig gefördert, aber ich finde das nicht falsch; sie sind sehr rührig. Und der koreanische Priester hält Werktagsgottesdienste in mehreren Pfarreien. Aber es stimmt: Man muss darauf achten, dass die Ausgaben verhältnismässig bleiben. Für Unmut sorgt hie und da auch, dass die Italienermission gut bestückt ist. Dass da eine gewisse Ungleichheit besteht, ist nicht von der Hand zu weisen. Die Italienermission geniesst eine Art Erstgeburtsrecht. Alles in allem gehört meines Erachtens die Migrantenseelsorge einfach zum Wesen der katholischen Kirche.

Jesuiten in Zürich

Obwohl die Jesuiten seit 1848 in der Schweiz verboten waren und die Bundesverfassung von 1874 dieses Verbot auf Kirche und Schule ausdehnte, gab es mehr oder weniger verdeckt immer einzelne Jesuiten in der Schweiz. 1947 erfolgte die Errichtung einer unabhängigen Schweizer Vizeprovinz mit Sitz in Zürich. 1983 folgte die Gründung einer eigenen Schweizer Provinz.

Seit dem Ersten Weltkrieg nahm die Zahl der Jesuiten in der Schweiz zu. Sie waren zunehmend in der Studentenseelsorge tätig; seit dem Zweiten Weltkrieg waren Publizistik und Vortragstätigkeit die wichtigsten Pfeiler, mit Zürich und Genf als Zentren.

Die Jesuiten stellten einige markante Persönlichkeiten, die für «Katholisch Zürich» wichtig waren. Richard Gutzwiller (1896–1958) baute das katholische Akademikerhaus in Zürich und gründete die Wochenbeilage «Christliche Kultur» der Neuen Zürcher Nachrichten. Charles Reinert (1899–1963) gründete 1940 das katholische Filmbüro in Zürich. Anton Riedweg (1876–1956) war in Zürich ein einflussreicher Jugend- und Männerseelsorger, Volksmissionar und Prediger. Mario von Galli (1904–1987), von 1942 an Redaktor bei den «Apologetischen Blättern», wurde 1945 aufgrund des Jesuitenartikels aus der Schweiz ausgewiesen, war aber von 1951 bis 1960 wieder bei der «Orientierung» tätig und wirkte danach als einflussreicher Konzilsjournalist.

Ebenfalls publizistisch einflussreich war der Zürcher Jesuit Ludwig Kaufmann (1918–1991), der sich sehr für das Zweite Vatikanische Konzil und die Befreiungstheologie einsetzte. Zwei bekannte Jesuiten aus neuer Zeit sind Pater Albert Ziegler, ein weit herum geschätzter Ethiker, und P. Josef Bruhin, der intensiv an der Gestaltung der neuen Kirchenordnung von 2010 mitgearbeitet hat und zehn Jahre Präsident der Stiftung Paulus-Akademie war.

Ökumene

Die freisinnig ausgerichtete «Neue Zürcher Zeitung» war weit über den Kanton Zürich hinaus 1962 bis 1965 eine der weltweit besten Tageszeitungen, was die Konzilsberichterstattung betraf. So wurde auch deutlich, dass ein Hauptanstoss für Papst Johannes XXIII. für das Konzil ein ökumenischer war, die tiefe Sehnsucht nach der Einheit der Christen. Das Konzil selbst machte klar, dass nach katholischem Verständnis Ökumene nicht mehr einfach nur «Rückkehr» zur römisch-katholischen Kirche sein könne, sondern jede christliche Kirche oder kirchliche Gemeinschaft aufgrund der im Konzil anerkannten individuellen und korporativen Religionsfreiheit akzeptiert und geschätzt werden müsse. Damit wurde das, was vielerorts an der Basis bereits gelebt wurde, auch von oben legitimiert. Seit der «kleinen kirchlichen Chronik» 1968/69 im Jahresbericht der Zentralkommission ist die Ökumene ein unaufgebbarer Bestandteil der katholischen Arbeit im Kanton Zürich. In dieser Chronik steht: «7. Februar (1968) Beginn der monatlichen ökumenischen Wortgottesdienste in der Wasserkirche in Zürich.»

1973 – Die Aufhebung des Jesuitenartikels

Nach langem Vorlauf befürwortete eine knappe Mehrheit der Schweizer Stimmbürger am 20. Mai 1973 die Streichung des Jesuiten- und Klosterverbots (54,9 Prozent Ja- gegen 45,1 Prozent Nein-Stimmen). Die Stimmbürger des Kantons Zürich wollten den Jesuitenartikel weiterhin in der Bundesverfassung verankert wissen (174 676 Ja- zu 195 661 Nein-Stimmen, d. h. 47,2 Prozent zu 52,8 Prozent). Noch deutlicher war der Widerstand gegen die Jesuiten nur noch in den Kantonen Bern, Waadt und Neuenburg mit über 65 Prozent bzw. 70 Prozent Nein-Stimmen, ein deutliches Indiz, dass es dort noch weniger Katholiken gab als im Kanton Zürich. Über das knappe Ja durchaus etwas beunruhigt, schrieb die «Orientierung» kurz nach der Abstimmung: «Gewiss fühlten wir zunächst mit, dass die Freude über das Ja dort nicht ungetrübt war, wo im eigenen Kanton das Nein überwogen hatte, und auch dort nicht, wo man auf Gräben zwischen den Konfessionen blickte, die der Kampf wieder sichtbar gemacht hatte. Wer seit Jahrzehnten für die Ökumene im Sinne von gegenseitigem Aufeinanderzugehen, von Zusammenarbeit und geistigem Austausch gearbeitet hatte, sah besorgt, dass damit in breiten Schichten Ängste und Misstrauen noch nicht beseitigt werden konnten.»

Dass 20 Jahre später – 1993 – ein Jesuit als erster (Weih-)Bischof in Zürich tätig werden sollte, war 1973 noch undenkbar.

Weitere Orden in der Stadt Zürich

Ohne das Wirken von Kapuzinern und zum Teil auch von Benediktinern wäre der Aufbau der katholischen Kirche im Kanton Zürich ab der zweiten Hälfte des 19. Jahrhunderts nicht möglich gewesen. 1939 gründeten die Kapuziner in Zürich-Seebach eine Niederlassung zum Zweck der Hausmission. Diese wurde 1994 aufgegeben, aber das Haus dient weiterhin als Wohnort für Brüder in verschiedenen Spezialaufgaben. Seit 2004 ist es auch der Sitz des Regionalobern der Deutschschweizer Kapuziner.

1959 gründeten die Dominikaner von Luzern aus eine Niederlassung, die 1964 selbständig gemacht und 1969 zu einem Konvent erhoben wurde. Wegen der grossen Austrittswelle in den 1970er-Jahren erfolgte 1978 wieder eine Zurückstufung. Deren Mitglieder versehen Spezialaufgaben. Für die französischsprachige Personalpfarrei in Zürich eröffneten die Dominikaner 1991 ein zweites Haus, das 1997 zum Konvent erhoben wurde. Auch die Franziskaner führen seit 1965 in Zürich ein Haus. In den 1970er-Jahren war die Gemeinschaft mit der Informationsstelle für kirchliche Berufe beauftragt, ab 1980 standen die sogenannte Gassenarbeit mit Drogenabhängigen und weitere Spezialaufgaben im Vordergrund.

Schwester Ingrid Grave

Von den in Zürich wirkenden Ordensleuten ist Schwester Ingrid Grave durch ihre Fernsehpräsenz in den Sendungen «Wort zum Sonntag» und «Sternstunden» bekannt geworden. Schwester Ingrid wurde mit ihrer klaren Sprache und den treffsicheren Analysen, verbunden mit ihrer frohen und gütigen Ausstrahlung weit über die Konfessionsgrenzen hinaus sehr geschätzt.

Religionsunterricht und Katechese

Vor 1963 wurde der Religionsunterricht nur pfarreiintern erteilt. Dieser stand in der Verantwortung der Pfarrer und der noch recht zahlreichen Vikare sowie von Ordensschwestern. Es war im Wesentlichen Katechismusunterricht. Mit dem Konzil hielt auch in der Katechese eine neue Didaktik Einzug, die neben dem Glaubenswissen auch der Hinführung zum Glaubensakt die nötige Bedeutung zuweist. Seit den 1970er-Jahren erteilen immer mehr Laientheologinnen und -theologen konfessionellen Religionsunterricht. Dieser wurde, wenn er überhaupt in der Schule stattfinden konnte, zunehmend an den Rand gedrängt. Dies führte meist zum Einsatz von nebenamtlichen Katechetinnen. Um deren Aus- und Weiterbildung zu gewährleisten, wurde 1974 die Katechetische Arbeitsstelle eröffnet. Die später in «Fachstelle für Religionspädagogik» umbenannte Arbeitsstelle verfolgt das Ziel, die Aus- und Weiterbildung von nebenamtlichen Katechetinnen und Katecheten zu gewährleisten und die Pfarreien zu beraten. Ihr wurde 1990 die Katechetische Dokumentationsstelle angegliedert, die seit 2012 in die ökumenisch getragene «Relimedia» überführt wurde.

Religionskunde in der Schule

Bis 1963 wurde der schulische «Unterricht in biblischer Geschichte» in der Primarschule durch die Lehrkräfte und auf der Oberstufe von reformierten Fachlehrkräften erteilt. Katholische und andersgläubige Kinder nahmen daran nicht teil. 1965 wurde das Fach «Biblische Geschichte und Sittenlehre» auf der Oberstufe in die zwei Fächer «Biblische Geschichte» und «Sittenlehre» (Lebenskunde) aufgeteilt. Die Lebenskunde war für alle Schülerinnen und Schüler obligatorisch, von «Biblische Geschichte» hingegen konnte man sich abmelden. Nach 1991 wurde für die Oberstufe der konfessionell-kooperative Religionsunterrichts (KOKORU) eingeführt, der von der Schule verantwortet, aber in Zusammenarbeit mit den Kirchen erteilt wurde. Die 2004 aus Spargründen vom Kanton vollzogene Abschaffung des Fachs «Biblische Geschichte» in der Primarschule rief so grosse Widerstände hervor (Lancierung einer Initiative), dass sich der Zürcher Bildungsrat zu einer Alternative gedrängt sah und das Fach «Religion und Kultur» entwarf, das für die ganze Volksschule gelten soll.

Dieses neue obligatorische Schulfach löste ab dem Schuljahr 2008/09 «Biblische Geschichte» auf der Primarstufe und den KOKORU auf der Sekundarstufe ab. Es wird konfessionell neutral geführt und darf nur noch von für dieses Fach staatlich examinierten Lehrerinnen und Lehrern erteilt werden. Ziel des Fachs ist es, auf Primarschulstufe Inhalte, Geschichten und Bräuche des Christentums kennenzulernen. Auf der Oberstufe der Primarschule und auf der Sekundarstufe sollen ergänzend Kenntnisse der grossen Religionen vermittelt werden, die für das Verständnis der heutigen Welt relevant sind.

Bei der Verkündigung der frohen Botschaft ist die Kirche in allen Altersstufen präsent. Hier im Heimgruppenunterricht für die Kleinsten

Katechese in der Pfarrei

Die Einführung in die Glaubenspraxis, im Besonderen die Hinführung der Kinder und Jugendlichen zu den Sakramenten, findet im Rahmen der Pfarrei statt. Geht es beim schulischen Religionsunterricht um Information, so liegt in der pfarreilichen Katechese der Akzent auf der Erfahrung mit Glaube und Kirche.

Viele anderssprachige Missionen halten ergänzende Katechesen. In einigen Pfarreien laufen Projekte zur interkulturellen Katechese.

Mittelschul- und Hochschulseelsorge

Schon 1964 bezahlte die Zentralkommission die Hälfte der anfallenden Kosten der Mittelschulseelsorge, während die betreffenden Kirchgemeinden die andere Hälfte übernahmen.

1974 wurden für die katholische Mittelschulseelsorge kantonale Strukturen geschaffen, und 1980 wurde dazu ein Leitbild entwickelt. Dieses sah neben dem Religionsunterricht auch ausserschulische Seelsorgearbeit zugunsten der Schülerinnen und Schüler vor. Ab 1990 stieg die reformierte Kirche in mehreren Etappen in die Foyerarbeit ein.

1995/96 führte der Erziehungsrat des Kantons Zürich ein neues Konzept für den Religionsunterricht an den Mittelschulen ein, das die Verantwortung für den Religionsunterricht durch die Schule festhält, die evangelisch-reformierten und die katholischen Lehrkräfte gleichstellt und den konfessionell-kooperativen Religionsunterricht ermöglichte. Es entstand eine breite Kooperation zwischen den Lehrkräften, die zum ökumenischen Unterricht führte. 2001/02 wurde diese Zusammenarbeit konzeptuell vertieft, vom Generalvikar und der Zentralkommission genehmigt und 2004 mit einem Leitbild ergänzt.

Für die katholische Seelsorge an der Universität Zürich und der ETH tragen die Jesuiten schon seit 1918 die Verantwortung. Die Körperschaft trägt vertraglich gebunden einen wesentlichen Teil der Kosten.

Trudy Bachmann

Katechetin

Wenn Sie Ihren Schülerinnen und Schülern sagen, Sie seien Katechetin: Verstehen die Kinder das? _____ Die Bezeichnung ist tatsächlich nicht sehr glücklich. Ich sage ihnen, ich sei Religionslehrerin.

Katechetinnen und Katecheten sind Laien, aber sie haben eine längere Ausbildung absolviert, bevor sie den Kindern im Auftrag des Pfarrers Unterricht erteilen. _____ Das ist der Fall. Die Ausbildung an der Fachstelle für Religionspädagogik in Zürich ist recht anforderungsreich. Sie dauert in der Regel drei Jahre oder mehr, wobei jeweils zwei Tage pro Woche dafür zu reservieren sind. Es wird sehr viel Wissen vermittelt. Religion ist aber nicht einfach eine Kopf-Angelegenheit, sondern dem Gemüt und den zwischenmenschlichen Beziehungen kommt eine grosse Bedeutung zu.

Sie unterrichten die Kinder von der 1. Klasse an? _____ In der 1. Klasse erzähle ich ihnen Geschichten von Jesus. Das sind ja vorwiegend Beziehungsgeschichten. Ich spiele mit den Kindern, ich singe mit ih-

nen. In der 2. Klasse erleben wir eine Taufe und lernen unter anderem das Vater-Unser beten. In der 3. Klasse findet die Erstkommunion statt, ein Fest der Gemeinschaft, wo Jesus und die offene Tischgemeinschaft in der Mitte des Erlebens stehen.

Das zieht sich weiter bis zur Firmung? _____ Ja, in der 4. Klasse ist der Hauptpunkt die Versöhnung. Wir sprechen darüber, was wir gut können und was uns nicht so gut gelingt, und lernen die befreiende Wirkung einer Versöhnung kennen, wenn man sagen kann: «Fangen wir nochmals neu an.» Das Kind darf wissen, dass Gott uns vergibt und dass auch wir uns selbst und den Mitmenschen vergeben sollen.

Lassen sich die Kinder auf religiöse Fragen ein? _____ Ja. Sie haben viele Fragen, die man zum Teil beantworten kann, zum Teil auch nicht. Man muss es aushalten, wenn man keine Antwort auf die Frage weiss: Warum ist mein Hund gestorben? Warum ist meine Kameradin so krank? Warum ist dieses oder jenes Unglück passiert? Immerhin gibt die Religion einen Halt. Jesus und seine Botschaft geben Kraft.

Wird die Arbeit der Katechetinnen und Katecheten geschätzt? —— Durchaus. Wir erhalten immer wieder Komplimente, und die Pfarrer sind froh über die Entlastung, die sie dank unserer Arbeit erhalten. Wir haben auch unsere Aufgabe etwa in den Familiengottesdiensten, die immer sehr gut besucht sind. In unserer Pfarrei geniessen wir grosse Freiheiten und beteiligen uns bei der Wortverkündigung im ersten Teil des Gottesdiensts, bevor der Pfarrer weiterfährt. Mit den Kindern in den ersten beiden Klassen feiern wir auch Kindergottesdienste, an denen kein Pfarrer teilnimmt.

Das geht weit über den reinen Unterricht hinaus. —— Zu weit auch nicht. Die Kinder haben so viele Verpflichtungen neben der Schule, sie haben Musikstunden, gehen ins Sporttraining, ins Ballett usw. Aber an den liturgischen Feiern beteiligen sie sich gerne, wenn sie können.

> «Nach dem Zweiten
> Vatikanischen Konzil
> wollte ich den Glauben mit
> den Kindern neu entdecken»

Sie haben eine lange Erfahrung mit dem Unterrichten von Kindern in Fragen der Religion. —— Ich unterrichte seit 33 Jahren mit sehr unterschiedlichen Pensen. Zwischendurch gab ich auch an der Staatsschule Biblische Geschichte für alle Kinder, dieser ist ja ökumenisch. Dabei ist konfessionelle Neutralität nötig. Der Unterricht, den die Pfarrei anbietet, findet bei uns im Friesenberg im Vereinshaus statt, also nicht in einem Schulhaus. Die katholischen Inhalte kommen natürlich zur Geltung. Aber der Unterricht ist nicht auf Dogmen ausgerichtet. Jeder Mensch glaubt anders, er sucht und findet seinen Weg.

Welche Veränderungen haben Sie während Ihrer 33-jährigen Praxis beobachtet? —— Man würde es nicht glauben: Viele Eltern haben heute mehr Interesse daran, dass ihr Kind eine religiöse Bildung erfährt. Zu meiner Anfangszeit waren viele Erwachsene noch sehr streng katholisch erzogen worden. Der Glaube wurde ihnen eingetrichtert. Wenn sie dann Eltern wurden, fanden manche, das wollten sie ihren Kindern nicht zumuten, und verzichteten vielleicht darauf, sie in den katholischen Unterricht zu schicken.

Machen viele der katholischen Kinder mit? —— Gut die Hälfte kommt.

Druckmittel haben Sie keine? —— Nein. Aber ich erkläre den Eltern, es sei schön für das Kind, wenn es bei uns Gemeinschaft erfahre. Und nach dem zweiten oder dritten Gottesdienst höre ich dann öfters, sie seien zufrieden, dass ihr Kind nun den Unterricht besuche.

Was war Ihre Motivation, dass Sie sich zur Katechetin ausbilden liessen? —— Nach dem Zweiten Vatikanischen Konzil, das Gott sei Dank eine grosse Veränderung ausgelöst hat, wollte ich den Glauben mit den Kindern neu entdecken.

Martin Müller

Mittelschulseelsorger

Früher besuchten viele Kinder aus katholischen Familien ein Kollegium in der Innerschweiz, wo sie eine Art neue Heimat fanden. Heute ist das nur noch vereinzelt der Fall. Sind nun im Kanton Zürich die Mittelschulfoyers Heimat für Kinder aus einem katholischen Elternhaus? ———— Es stimmt, da hat sich viel geändert. Das Foyer an der Kreuzbühlstrasse in Zürich war lange Zeit das einzige für katholische Mittelschülerinnen und Mittelschüler, und von Freunden, die in den 1970er-Jahren das Gymnasium besucht haben, weiss ich, dass sie dort ihre Freizeit verbrachten und das Foyer tatsächlich Heimat war. Nun sind die Mittelschulfoyers seit vielen Jahren ökumenisch geführt, und die Jungen gehen anderswo in den Ausgang. Heute wäre es unmöglich, Schüler für eine Veranstaltung etwa am Samstagabend hier im Ökumenischen Mittelschulfoyer Rämibühl zu gewinnen, das ich zusammen mit einer reformierten Kollegin leite. Darum haben wir unser Angebot eher auf die Schultage ausgerichtet und fokussieren vermehrt klassenbezogene Events.

Wie gross ist denn das Interesse der Kirchen, Jugendliche zu begleiten? ———— Ich empfinde es als sehr gross. Nach der Eröffnung des Foyers an der Kantonsschule Zürich-Nord gibt es im Kanton deren acht. Sie werden von den Kirchen finanziert.

«Wir stehen in grosser Konkurrenz zu zahlreichen anderen Angeboten»

Und wie steht es um das Interesse der Schülerschaft? ———— Wir bemühen uns natürlich, ein interessantes Angebot bereitzustellen. Aber man muss sehen: Wir stehen in grosser Konkurrenz zu zahlreichen anderen Angeboten. Immerhin: Die jährliche Reise für die Schülerinnen und Schüler der unteren Klassen stösst auf grosses Echo. Wir wählen jeweils eine Stadt in Europa als Ziel, und dort setzen wir einen religiösen Schwerpunkt. Andere Foyers gehen traditionsgemäss nach Rom oder machen etwa Segelturns. Jedes Foyer hat seine eigene Ausprägung und funktioniert genau deshalb. So können wir ein Stammpublikum gewinnen, das auch an anderen Angeboten teilnimmt. Gerade ältere Schülerinnen und Schüler kommen gerne über Mittag, nutzen die Küche, spielen und diskutieren. Auch seelsorgerliche Gespräche fehlen nicht.

Sie unterrichten Religion am Real- und am Literargymnasium Rämibühl, ein Freifach. Ist die Nachfrage gross? _____ Das Freifach umfasst zwei Jahre lang je zwei Wochenstunden. Ein drittes Jahr mit einer Wochenstunde ist bei genügender Nachfrage möglich. Am Anfang nehmen bei uns deutlich über 50 Prozent der Schülerinnen und Schüler am Unterricht teil, aber jedes Semester werden es weniger. In der obersten Klasse kann Religion als Ergänzungsfach belegt werden, doch reicht das Interesse nicht immer, dass ein Kurs zustande kommt.

Wünschen die Eltern, dass ihr Kind den Religionsunterricht besucht? _____ Die meisten Eltern, mit denen ich rede, wünschen das, auch und gerade konfessionslose. Oft sind Kinder aus religionsfernem Hause sehr interessiert. Manchmal sträubt sich ein Kind, weil die Freunde auch nicht gehen. Und wenn es in Fächern schwach ist, die für die Promotion zählen, dann wird als erstes das Freifach gestrichen. Kinder nichtchristlicher Religionen nehmen leider immer noch zu selten am Freifach teil, vielleicht aus der Befürchtung, es könnte sich um einen christlichen Unterricht handeln. Dabei geht es um einen religionswissenschaftlich fundierten Sachunterricht über die Weltreligionen und deren Einfluss in der heutigen Gesellschaft.

Bei den Reformierten ist die Teilnahme am Religionsunterricht eine Voraussetzung für die Konfirmation, auf katholischer Seite ist der Besuch dringend empfohlen. Was bedeutet das in der Praxis? _____ Es hat zur Folge, dass wir mit den Pfarrämtern in Kontakt stehen. Manchmal bekommen wir Unterstützung, und die Kinder melden sich nachträglich an, manchmal nützen aber weder die Empfehlung des Generalvikariats noch die reformierten Kirchensatzungen.

Der Unterricht an der Schule ist nicht kirchlich geprägt. Heisst das, dass reformierte und katholische Religionslehrer den Unterricht völlig gleich durchführen? _____ Gleich nicht, es besteht ja – wie in jedem Fach – Methodenfreiheit. Jede Lehrperson muss sich an den Lehrplan der Schule halten, der sich seinerseits am kantonalen Rahmenlehrplan von 1995 orientiert. Gegenwärtig diskutieren die Religionslehrpersonen über eine Aktualisierung des Rahmenlehrplans. Dabei steht auch die Frage eines obligatorischen Fachs im Raum.

Wenn es im offiziell von den beiden Kirchen genehmigten Konzept für die ökumenische Mittelschularbeit heisst, diese ziele hin «auf Subjektwerdung, auf Mündigkeit, auf Gemeinschaftsfähigkeit und auf Solidarität»: gilt das noch? _____ Selbstverständlich. Das gehört sogar zu den interdisziplinären Lehrzielen gemäss Maturanerkennungsreglement. Ich gebe zu: Das Ziel ist hoch gesteckt, aber das soll es auch sein.

Paul Vollmar

Weihbischof

Sie sind mit 17 Jahren der Gemeinschaft der Marianisten beigetreten, einem Schulorden. War es Ihr Ziel, Lehrer zu werden? _____ Ich habe nach der Matur am Collège St. Michel in Fribourg zunächst ein Germanistikstudium absolviert, um als Lehrer wirken zu können, und studierte erst darauf Theologie. 1964, also mit 30 Jahren, wurde ich dann zum Priester geweiht.

Und wie kamen Sie nach Zürich? _____ In Zürich ist unsere Kongregation seit 1949 präsent, an der damals neu gegründeten Knabensekundarschule Sumatra. Menzinger Schulschwestern waren schon seit 1924 an der Mädchensekundarschule am Hirschengraben tätig, dem heutigen Sitz des Synodalrats. In Zürich unterrichtete ich zunächst als Spiritual, zuständig für die religiöse Betreuung und Bildung. 1972 wurde ich Rektor, ein Amt, das ich bis 1984 ausübte.

Haben Sie selbst Zürich als Ihren Wirkungskreis ausgesucht? _____ Nein, die Gemeinschaft hat mich hierher geschickt, weil sie hier jemanden brauchte.

Aber natürlich wurde niemand gegen seinen Willen geschickt.

Hier widmeten Sie sich der Bildung der Schulkinder. _____ Die Schule, die Bildung ist eminent wichtig. Das Zweite Vatikanische Konzil hielt in Bezug auf die Katholischen Schulen fest: «Ihr charakteristisches Merkmal ist es, ein vom evangelischen Geist der Freiheit und der Liebe beseeltes Umfeld der schulischen Gemeinschaft zu schaffen.»

> «Christliche Bildung soll auf drei Pfeilern stehen: Familie, Schule und Pfarrei»

Freiheit und Liebe sind zentral? _____ Das ist so. Und dazu gehört das Verantwortungsbewusstsein. An unserer Schule sind Schüler unterschiedlicher Religion oder Konfession willkommen. Wir stehen zu unserer Ausrichtung, aber wir waren immer offen, befürworten die Ökumene. Jesus Christus sagte: Lasset die Kinder zu mir kommen. Wir hielten es gleich.

Und heute? Es gibt doch auch Stimmen, die finden, konfessionell geprägte Schulen stünden quer in der Bildungslandschaft. _____ Ich bin überzeugt, dass sie nötig sind. Als erstes braucht der Mensch Bildung, aber das Christliche soll hinzukommen. Wir sollen alle am Reich Gottes arbeiten, und zwar als Team: Frauen, Männer, Priester. Das ist Kirche als Volk Gottes. Christliche Bildung soll auf drei Pfeilern stehen: Familie, Schule und Pfarrei. Es braucht die Zusammenarbeit dieser drei, und zwar gleichberechtigt.

«Man soll die Einheit in der Vielfalt sehen»

Dass konfessionelle Schulen nötig sind, gilt das auch noch in unserer ökumenisch geprägten Zeit? _____ Zweifellos. Ich bin der Meinung, die Ökumene soll dazu führen, dass man in die gleiche Richtung geht und zusammenkommt. Man soll die Einheit in der Vielfalt sehen und nicht meinen, Einheit sei nur dann möglich, wenn die anderen Konfessionen zur katholischen Kirche zurückkehren. Das geht nicht.

Wie katholisch soll die Freie Katholische Schule sein? _____ Uns war die gegenseitige Achtung zwischen Lehrern und Schülern immer wichtig, Liebe, Mitmenschlichkeit, Vertrauen, Solidarität und Gottesliebe. Für uns Marianisten ist zudem die Mütterlichkeit von Maria von Bedeutung. Das ist für uns das Katholische. Die Seligpreisungen im Neuen Testament sind sozusagen die Verdichtung des Ganzen. Auch Bescheidenheit gehört dazu.

Katholisch heisst für Sie also nicht «rechtgläubig» mit einem Ausschliesslichkeitsanspruch? _____ Nein, Christus hat es vorgelebt: Wichtig ist die Achtung vor dem Menschen, ist Mitmenschlichkeit und, wenn wir das Franziskanische mit einbeziehen, die Achtung vor der Natur.

Wie war das denn, als Ihnen im Jahr 1993 mitgeteilt wurde, Sie sollten zum Weihbischof ernannt werden? _____ Der Nuntius kam zu mir nach Fribourg und teilt mir mit, der Papst habe mich zum Weihbischof bestimmt. Ich solle unterschreiben, dass ich einverstanden sei. Doch ich sagte ihm gleich, ich sei nicht einverstanden. Ich hatte als Provinzial für meinen Orden wichtige Aufgaben zu erfüllen. Ich wurde dann zu einer Privataudienz bei Johannes Paul II. eingeladen. Er eröffnete mir, im Bistum Chur herrsche eine schwierige Situation, er habe sich über mich informiert und wünsche, dass ich als Weihbischof wirke. Ich sagte ihm, ein Marianist könne unseren Satzungen gemäss gar nicht Bischof werden. Am Ende sagte ich dann doch, ich sei einverstanden, wenn er wirklich keine andere Lösung sehe. Ebenfalls wurde Peter Henrici zum Weihbischof ernannt. Als Zürcher hat er die Aufgabe übernommen, im Kanton Zürich zu wirken, während ich als Generalvikar im übrigen Diözesangebiet die Geschäfte führte und dem Diözesanbischof, Wolfgang Haas, der sich zurückgezogen hatte, sogar als Chauffeur diente. Ab 2003, nach dem Rücktritt Peter Henricis, wurde ich dann für Zürich zuständig. Und irgendwann erfuhr ich dann, wer dafür gesorgt hatte, dass ich Weihbischof wurde. Es war Kardinal Joseph Ratzinger, der spätere Papst. Er hat mich immer unterstützt.

Romeo Steiner,
Laura Otth

Präsident des Schulrats des Vereins
der Freien Katholischen Schulen
Zürich

Gymnasiastin

Die Katholischen Schulen Zürich blicken auf eine 90-jährige Tradition zurück. Florieren sie? ———— Steiner: Die Schülerinnen und Schüler kommen gern, auch die Eltern sind zufrieden. Im Schulhaus Kreuzbühl hat sich nun die Gelegenheit ergeben, die Schulanlage zu erweitern; dies erlaubt uns, ab 2015 Kinder schon von der vierten Primarschulklasse statt erst von der fünften Klasse an zu unterrichten. Leider verzeichnen wir ausgerechnet jetzt einen Einbruch um etwa 15 Prozent der Schülerinnen und Schüler. Das ist hart; aber auch wir sind dem Markt ausgesetzt.

Die Lehrschwestern und Lehrbrüder, die zu geringem Lohn unterrichteten, sind mittlerweile ganz von der Bildfläche verschwunden. ———— Steiner: Leider. Die letzte Ordensfrau ist vor fünf Jahren pensioniert worden, der letzte Marianist war Peter Vollmar, Bruder von Weihbischof Paul Vollmar.

Wie weit ist denn eine Katholische Schule noch zeitgemäss? ———— Steiner: Diese Frage stellten auch wir uns und haben vor einigen Jahren zusammen mit dem Generalvikar unser Profil neu gefasst. Das christliche Welt- und Menschenbild ist die Grundlage unserer Erziehungsarbeit. Zum staatlichen Lehrauftrag kommt ein kirchlicher Sendungsauftrag hinzu, mit der Vermittlung von Werten wie Achtung, Hilfsbereitschaft, Vertrauen, Verantwortung, Ehrlichkeit. Wir legen Wert auf die Einbettung des Religionsunterrichts in den Schulalltag, auch steht ein Schulgeistlicher den Schülerinnen und Schülern zur Verfügung. Die sogenannten Schulgottesdienste finden schulhausweise oder auch klassenweise in unseren verschiedenen Pfarreizentren und Kirchen statt, dabei wird an der Gestaltung der Messe aktiv mitgearbeitet. Dazu kommen Rorategottesdienste in allen Schulhäusern sowie zwei- oder dreitägige Pilgerwanderungen. Was wir bieten, ist eine Schule auf einer hohen Qualitätsstufe. Die Schüler merken das.

Wie viele Schülerinnen und Schüler sind nicht katholischer Herkunft? ———— Steiner: Zwei Drittel sind katholisch, ein Viertel ist reformiert, die übrigen bekennen sich zu einer anderen Konfession oder sind konfessionslos.

Wie viel Wert wird auf christliche Insignien gelegt? _____ Steiner: In jedem Schulzimmer befindet sich ein Kreuz. Ob zu Beginn des Unterrichts ein Gebet gesprochen wird, hängt von den einzelnen Lehrern ab. Auch die Lehrerschaft ist längst nicht mehr rein katholisch.

Wie steht es mit dem Schulgeld? _____ Steiner: Dieses ist abgestuft nach dem Einkommen der Eltern und beträgt je nach Schultyp mindestens 3000 bis 5000 und höchstens 16 000 bis 20 000 Franken pro Jahr. 40 Prozent unseres Budgets werden durch Beiträge der kantonalen Körperschaft, des Stadtverbands und anderer kirchlicher Quellen bestritten. Die Unterstützung finanzieller und ideeller Art ist enorm. Aus diesen Beiträgen werden aber nur katholische Kinder unterstützt; für die anderen haben wir eine separate Verrechnungsart.

Und der Bischof von Chur, äussert er auch Wünsche, wie er sich den Unterricht an einer katholischen Schule vorstellt? _____ Steiner: Wir haben zwar einen bischöflichen Auftrag, aber unterliegen keiner Weisung. Seit je ist in dieser Angelegenheit der Generalvikar unser Ansprechpartner.

Worauf führen Sie den Einbruch bei den Schülerzahlen zurück? _____ Steiner: Genau wissen wir das nicht. Vielleicht ist es der Zeitgeist? Oder das Schulgeld? Müssen wir mehr die Werbetrommel rühren? Der Schulrat arbeitet fest daran, die Schule für die Zukunft richtig im Markt zu positionieren. Wir denken, dass wir noch viel deutlicher die Eltern darauf hinweisen sollten, was ihre Söhne und Töchter bei uns bekommen. Bei uns erhalten sie ein hervorragendes Rüstzeug für die Zukunft. Die Schule befindet sich ja allgemein in einem enormen Wandel. Wir bieten Gewähr, dass die Lehrerschaft genügend Erfahrung und Geduld hat, um den Schülerinnen und Schülern so weit wie möglich Halt zu geben. «Katholisch Zürich» kann stolz sein auf seine Schulen.

Wie sind Sie zur Katholischen Schule gekommen? _____ Otth: Ich fühlte mich in der staatlichen Schule zu wenig unterstützt, daher wechselte ich an die Freie Katholische Sekundarschule in Wiedikon. Die Schule hat einen guten Ruf, sie ist auch nicht so gross und bot mir einen vertrauten Rahmen. Jetzt bin ich sehr gerne im Katholischen Gymnasium an der Sumatrastrasse und stehe ein Jahr vor der Matur.

Was ist das Spezielle an der Katholischen Schule? _____ Otth: Es ist ein schönes Gefühl, dass die Lehrer einen kennen und auf den einzelnen Schüler eingehen, wie ein Coach. Wir können sicher sein, dass wir fair behandelt werden. Sie geben nicht auf, wenn wir einmal in eine schlechtere Phase fallen. Und wir sind weit weg von einer Lernfabrik. Speziell ist sicher der Zusammenhalt in der Klasse und als Schule. Zu Beginn und am Ende des Schuljahrs, zum Teil auch an den Festtagen, finden Gottesdienste statt. Ich schätze das sehr.

Kirche und Arbeitswelt

Von 1964 bis 1998 war der Dominikaner-pater Bruno Holдеregger als Arbeiter-seelsorger tätig und führte die Arbeits-stelle Kirche und Industrie. Mit Wort und Tat widmete er sich den ethischen und moralischen Fragen der Gesellschaft, der Wissenschaften und Wirtschaft, der Umwelt, der Arbeit und der Politik, half bei der Erarbeitung von Lehrmitteln mit, war in der Jugend- und Erwachsenenbildung tätig und organisierte Kurse für kirchliche Mitarbeitende. Sein Lebenswerk wurde nach seiner Pensionierung nicht weitergeführt, wohl aber die 1976 ebenfalls von ihm gegründete Kirchliche Dienststelle für Arbeitslose Kanton Zürich (DfA) in Zürich, mit später eröffneten Niederlassungen in Winterthur und Uster. Die DFA bietet vor allem Menschen mit Migrationshintergrund intensivere Begleitung an, ausserdem auch Betreuung von Personen, die in den Regionalen Arbeitsvermittlungszentren (RAV) des Kantons Zürich nicht (mehr) beraten werden.

1991 wurde das Projekt Lehrlingsseelsorge in der Stadt Zürich initiiert und nach einer erfolgreichen dreijährigen Projektphase definitiv als «kabel Kirchliche Anlauf- und Beratungsstelle für Lehrlingsfragen» installiert, die seit 1996 ökumenisch geführt wird. Später kamen die Standorte Winterthur, Uster, Horgen, Affoltern am Albis und Bülach dazu, ausserdem ein zweiter Standort in Zürich.

Vom Pfarrblatt zum «forum»

Bis 1991 bediente das in Vereinsform organisierte «Pfarrblatt für den Kanton Zürich» ganze 94 Pfarreien und Pfarr-Rektorate. Das Defizit des Pfarrblatts wurde aus der Zentralkasse bezahlt. Ab Ostern 1991 erschien es unter dem neuen Titel «forum», das 1996 in einer Umfrage gute Noten erhielt. Schwierig waren aber die finanziellen Bedingungen, bis die Synode 1998 unter dem Stichwort «forum für alle» entschied, ab Advent 1998 provisorisch das Zürcher Pfarrblatt allen römisch-katholischen Haushaltungen im Kanton Zürich gratis zuzustellen, und der Zentralkasse die Finanzierung übertrug. 1999 wurde der bisherige Pfarrblattverein in eine Stiftung umgewandelt. 2001 entschied sich die Synode zur definitiven Einführung der kostenlosen Zustellung an alle katholischen Haushaltungen im Kanton Zürich. Die Zentralkasse trägt den weitaus grössten Kostenanteil des «forum», gegenwärtig 3,1 Mio. Franken pro Jahr. Mit einer Auflage von rund 190 000 Exemplaren ist das «forum» das grösste Pfarrblatt der Schweiz. Es erscheint im Format A4 26-mal pro Jahr und besteht in der Regel aus einem Mantelteil von 16 Seiten sowie aus 16 Pfarreiseiten im Innenteil. Nach dem Niedergang der katholisch ausgerichteten Gesinnungspresse kommt dem «forum» als kirchlichem Informationsorgan eine sehr grosse Bedeutung zu.

Montag, 2. September 1957

AZ

Herausgeber: «Neue Zürcher Nachrichtens Verlags-AG.
Redaktion und Administration: Holbeinstrasse 26, Zürich 8.
Tel. 24 17 08. Telegr. Nachrichten Zürich. Postcheck VIII 6630.

53. Jahrgang - Nr. 203 - 1. Blatt

Alleinige Inserat-Annahme:
Orell Füssli Annoncen AG.
Limmatquai 4 — Zürich
Zürcherhof – Tel. 24 77 70

Filialen in Aarau Baden Basel
Bern Davos Langenthal Liestal Luzern St. Gallen Schaffhausen So-
lothurn Lausanne. Genf Martigny

Neue Zürcher Nachrichten

Katholische Tageszeitung

Abonnements: 1 Monat 3 Monate 6 Monate 12 Monate
               Fr. 2.80   8.20   16.—   32.—
Für Ausland-, Feldpost- und Ferienabonnement Auskunft durch
die Administration   —   Preis der Einzelnummer 20 Rp.

Redaktion: H. Ostermett (Chef), W. Zimmermann i. Bucher, Dr. P. Steffeli
W. Schollinger (Bundesstadtredaktor). — Drucks: H. Börsigs Erben AG., Zürich.
Verantwortlich für den Inseratenteils Orell Füssli-Annoncen AG., Zürich.

Inserate: Einspaltige Millimeterzeile (27 mm breit) 16 Rappen
Reklamen: Einspaltige Millimeterzeile (70 mm breit) 60 Rappen

Alleinige Inserat - Annahme: Orell Füssli - Annoncen AG.,
Limmatquai 4, Zürich 1, «Zürcherhof», Telephon 24 77 70

30. Zürcher Katholikentag

Eindrucksmächtige Opferfeier
von Bischof, Priestern und Gläubigen

Neue Zürcher Nachrichten NZN

Ab 1886 erschienen die «Neuen Zürcher Nachrichten» (NZN), zunächst zweimal wöchentlich,
dann als Tageszeitung. Dieses Organ stand der
christlichsozialen Partei nahe und war das wichtigste Sprachrohr der Katholiken im Kanton Zürich. Auch in anderen Diasporakantonen erschienen Zeitungen als Kopfblätter der NZN, so etwa
die «Neuen Berner Nachrichten», das «Basler
Volksblatt», das «Aargauer Volksblatt» und die
«Hochwacht» in Winterthur. Die NZN wurde
auch liebevoll «Nachtliechtli» genannt.

Sinkende Abonnentenzahlen – gleich wie bei
anderen Organen der sogenannten Gesinnungspresse –, die Streichung der Subventionen durch
die Zentralkommission (1980) zugunsten des
Pfarrblatts und nicht zuletzt die Auseinander-
setzung um das Bistum Chur führten 1991 zur
Auflösung der Zeitung. Linus Baur (*1943) war
ihr letzter Chefredaktor, bekannte Vorgänger
aus der Gründerzeit waren Georg Baumberger
(1855–1931) und der Schriftsteller Heinrich Fe-
derer (1866–1928).

NZN Buchverlag

1946 wurde der NZN Buchverlag gegründet, der
in den 1950er- und 1960er-Jahren hervorragende
Kunstbücher, z. B. von Leonhard Matt, publizierte. Auch Monografien einzelner Künstler wie die
über den Maler Ferdinand Gehr oder den Architekten Fritz Metzger fanden grosse Beachtung.

Später änderte der Verlag sein Konzept und
pflegte mehr theologische, ethische und kirchen-
politische Themen. Guido Kolbs Niederdorfge-
schichten etwa hatten in diesem Konzept nicht
Platz; und so publizierte er sie im Jordan-Verlag
(13 Auflagen, über 50 000 Exemplare). 2004 beschloss die Synode, den Verlag NZN aufzulösen.

2005 gelang es, den Verlag als «Edition NZN bei
TVZ» im renommierten Theologischen Verlag
Zürich weiterzuführen. Dies wurde von katholischer und reformierter Seite als starkes Zeichen
der Ökumene empfunden. Die Synode und ein
privater Sponsor unterstützen die Buchproduktion in diesem neuen Gefäss, in dem inzwischen
fast 100 Titel erschienen sind, darunter eine Lehr-
buchreihe, zahlreiche Studien, pastoralpraktische
Hilfen und Publikumstitel.

Zentralkommission: Ära Flueler (1963 – 1968)

Nach der Annahme des Kirchengesetzes am 7. Juli 1963 wurde vom Regierungsrat ein zügiges Tempo angeschlagen: Inkraftsetzung des Gesetzes auf den 1. Januar 1964; Wahl der Zentralkommission, die Legislative und Exekutive in sich vereinigte, am 22. September 1963. An einer grossen Wählerversammlung von 200 Delegierten wurde eine Kandidatenliste aufgestellt, die schliesslich als einzige Liste zur Abstimmung kam. Alle Kandidaten schafften es im ersten Wahlgang, sodass die Zentralkommission am 28. Oktober 1963 zu ihrer konstituierenden Sitzung zusammentrat und den Juristen Bruno Flueler aus Küsnacht zu ihrem Präsidenten bestimmte.

Die Zentralkommission ging mit grossem Elan an die Arbeit, das zeigt etwa die Länge des Protokolls der ersten Sitzung von 29 Seiten. Auch in den Kirchgemeinden mussten die Exekutiven, die Kirchenpflegen, bestellt und unzählige Sitzungen abgehalten werden, um den Systemwechsel zu schaffen.

Am Anfang mussten zahlreiche Verordnungen und Reglemente geschaffen und der Finanzausgleich organisiert werden. Das erfolgreichste Vorhaben dieser Anfangsphase war wohl die Gründung und der Bau der Paulus-Akademie. Am 18. April 1968 starb Bruno Flueler unerwartet an einem Herzversagen. Und am 2. September wurde Stephan Renz, der erst wenige Monate der Zentralkommission angehörte, zum neuen Präsidenten gewählt.

Zentralkommission: Ära Renz (1968 – 1975)

Renz war sehr vom Zweiten Vatikanischen Konzil geprägt; er bezog sich immer wieder darauf und hob die Priorität des Pastoralen hervor. «Das Zweite Vatikanische Konzil brachte die in der katholischen Kirche angebrochene Neubesinnung nicht zum Abschluss, sondern es war (…) ein eigentlicher Neubeginn.» Er initiierte gemeinsam mit dem Generalvikar die Schaffung einer Pastoralplanungskommission, die als Ergebnis ein Funktionsmodell einer integrierten Kirchenstruktur publizierte. Grosse Themen in dieser Ära waren der Finanzausgleich und – für die Kirche Schweiz von grosser Bedeutung – die ausserkantonale Solidarität durch die Gründung der Römisch-Katholischen Zentralkonferenz der Schweiz RKZ, deren Grundlage eine Vereinbarung zwischen den landeskirchlichen Organisationen, dem Fastenopfer und der Bischofskonferenz bildet.

Stephan Renz, Dr. sc. techn.
Geboren 1930 in Aesch (BL). Nach der Matura Studium der techn. Wissenschaften an der ETH. Renz war Direktor der Contraves AG und von 1968 bis 1975 Präsident der Zentralkommission.

Die Kirche Maria Krönung in Zürich Witikon mit der Paulus-Akadmie (rechts des Turms) wurde vom bekannten Schweizer Architekten Justus Dahinden von 1963 bis 1965 erbaut. Sie ist im Sinne der Liturgiereform des Konzils als Zelt Gottes gestaltet. Auch die Paulus-Akademie beruft sich auf den Aufbruch des Konzils als Ort des Gesprächs über Fragen der Welt von heute. Dabei soll sie sich nicht scheuen, sogenannte «heisse Eisen» anzufassen.

Seither haben Zehntausende Veranstaltungen an der PAZ, wie man die Akademie landläufig nennt, besucht. Akademie-Direktoren waren Professor Josef Feiner, Magnus Löhrer sowie Max Keller. Seit 2005 hat Hans-Peter von Däniken diese Funktion inne.

Bruno Flueler, Dr. iur.
Geboren 1907 in Schwyz. Nach der Matura Studium der Jurisprudenz an der Universität Zürich. Flueler arbeitete als Jurist und Steuerberater und engagierte sich politisch als Gemeinderat und Kantonsrat. Er war von 1963 bis zu seinem Tod 1968 Präsident der Zentralkommission.

Stephan Renz

Präsident der Zentralkommission (ZK)
von 1968 bis 1975

Wie erlebten Sie die Zeit, als die römisch-katholischen Kirchgemeinden erstmals Steuern erheben konnten? _____ Die Kirchgemeinden hatten ab 1963 beträchtlich mehr Mittel zur Verfügung. Sie haben aber nicht mit Geld um sich geworfen, sondern damit zu arbeiten angefangen. Sie haben in Kirchen und Pfarreizentren investiert, selbstverständlich auch in Personal, das nun besser bezahlt werden konnte. Da wurde vieles möglich, es gab einen eigentlichen Aufschwung. Der Zentralkommission kam die Verfügungsgewalt über die Zentralkasse zu, die durch freiwillige Beiträge der Kirchgemeinden gespeist wurde.

Das funktionierte? _____ Das funktionierte recht gut. Wir haben jährlich eine Versammlung von Vertretern aller Kirchgemeinden einberufen und dort über die Ausgabenpolitik der Zentralkasse informiert.

Die Zentralkommission hat aber nicht nur über Finanzielles entschieden. _____ Nein, es wurden zahlreiche Reglemente geschaffen, etwa für die Besoldung der Pfarrer und der Angestellten der Kirchgemeinden. Zudem waren zwei Pensionskassen zu gründen. Man musste Bestimmungen erlassen bezüglich der Beiträge aus der Zentralkasse an Bauten und Umbauten. Man hat sich kantonsübergreifend vernetzt: in einer Organisation, die dann später Römisch-Katholische Zentralkonferenz der Schweiz (RKZ) genannt wurde. In dieser hat Zürich immer eine wichtige Rolle gespielt, nicht zuletzt aufgrund seiner Finanzstärke.

Die Administration der kantonalen Körperschaft war anfänglich wohl nicht sehr gross? _____ Angestellt waren vier Personen: Zentralsekretär Moritz Amherd, eine Sekretärin, ein Liegenschaftenverwalter, ein weiterer Mitarbeiter und ich als nebenamtlicher Präsident. Die 15 Mitglieder der Zentralkommission (ZK) bekamen nur ein Sitzungsgeld.

Sie sprachen von einem eigentlichen Aufschwung ab 1963? _____ Es war wie ein Spriessen im Frühling. Nicht nur Gebäude entstanden, es gab ja auch das Zweite Vatikanische Konzil, das mit dazu führte, dass auch bei uns ein geistiger Aufschwung stattfand. Man hatte das Gefühl: Jetzt öffnet sich die Kirche, es weht ein neuer Geist. Wir begannen, die Katechetenausbildung zu subventionieren und Hilfskatechetinnen anzustellen.

> «Man hatte das Gefühl: Jetzt öffnet sich die Kirche, es weht ein neuer Geist»

Als Sie in die ZK kamen, ging es da vor allem um die Konsolidierung? _____ Es ging vor allem darum, die Akzeptanz der neuen Ordnung zu fördern. Und natürlich gab es weitere Anpassungsarbeiten. So war es nötig, einen Steuerfussausgleich zu erarbeiten. Bauma im Zürcher Oberland hatte einen Steuerfuss von 26 Prozent, Schlieren zum Beispiel 9 und Zürich 10 Prozent. Dazu brauchte es ein Reglement und die entsprechende Kontrolle. Besonders schwierig war es, den Stadtverband Zürich ins Boot zu holen.

Wann wurden die Beiträge der Kirchgemeinden an die Zentralkasse obligatorisch? _____ Erst mit der Schaffung der Synode.

Fand man schon zu Ihrer Zeit, es wäre gut, wenn es eine Synode gäbe? _____ Es war damals völlig unnötig, einen Parlamentarismus aufzuziehen für das, was die Zentralkommission zu regeln hatte. Wir waren mit 15 Personen ein relativ grosses Entscheidungsgremium, weil man wollte, dass die verschiedenen kirchlichen Gruppen und Regionen darin vertreten waren, und ich als Präsident hatte die Aufgabe, den Ausgleich zu finden zwischen verschiedenen Meinungen. Mit der Zeit kam die Meinung auf, es brauche für eine noch breitere Abstützung doch eine Synode. Mein Nachfolger im Präsidium, Hugo Hungerbühler, hat dann das Anliegen aufgenommen und umgesetzt.

Das hiess, dass Sie und Ihr Gremium ein offenes Ohr für die Kirchgemeinden haben mussten? _____ Sicher. Wir verstanden uns auf der kantonalen Ebene als subsidiäre Organisation, die Kirchgemeinden hatten immer die Möglichkeit, sich an uns zu wenden, wenn sie etwas brauchten. Es gab auch regelmässige Aussprachen.

Wie lief die Beziehung zwischen der Körperschaft und dem Generalvikar Alfred Teobaldi? _____ An sich gut. Er hatte nur manchmal Mühe anzuerkennen, dass er als Generalvikar zum innerkirchlichen Bereich gehörte und der Präsident der Zentralkommission den staatskirchenrechtlichen Bereich repräsentierte.

Aber Alfred Teobaldi ist ja mit allen Kräften dafür eingestanden, dass 1963 die öffentlich-rechtliche Anerkennung Tatsache wurde. _____ Ja, er ging bis nach Rom, um zu erklären, warum die Pfarrwahl durch das Kirchenvolk nichts Unrechtes sei, das sei in der Innerschweiz schon seit Urzeiten so. Aber er war auch etwas cholerisch. Bischofsvikar Alois Sustar hat mir einmal gesagt, Bischof Vonderach habe immer, bevor Teobaldi zu einer Sitzung in Chur erschienen sei, einen Tag lang schlechte Laune gehabt. Oft habe er, Sustar, nachher Differenzen auszubügeln gehabt.

Die Römisch-Katholische Zentralkonferenz RKZ

Nach dem erfolgreichen Missionsjahr 1961/62 wurde die Aktion 1962 unter dem Namen «Fastenopfer der Schweizer Katholiken» weitergeführt. Anfänglich wurden die Sammelerträge hälftig für die Mission und für Inlandsaufgaben eingesetzt. 1967 entstand die «Konferenz der katholischen kantonalkirchlichen Organisationen» (KKKO) mit der Absicht, die Verwendung von Steuergeldern für ausserkantonale Aufgaben zu ermöglichen und zu regeln.

1971 organisierte sich dieser lockere Zusammenschluss in Vereinsform unter dem Namen «Römisch-Katholische Zentralkonferenz der Schweiz» (RKZ). Ihr gehören die öffentlich-rechtlich anerkannten römisch-katholischen kantonalkirchlichen Organisationen an. Für die römisch-katholischen Bewohner der Diözesen Sitten und Lugano sind die beiden Bistümer Mitglied der RKZ, da in diesen beiden Kantonen keine kantonalkirchlichen Körperschaften bestehen. Oberstes Organ der RKZ ist die Plenarversammlung mit je zwei Delegierten der kantonalkirchlichen Körperschaften, die sich mehrmals jährlich zu zweitägigen Sitzungen versammeln und wichtige Entscheide treffen.

Bereits 1970 schloss dieses Gremium einen Vertrag mit der Schweizer Bischofskonferenz (SBK) ab. Der Einstieg der RKZ in die Mitfinanzierung ermöglichte es dem Fastenopfer, den Spendeneinsatz für Inlandsaufgaben fortlaufend von der Hälfte seiner Einnahmen auf einen Betrag von 2,2 Mio. Franken im Jahr 2012 zu reduzieren. 2012 steuerte die RKZ 7,13 Mio. Franken bei. Bis 2018 wird das Fastenopfer seinen Anteil bis auf 400 000 Franken senken.

Die Absprachen und Entscheide zwischen Schweizer Bischofskonferenz, RKZ und Fastenopfer wurden von 1971 bis 2010 in der «gemischten Expertenkommission Inland FO/RKZ» getroffen. Seit 2011 ist die «Paritätische Planungs- und Finanzierungskommission SBK–FO/ RKZ» für die Finanzen zuständig.

Die fachliche Kompetenz in der Konferenz und insbesondere diejenige der Generalsekretäre Alois Odermatt (1995 – 2001) und Daniel Kosch (seit 2001) trug dazu bei, dass die RKZ auch als Kompetenzzentrum für das Staatskirchenrecht und Kirchenmanagement wahrgenommen und geschätzt wird.

Der Beitrag der Zürcher Katholiken an die RKZ

Die Zürcher Katholiken unterstützten die RKZ von Anfang an personell und finanziell. Schon der Anstoss zur Gründung kam aus Zürich, und Moritz Amherd, Generalsekretär der Zentralkommission (ZK), später auch Sekretär und Präsident der RKZ, war die treibende Kraft. Die ZK-Präsidenten Stephan Renz und Hugo Hungerbühler waren auch Präsidenten der RKZ.

1972, im ersten Jahr, in dem aus der ganzen Schweiz Geld an die RKZ floss, übernahm die Zentralkommission von den knapp 300 000 Franken 90 000 Franken; 2012 flossen von der Körperschaft 1 812 000 Franken an die RKZ, 26 Prozent der RKZ-Ausgaben.

RKZ und ZK

Daniel Kosch

Dass die Römisch-Katholische Zentralkonferenz der Schweiz (RKZ) als nationaler Dachverband der kantonalkirchlichen Organisationen, und die kantonalkirchliche Exekutive der Zürcher Körperschaft, als sie noch Zentralkommission (ZK) hiess, fast gleichlautende Abkürzungen haben, ist mehr als ein blosser Zufall. Sie haben auch die gleiche Adresse. Und sie sind durch Personen miteinander verbunden. Zu erwähnen ist da vor allem Moritz Amherd. Er war während langer Jahre gleichzeitig Geschäftsführer der Zürcher Zentralkommission und der Schweizerischen Zentralkonferenz. Und er war in der Entstehungszeit der RKZ die treibende Kraft.

Äusserer Anlass für die Gründung der RKZ waren finanzielle Fragen: Die erstarkenden kantonalkirchlichen Körperschaften und Landeskirchen erhielten Beitragsgesuche von sprachregionalen und gesamtschweizerischen Organisationen. Um die Lasten gerecht zu verteilen, eher zufällige Einzelbeschlüsse zu vermeiden und die Mittel möglichst gezielt einzusetzen, schloss man sich zusammen.

Aber der Zusammenschluss hatte nicht nur einen äusseren, finanziellen Anlass, sondern auch einen inneren, sachlichen Grund: Viele Landeskirchen waren in der Pionierphase, mussten die eigene Organisation entwickeln und die neuen pastoralen Herausforderungen der nachkonziliären Zeit bewältigen helfen. Zudem galt es, gemeinsame Interessen wahrzunehmen, den Dialog mit der Schweizer Bischofskonferenz zu pflegen – und einander zu unterstützen.

Das Verhältnis zwischen RKZ und ZK bzw. zwischen der kantonalzürcherischen und der gesamtschweizerischen Ebene war und ist ein gegenseitiges Geben und Nehmen. Krisen, z. B. jene während des Episkopats von Wolfgang Haas, stärkten den Zusammenhalt und die Solidarität, nicht nur die finanzielle: 1991 veröffentlichte Moritz Amherd aus Zürcher Sicht das Buch «Wolfgang Haas – Bischof ohne Volk». 1992 vertiefte die RKZ das Thema mit einem Expertenbericht zu «Bischofswahlen in der Schweiz». Aber nicht nur in schwierigen, sondern auch in guten Zeiten arbeiteten RKZ und ZK so gut zusammen, dass es nicht nur Briefträgern, sondern auch hochrangigen Kirchenvertretern ab und zu schwerfiel, die beiden Abkürzungen richtig zuzuordnen.

Zentralkommission: Ära Hungerbühler
Erster Teil (1975 – 1983)

1975 wurde Hugo Hungerbühler, der in Rüti wohnhafte Stadtarchivar von Zürich, zum Präsidenten der ZK gewählt. Er übte das Amt während 16 Jahren aus, sodass hier zunächst über die Zeit vor der Einführung der Synode (1983) berichtet werden soll. Gleich zu Beginn der Legislatur wurde das Thema Trennung von Kirche und Staat höchst aktuell, war doch eine diesbezügliche kantonalzürcherische Volksinitiative lanciert worden. Die Abstimmung am 4. Dezember 1977 wurde nicht zuletzt wegen des hohen Engagements der Katholiken und Reformierten im Abstimmungskampf mit 73 Prozent Nein deutlich verworfen. Mitgeholfen hat auch, dass der Kantonsrat eine Motion von Fritz Jauch, die weitere gesetzliche Schritte zur Entflechtung zwischen Kirchen und Staat forderte, an den Regierungsrat überwiesen hatte.

Nach Revisionspunkten für eine weitere Entflechtung gefragt, nannte die ZK gegenüber der Regierung u. a. folgende Punkte:
– Die Anerkennung weiterer Religionsgemeinschaften
– Die Schaffung einer Synode
– Kirchliches Stimm- und Wahlrecht für Ausländer und Jugendliche
– Obligatorische Beiträge der Kirchgemeinden an die Körperschaft
– Ablösung der auf historischen Rechtstiteln basierenden Staatsbeiträge an die Kirchen

1980 wurde eine weitere Trennungsinitiative lanciert, diesmal auf Bundesebene, aber wieder mit 78,9 Prozent Nein-Stimmen abgelehnt. Um die Anliegen der Motion aufzunehmen, galt es, das Kirchengesetz von 1963 zu revidieren und eine Kirchenordnung zu schaffen. Beiden Unterfangen wurde von den Stimmberechtigten am 28. November 1982 mit grossem Mehr zugestimmt.

Neben diesen Grundsatzfragen standen in der ZK viele Finanz- und Baugeschäfte sowie Entscheide über den Ausbau des seelsorgerlichen Angebots und den Aufbau von Dienststellen an.

Einen Schwerpunkt bildete die Katechese. Nachdem die Häuser Hirschengraben 70 und 72 renoviert worden waren, konnte im Haus 70 die «Media 66» als Dokumentationszentrum für Katechetinnen und Katecheten eingerichtet werden. Im Januar 1990 wurde der Salomonkeller – das Haus trug früher diesen Namen – für Zusammenkünfte und gesellschaftliche Anlässe eingeweiht.

Hugo Hungerbühler, Dr. phil.
Geboren 1924 in Zürich. Nach der Matura Studium der Geschichte an der Universität Zürich. Hugo Hungerbühler war Stadtarchivar von Zürich und politisch als Kantonsrat tätig. Von 1975 bis 1991 stand er als Präsident der Zentralkommission (ZK) vor.

Die Kirchengesetze im Vergleich

1863

Das katholische Kirchengesetz von 1863 anerkannte die vier Kirchgemeinden Dietikon, Rheinau, Winterthur und Zürich. Es regelte die Löhne der Geistlichen sowie Bau und Unterhalt der kirchlichen Gebäude aus der Übernahme der Pfründe Dietikon und dem Erlös des Katholikenfonds, der bei der Aufhebung des Klosters Rheinau gebildeten worden war. Ab 1873 ging der Anspruch der Kirchgemeinde Zürich an die Altkatholiken über. Die Beiträge an die drei andern Gemeinden wurden bis 1963 bezahlt und danach in die staatlichen Beiträge eingerechnet, die für alle Kirchgemeinden entrichtet wurden. Weitere Kirchgemeinden wurden bis 1963 nicht anerkannt.

1963

Dieses «Gesetz über das katholische Kirchenwesen» anerkannte die kantonale Römisch-katholische Körperschaft sowie die damals bestehenden Kirchgemeinden, die alle im Anhang des Gesetzes aufgeführt waren. Es gewährt diesen als staatlich anerkannte Personen des öffentlichen Rechts Steuerfreiheit. Sie regeln ihre Angelegenheiten in einer Kirchenordnung, insbesondere auch die Aufgabenverteilung zwischen Körperschaft und Kirchgemeinden. Die Organe der Körperschaft sind die Stimmberechtigten und die Zentralkommission. Die Körperschaft bekommt staatliche Beiträge für ihre Kirchgemeinden, abgestuft nach Anzahl ihrer Mitglieder. Davon ist ein Teil den Kirchgemeinden zuzuwenden. Die Kirchgemeinden legen den Steuerfuss fest. Dieser war je nach Kirchgemeinde sehr unterschiedlich (11% bis 35%). Der Finanzausgleich brachte bis 1982 dann eine gewisse Harmonisierung zustande (Steuerfüsse von 9% bis 16%).

1983

Durch die Kirchengesetzrevision von 1980 – in Kraft seit dem 1. April 1983 – und die Kirchenordnung vom 28. November 1982 bekommt die Körperschaft ein Parlament, die Synode. Diese wählt die Zentralkommission, beschliesst über die Kirchenordnung und nimmt Voranschlag, Jahresrechnung und Jahresbericht ab. Sie legt den Beitragssatz der Kirchgemeinden an die Zentralkasse fest. Der Finanzausgleich ist so zu regeln, dass der Höchststeuersatz für die Kirchgemeinden nicht mehr als 3 Prozent über dem gewogenen Mittel der Steuersätze liegt.

2010

Erstmals bekommen die Evangelisch-reformierte Landeskirche, die Römisch-katholische Körperschaft und die Christkatholische Kirchgemeinde Zürich ein gemeinsames Kirchengesetz, das den Kirchen eine grosse Autonomie bringt. Dieses vom Kantonsrat am 9. Juli 2007 verabschiedete Gesetz trat am 1. Januar 2010 in Kraft. Der entsprechenden Kirchenordnung wurde von den katholischen Stimmberechtigten am 29. Januar 2009 zugestimmt. Es wurde eine Judikative geschaffen (Rekurskommission), und der Staat übergab zahlreiche Kontrollaufgaben, die er vorher ausgeübt hatte, den Kirchen. Die Beiträge des Staates werden aufgrund der kirchlichen Leistungen proportional zu den Mitgliedern ausgerichtet. Durch das neue System bekommt die Körperschaft mehr staatliche Mittel, die reformierte Landeskirche entsprechend weniger. Zudem wird das Stimmrecht auf Katholikinnen und Katholiken ausgedehnt, die hier niedergelassen sind oder eine Aufenthaltsbewilligung haben.

Hugo Hungerbühler

Präsident der Zentralkommission
von 1975 bis 1991

Sie waren 1963, als die Stimmberechtigten im Kanton Zürich den Katholiken die öffentlich-rechtliche Anerkennung zusprachen, Mitglied des Kantonsrats und haben die Entwicklung von Anfang an mitverfolgt. Wie war das genau? _____ Ich war als Mitglied der christlichsozialen Partei 1959 in den Kantonsrat gewählt worden. Die katholische Kirche hatte auch früher Organe wie die örtlichen Steuerkommissionen, die die Aufgabe hatten, für jedes Mitglied die Höhe der Kirchensteuer festzulegen. Einzüger gingen dann von Haus zu Haus, um die – an sich freiwillige – Kirchensteuer zu erheben. Ich habe die Einzüger immer bewundert, ihr Dienst war alles andere als einfach. Viele Aufgaben der Steuerkommissionen wurden nach der Anerkennung 1963 den Kirchenpflegen übertragen. Daneben haben sich die Katholiken in Vereinen organisiert, so im Volksverein, im Männerverein, im Frauenverein, in der Jungwacht und im Blauring, wir hatten eigene Krankenkassen und eigene Kindergärten. Wir waren ja überall in der Minderheit und mussten uns zusammenschliessen, sonst wären wir untergegangen. Der Zusammenhalt war wichtig.

Waren die Katholiken 1963 allesamt für die Neuregelung? _____ Fast alle. Das Kirchenvolk realisierte: Dank der Anerkennung sind wir jemand, und nicht bloss, wie etwa ein Kegelklub, nach dem Vereinsrecht organisiert. Dass die staatskirchenrechtlichen Strukturen dem kanonischen Recht zum Teil widersprachen, hat man kaum diskutiert.

> **«Wir waren ja überall in der Minderheit und mussten uns zusammenschliessen»**

Haben auch die Pfarrer mitgezogen? _____ Die meisten, die ich kannte. Generalvikar Alfred Teobaldi hat ja überall erklärt: Wir müssen katholischer werden und zürcherischer. Die Anerkennung sah er als grosse Chance. Wir wollten die Gleichstellung mit den Reformierten, wobei die Möglichkeit des Steuereinzugs durch den Staat nicht die unwichtigste Verbesserung brachte. Ernst Brugger, der damalige Regierungsrat und spätere Bundesrat, der der Neuerung gegenüber sehr wohlgesinnt war, machte klar: Die öffentlich-rechtliche Anerkennung ist nur möglich bei gleichzeitiger Einführung der Wahl von Kirchenpflegen und Pfarrherren, beide auf Amtsdauer analog zur reformierten Landeskirche.

Und der Bischof von Chur, hat der die Bestrebungen der Zürcher Katholiken auch unterstützt, oder stand er abseits? _____ Wir haben seinen Einfluss kaum gespürt. Und wir fanden: Es ist richtig, dass die Kirchgemeinde auch die Pfarrer wählen kann, sie muss hinter ihrem Pfarrer stehen können.

Haben die Katholiken auch bei den Reformierten für die neue Ordnung geworben? _____ Natürlich brauchten wir die Reformierten. Ohne die Zustimmung eines beachtlichen Teils der reformierten Wähler wäre das Kirchengesetz abgelehnt worden, selbst wenn alle Katholiken Ja gesagt hätten. Die meisten hielten die Neuerung für eine gute Sache. Im Kantonsrat jedenfalls gab es keine Opposition gegen das Verfassungsgesetz, das die Gleichstellung ermöglichte, und auch nicht gegen das Gesetz über die Evangelisch-reformierte Landeskirche und dasjenige über das katholische Kirchenwesen.

Hat zur positiven Spannung beigetragen, dass Papst Johannes XXIII. das Zweite Vatikanische Konzil einberief und damit zu einer Entspannung beitrug? _____ Ja, man erkannte: Die katholische Kirche kommt von alten Regelungen ab und erneuert sich. Leider hat diese Entwicklung nicht bis heute angehalten.

Sie sind am 2. Juli 1975 zum Präsidenten des obersten Organs der katholischen Körperschaft, der Zentralkom- mission, gewählt worden. Damals gab es noch keine Synode. _____ Die Zentralkommission bestand damals noch aus 15 Mitgliedern, die vom katholischen Wahlvolk gewählt wurde. Es stimmt: Wir entschieden alles, was es auf kantonaler Ebene zu entscheiden gab. Mit der Zeit setzte sich dann die Meinung durch, dieses Gremium sei zu wenig im Kirchenvolk abgestützt, eine Synode mit mindestens einem Mitglied je Kirchgemeinde sei die bessere Lösung. Die Synode wurde 1983 eingeführt. Die Zentralkommission wurde entsprechend verkleinert und deren Wahl der Synode übertragen. Für meine dritte Amtsdauer hat mich dann 1983 die Synode gewählt.

> «Es ist richtig, dass die Kirchgemeinde auch die Pfarrer wählen kann, sie muss hinter ihrem Pfarrer stehen können»

Stimmt die von Pfarrer Guido Kolb 1982 in seinen «Erwägungen eines Seelsorgers» geäusserte Befürchtung, eine Kirche, «die im Gelde schwimmt, wird satt und selbstzufrieden»? _____ Ich sehe das anders. Dank dem Steuerobligatorium konnten und können wir viel Gutes tun, ohne immer betteln zu müssen. Auch denke ich, dass das Engagement der Kirchenmitglieder weiterhin gross ist. Ich ärgere mich allerdings darüber, dass gewisse rechtskonservative kirchliche Kreise alle ihre Energie auf das Erhalten eines vorkonziliaren Zustands setzen. Damit kann man nicht mehr viele Leute begeistern.

Trennungsinitiativen 1977 und 1980

1975 wurde erstmals eine Initiative zur vollständigen Trennung von Kirche und Staat eingereicht, die von der Zentralkommission als noch grundsätzlicher eingestuft wurde als die staatliche Anerkennung von 1963. Eine Gruppe erarbeitete eine «Dokumentation zur Frage der Trennung von Kirche und Staat im Kanton Zürich» aus katholischer Sicht, und auch anderweitig wurden die mannigfaltigen Dienste der Kirche aufgezeigt.

Die Initiative selbst fand am 4. Dezember 1977 vor dem Zürcher Souverän keine Gnade: 227 808 Nein- standen 82 560 Ja-Stimmen gegenüber. In der Stadt Zürich gab es mehr als 70 Prozent Nein-Stimmen, in allen 171 Gemeinden wurde die Initiative abgelehnt.

Am 2. März 1980 entschieden sich die Schweizer Stimmbürgerinnen und Stimmbürger mit 1 052 575 zu 281 475 Stimmen sehr deutlich gegen eine Trennung von Kirche und Staat, im Kanton Zürich mit 196 602 zu 60 139 Stimmen noch deutlicher als drei Jahre zuvor.

Weitere Entflechtung der Kirchen

1976 regte die Theologische Fakultät beim Zürcher Regierungsrat als Antwort auf die Trennungsinitiative an, die römisch-katholische Konfession zukünftig in Lehre und Forschung einzubeziehen. Generalvikar Hans Henny setzte dafür eine Expertenkommission ein, die die Einführung eines ständigen Lehrstuhls für systematische katholische Theologie vorschlug; die Errichtung einer katholischen Fakultät schätzte man als noch nicht spruchreif ein. Zentralkommission und Generalvikar erachteten aber die Präsenz der katholischen Kirche auch im Bereich der Wissenschaft im Kanton Zürich als notwendig.

Am 29. August 1977 überwies der Zürcher Kantonsrat die Motion Jauch, die den Regierungsrat beauftragte zu prüfen, in welcher Form eine weitere Entflechtung zwischen Staat und Kirche erreicht werden könnte. In seiner Stellungnahme schlug die Zentralkommission nach internen Abklärungen folgende Abänderungen vor: a) Schaffung einer legislativen Synode aus Vertretern der Kirchgemeinden; b) obligatorische Beitragsleistungen der Kirchgemeinden an die Zentralkasse (diese waren bisher freiwillig) und eine Verstärkung des Finanzausgleichs; c) Erlass einer Kirchenordnung, die das katholische Stimmvolk zu genehmigen habe.

Revision der Kirchengesetzgebung 1980

Am 8. Juni 1980 befürwortete die Zürcher Stimmbürgerschaft Veränderungen des Gesetzes über das katholische Kirchenwesen von 1963 in drei Punkten: a) Schaffung einer kantonalen Synode mit ca. 100 Mitgliedern; b) Einführung von obligatorischen Beiträgen an die kantonale Zentralkasse; c) Verstärkung des Finanzausgleichs, damit die Steuerfüsse der Kirchgemeinden einander angeglichen werden können.

Die Bestimmung über den Finanzausgleich trat bereits 1981 in Kraft, während die Zentralkommission bis Mitte 1982 den katholischen Stimmbürgern eine vom Regierungsrat vorgängig genehmigte Kirchenordnung vorzulegen hatte.

Die Revision der Kirchengesetzgebung von 1980 hatte die neue Kirchenordnung vom
28. November 1982 zur Folge:

Zentrale Passagen aus der Kirchenordnung vom 28. November 1982

Die römisch-katholische Körperschaft des Kantons Zürich erfüllt die ihr nach dem Gesetz über das katholische Kirchenwesen vom 7. Juli 1963 übertragenen Aufgaben. Sie versieht diesen Dienst zum Wohle der Gesamtkirche. Sie anerkennt und unterstützt die zuständigen Organe in Pfarreien und Diözese bei der Erfüllung der kirchlichen Aufgaben. Sie gibt sich im Rahmen von Bundesrecht, kantonalem Recht und katholischem Kirchenrecht die folgende Kirchenordnung:

I. Die Körperschaft

Art. 1. Die römisch-katholische Körperschaft umfasst alle im Kanton wohnhaften Personen, die aufgrund der kirchlichen Ordnung der römisch-katholischen Konfession angehören und nicht ausdrücklich ihren Austritt oder ihre Nichtzugehörigkeit erklärt haben. Sie ist eine staatlich anerkannte Person des öffentlichen Rechts. Sie ordnet im Rahmen des staatlichen Rechts ihre Angelegenheiten selbständig.

Art. 2. Die Organe der römisch-katholischen Körperschaft sind:
1. die Stimmberechtigten;
2. die Synode;
3. die Zentralkommission.

Art. 3. Die römisch-katholische Körperschaft schafft auf ihrem Aufgabengebiet die äusseren Voraussetzungen für die Entfaltung des kirchlichen Lebens. (…)

III. Die Synode

Art. 18. Die Synode ist die Vertretung der in Kirchgemeinden gegliederten römisch-katholischen Körperschaft.

Art. 19. Die Synodenmitglieder werden durch die Kirchgemeinden an der Urne gewählt.

Art. 25. Die Synode beschliesst über die Finanzen der Körperschaft. Sie ist unter Vorbehalt der Kompetenzen der Zentralkommission und des fakultativen Referendums allein befugt, Ausgaben zu bewilligen (…)

V. Finanzhaushalt

Art. 36. Die Körperschaft führt zur Bestreitung ihrer finanziellen Bedürfnisse sowie zur Entlastung finanzschwacher Kirchgemeinden eine Zentralkasse.

Art. 37. Die Synode setzt die Höhe der Beiträge der Kirchgemeinden an die Zentralkasse in Prozenten der einfachen Staatssteuer auf je drei Jahre fest.

Giusep Nay

Alt Bundesgerichtspräsident zur Frage der öffentlich-rechtlichen Anerkennung

Wie kam es zur öffentlich-rechtlichen Anerkennung von 1963, und was bewirkte diese? _____ Dazu zunächst eine Reminiszenz: Noch in den fünfziger Jahren des letzten Jahrhunderts kamen regelmässig Pfarrer aus Zürich als Gastprediger zu uns nach Trun und in andere Pfarreien. Die Kollekte der sonntäglichen Messe war dann für die damals arme Zürcher Kirche bestimmt. Am Montag ging Prälat Höfliger, den ich als ortskundiger Primarschüler begleitete, von Haus zu Haus und sammelte Spenden ein. Mit der Anerkennung 1963 und der Einführung der Kirchensteuern auch katholischerseits war das nicht mehr nötig. Im Gegenteil: Seither fliesst Geld von den Katholiken Zürichs speziell für die Renovation von Kirchen nach Graubünden. Die Anerkennung wurde den Katholiken nicht aufgedrängt, und sie errichteten selbst ihre Körperschaft mit der Annahme ihrer Kirchenordnung. Der Zürcher Generalvikar Alfred Teobaldi hat sie ausdrücklich gewünscht, und Bischof Johannes Vonderach richtete nach der erfolgreichen kantonalen Abstimmung ein offizielles Glückwunschschreiben an die neue Römisch-katholische Körperschaft des Kantons Zürich. Die engagierten Katholiken fanden, die katholische Kirche habe im Kanton Zürich eine Bedeutung erlangt, die eine öffentlich-rechtliche Anerkennung wie die der Evangelisch-reformierten Kirche als richtig, ja, allein gerecht erscheinen lasse, und die Zürcher Stimmberechtigten bejahten das.

> «Ein Auseinanderklaffen von Hierarchie und Demokratie lässt sich nur verhindern, indem man sich ins Einvernehmen setzt»

Wie ist der Dualismus zwischen Pfarrei und Kirchgemeinde, Bistum und Kantonalkirchen zu erklären? _____ Dieser Dualismus katholischerseits hat seine Wurzeln in einer lange vor der Reformation liegenden Zeit, als Kirche und Staat auf Gemeindeebene eine Einheit waren. Der Feudalherr baute und unterhielt die Kirche, bedingte sich aber das Recht aus, den Pfarrer zu wählen. Mit dem Verschwinden der Feudalherren wurden die Gemeinden für den Kirchenbau zuständig und gleichzeitig auch für die Wahl des Pfarrers. Im 19. Jahrhundert hat man dann Kirche und Staat immer mehr entflochten, was zu den Kirchgemeinden und Kantonalkirchen führte, die neben den Pfarreien und den Bistümern bestehen. Die Verwaltung des Kirchengutes und der Kirchensteuern wie auch das Pfarrwahlrecht gingen von den Gemeinden auf die Kirchgemeinden über. Dass die Katholiken auch im Kanton Zürich ihre Pfarrer wählen können, ist also nichts grundsätzlich Neues.

Aber der Bischof bestimmt, welcher Pfarrer zu wählen ist. _____ Der Bischof hat das Vorschlagsrecht. Er kann einer Kirchgemeinde aber dank dem Pfarrwahlrecht nicht einen Pfarrer aufzwingen, der keine Akzeptanz findet. Die Stimmbürgerschaft kann Nein sagen.

Wie gross ist der Einfluss des Staats? _____ Der Staat hat keinen Einfluss auf die Kirche. Das verbietet die Religionsfreiheit. Er hat im Kanton Zürich allein eine Oberaufsicht über die Körperschaft. Der Kantonsrat nimmt deren Jahresberichte ab, was vornehmlich eine formelle Angelegenheit ist.

Der Staat verlangt aber auch Transparenz und Kontrollorgane wie eine Rechnungsprüfungskommission? _____ Weil den Kirchgemeinden das Recht zusteht, Kirchensteuern zu erheben, ist Voraussetzung der öffentlich-rechtlichen Anerkennung für die Religionsgemeinschaften, die diese wollen, dass sie sich demokratisch und rechtsstaatlich organisieren, um Transparenz und Kontrolle sicherzustellen seitens der Kirchenmit-

glieder. Die Kirchgemeinden wie auch die kantonale Körperschaft haben frei die grundsätzlich gleichen Strukturen gewählt, wie sie staatlicherseits auf Gemeinde- und Kantonsebene bestehen. Gegen Verfügungen eines Organs der Körperschaft kann wegen der ihr garantierten Autonomie und Unabhängigkeit vom Staat auch nicht bei kantonalen Gerichten rekurriert werden. Es wurde innerhalb der Körperschaft eine Rekurskommission eingerichtet, gegen deren Entscheide nur beim Bundesgericht bei Verletzung der Bundesverfassung Beschwerde geführt werden kann.

In einer Demokratie, auch in der Körperschaft, gelten andere Entscheidungsprozesse als in der Kirche, die gemäss dem kanonischen Recht funktioniert. Wie löst man diesen Widerspruch? _____ Es ist kein Widerspruch. Die Körperschaft ist nicht die Kirche, sondern eine kirchliche Institution auf staatsrechtlicher Basis, die der nach kanonischem Recht aufgebauten Kirche dient. Sie setzt die eingenommenen Kirchensteuern für die Kirche ein, und zwar im Einvernehmen mit dem Pfarrer und mit dem Bischof. Ein Auseinanderklaffen von Hierarchie und Demokratie lässt sich nur verhindern, indem man sich ins Einvernehmen setzt. Das funktioniert seit Jahrhunderten gut, wie ich selbst als Sekretär der Landeskirche in Graubünden erlebte. Auch mit Vitus Huonder, dem heutigen Bischof, gab es, als er noch Generalvikar war, eine gute Zusammenarbeit. Von einer Ablehnung des dualen Systems war bei ihm nichts zu spüren, weshalb mich und viele andere seine neuesten Erklärungen erstaunen, die auch im Gegensatz zu den Haltungen seiner Vorgänger und der Mitbrüder im Bischofsamt stehen. Dies gilt auch nach dem «Vademecum» der Bischofskonferenz, das eine Partnerschaft mit den Körperschaften ausdrücklich bejaht, weshalb sich der Präsident der Bischofkonferenz denn auch von der unzutreffenden Akzentsetzung bei der Kommunikation dieses Dokuments durch Chur distanzieren musste.

Was ist der wichtigste Unterschied zwischen einer öffentlich-rechtlich anerkannten Kirche und einer solchen, die diesen Status nicht hat? _____ Ein wesentlicher Unterschied ist eine automatische Mitgliedschaft in der Körperschaft kraft staatlichen Rechts. Wer katholisch ist, gehört auch zur Kirchgemeinde und zur kantonalen Körperschaft. Nach kanonischem Recht kennt die katholische Kirche keine Austrittsmöglichkeit. Die Religionsfreiheit verlangt jedoch eine solche, sonst wäre die Mitgliedschaft in den Körperschaften staatsrechtlich erzwungen, was mit dem Grundrecht der Religionsfreiheit nicht vereinbar ist. Ein Austritt gilt dann aber für Kirche und Körperschaft gleichermassen. Ich halte es für falsch, dass man die Möglichkeit haben soll, aus der Körperschaft auszutreten und zu erklären, man bleibe Mitglied der Kirche. Wie selbstverständlich nur Mitglied einer Kirchgemeinde sein kann, wer Glied der Kirche ist, kann schon denklogisch jemand, der in der Kirche bleiben will, nicht die daran geknüpfte Folge, zur Kirchgemeinde zu gehören, aufheben. Das hat das deutsche Bundesverwaltungsgericht entgegen dem, was das schweizerische Bundesgericht annahm, um seinen neuen Entscheid zu stützen, klar bestätigt, und die Deutsche Bischofskonferenz hat gestützt darauf in einem vom Vatikan genehmigten Dekret festgehalten, wer aus der öffentlich-rechtlichen Körper-

schaft austrete, habe grundsätzlich keinen Anspruch auf kirchliche Dienste.

«Die Grundrechte gelten nur als Schutz gegen Eingriffe des Staats»

In Fragen des Glaubens redet der Staat den Kirchen nicht drein? _____ Nein, das darf der Staat, wie gesagt, nicht. Das gilt auch für die Körperschaft: Auch sie hat dem Bischof in Fragen des Glaubens nicht dreinzureden.

Der Staat darf also, auch wenn die Gleichstellung von Frau und Mann in der Verfassung garantiert ist, keinen Einfluss auf die Frauenordination nehmen? _____ Das ist richtig. Ein Menschenrecht wie die Gleichstellung der Geschlechter kann man innerhalb einer Religionsgemeinschaft nicht einfordern. Die Grundrechte gelten nur als Schutz gegen Eingriffe des Staates. Wer findet, seine Grundrechte würden durch die innerhalb der Kirche geltenden Regeln verletzt, und dies nicht akzeptieren will, hat die Möglichkeit auszutreten.

Eine Schwierigkeit im dualen System ergibt sich, wenn einem Pfarrer vom Bischof die Missio canonica entzogen wird und die Gemeinde an ihm festhält. _____ Das zeigte der Fall Röschenz. Wenn die Einvernehmlichkeit zwischen Körperschaft und dem Bischof nicht zustandekommt, dann entscheidet jede Seite gemäss ihrem Verständnis. Bis zur Aussöhnung mit dem Bischof war Franz Sabo während einiger Zeit kirchenrechtlich suspendiert und trotzdem bei der Kirchgemeinde angestellt. Das war anormal. Solange solche

Angelegenheiten Ausnahmen bleiben, erträgt sie das System recht gut, wie die jahrhundertealte Übung es eindrücklich zeigt. Und als eine Ausnahme ist sowohl das Verhalten der Kirchenleitung als auch das der Kirchgemeinde Röschenz zu sehen, die bei Beachtung der Verfahrensregeln des Pfarrwahlrechts beiderseits nicht eintreten sollte.

Und wenn keine Einigung möglich ist? Die Zürcher haben als Zeichen des Protestes ihre Geldzahlungen an den Bischof von Chur eine Zeit lang ausgesetzt. _____ Das ist natürlich Ultima Ratio. Das II. Vatikanum hat jedoch die Gewissensfreiheit jedes Gläubigen betont. Wenn die Synodalen einen solchen Bezahlungsstopp beschliessen, machen sie von dieser Gewissensfreiheit Gebrauch.

Lässt sich der Dualismus Ihrer Meinung nach aufrechterhalten? _____ Ja, ich bin dieser Auffassung. Aber man muss sehen, je mehr Leute aus der Kirche austreten, desto geringer wird die öffentliche Bedeutung einer Kirche. Die Legitimation der öffentlich-rechtlichen Anerkennung mit den Kirchensteuern, vor allem jene der juristischen Personen, schwindet. Aber die Religion stirbt sicher noch lange nicht aus, und das Bedürfnis nach gesellschaftlichen Kräften, die die Werte befördern, ohne die kein freiheitlicher Staat auskommt, wird noch solange bleiben, wie die Kirchen diese Werte auch vermitteln.

Gibt es eine Möglichkeit, den Dualismus noch fruchtbarer werden zu lassen? _____ Ja, doch dazu braucht es auf Seite der Körperschaft den Willen, der Kirche nur zu dienen und sich daher entsprechend zurückzunehmen. Und auf der Hierarchieseite braucht es die volle Anerkennung der Leistungen der Kirchgemeinden und kantonalen Körperschaften als eines wichtigen Instruments der Volkskirche, die das Zweite Vatikanische Konzil und neuerdings auch Papst Franziskus stark betonen.

Telegramm des Bischofs Vonderach an Generalvikar Teobaldi
Wie sehr die Zürcher Katholiken das Kirchengesetz von 1963 wollten, zeigt folgende Äusserung Teobaldis: «Und gross war die Erleichterung und Freude nach der Abstimmung mit dem alle unsere Erwartungen übertreffenden Erfolg» (Teobaldi S. 278). Johannes Vonderach schrieb in einem Telegramm an Teobaldi:

«Am historischen Tag der kraftvollen Annahme des Kirchengesetzes weile (ich) im Geiste in Zürich, gedenke der alten Verbundenheit des Bischofssitzes Chur mit der Limmatstadt und sende Ihnen und Ihrem Comité besonderen Dank für mühevolle Arbeit. Beste Segenswünsche für die Zukunft = Johannes Bischof +».

Am 16. August 1963 gab Teobaldi der Kirchengesetzkommission von einem Schreiben der Apostolischen Nuntiatur in Bern Kenntnis, «worin die Zufriedenheit und der Dank des Kardinalstaatssekretärs, Kardinal Cigognani, über den glücklichen Ausgang der Kirchengesetzrevision ausgedrückt wurde».

«Geh-hin-Kirche» und Bischofs- konflikt

Mit der Einführung der Synode im Jahre 1983 wurde der demokratische Aufbau der staatskirchenrechtlichen Gremien konsequent weitergeführt und mit dem Kirchengesetz von 2007, das erstmals für alle drei öffentlich-rechtlich anerkannten Kirchen gilt, eine Entflechtung zwischen Kirche und Staat vollzogen. Die Körperschaft und das Generalvikariat, die seit 2006 gemeinsam unter der Dachmarke «Katholische Kirche im Kanton Zürich» auftreten, wollen dabei bewusst eine «Geh-hin-Kirche» sein und helfen, immer mehr «Geh-hin-Kirche» zu werden. In einem seltsamen Kontrast zur eindrücklichen Entwicklung der Katholischen Kirche im Kanton Zürich steht der Churer Bischofskonflikt. Aber dieser Schatten kann nicht verhindern, dass im Kanton Zürich eine aufgeschlossene, für die Nöte der heutigen Gesellschaft offene «Geh-hin-Kirche» entsteht.

1983
Die Synode nimmt die Arbeit auf.

1988
Johannes Paul II. ernennt Wolfgang Haas zum Weihbischof des Bistums Chur mit dem Recht der Nachfolge. Die von Bischof Johannes Vonderach betriebene Ernennung stösst fast flächendeckend auf Unverständnis und Widerstand.

1990
Nach dem überraschenden Rücktritt von Johannes Vonderach als Bischof von Chur übernimmt Wolfgang Haas die Amtsgeschäfte und entlässt den Zürcher Generalvikar Gebhard Matt.

1991
Erzbischof Karl-Josef Rauber untersucht in päpstlichem Auftrag die Krise um Wolfgang Haas und trägt 1993 bis 1997 als Berner Nuntius Wesentliches zur Lösung dieses Problems bei.

1993
Nach der päpstlichen Ernennung von Peter Henrici SJ und Paul Vollmar SM zu Weihbischöfen hat mit Peter Henrici erstmals ein katholischer Bischof seinen Sitz in Zürich.

1995
Die kantonale Volksinitiative «Trennung von Staat und Kirche» wird deutlich abgelehnt.

1997
Weihbischof Henrici und Kirchenratspräsident Ruedi Reich veröffentlichen den Ökumenebrief.

1997 / 1998
Mit der Abberufung von Wolfgang Haas als Bischof von Chur und dessen Einsetzung als Erzbischof von Vaduz wird für die Schweiz der Churer Bischofskonflikt vorerst gelöst.

2010
Die vom Kirchengesetz von 2007 vorgesehene Rekurskommission wird eingeführt, ebenso eine neue Kirchenordnung.

Unter dem Begriff «Geh-hin-Kirche» ist eine Kirche gemeint, die nicht wartet, bis die Menschen zu ihr kommen, sondern die auf die Menschen zu geht. Ein neuestes Beispiel dafür ist die Jugendkirche «jenseits», die in den Bögen 11 und 12 des Eisenbahnviadukts im Kreis 5 untergebracht ist. Dieser Treffpunkt für junge Erwachsene bietet Räume zum Verweilen, für Aktivitäten in Projekten für Spiritualität und Seelsorge, zu Begegnungen und Diskussionen. Andere typische Orte der «Geh-hin-Kirche» sind die Flughafenseelsorge, die Bahnhofkirche oder die Sihlcity-Kirche.

Die Kirche ist immerfort dazu aufgerufen, die Frohbotschaft Christi zu verkündigen und auf die Menschen zuzugehen mit den Möglichkeiten und den Formen, die je nach Zeit und Kultur verschieden sein können. Auch «Geh-hin-Kirche» verwirklichen z. B. die Schwestern, die sich im Langstrassenquartier um Prostituierte kümmern, jener Franziskanerbruder, der Suchtkranke betreute, und all die Sozialarbeiter und -arbeiterinnen von der sogenannten Gassenarbeit.

Gelungene und unterbliebene Neuerungen

Als Folge der Kirchengesetzrevision vom 8. Juni 1980 legte die Zentralkommission den katholischen Stimmberechtigten eine Kirchenordnung vor, die am 28. November 1982 mit 65 Prozent Ja-Stimmen angenommen wurde.

Am 26. September 1982 aber verweigerten die Zürcher Stimmbürger einer vom Kantonsrat geplanten neuen Kirchengesetzrevision die Zustimmung, die eine Möglichkeit zur öffentlich-rechtlichen Anerkennung weiterer Religionsgemeinschaften und die Kompetenzerteilung an die Kirchen bzw. staatskirchenrechtlichen Körperschaften vorsah, über das Stimm- und Wahlrecht ihrer Mitglieder selbst zu bestimmen.

Nach dieser Ablehnung verzichtete die Zentralkommission, die diese Revision begrüsst hätte, auch auf weitere Abklärungen in Sachen Beteiligung der Katholiken an der Theologischen Fakultät der Universität Zürich («Guardini-Lehrstuhl»). Die Fakultät selbst zeigte sich entgegen früheren Äusserungen nun skeptisch mit dem Argument, dass an katholischen theologischen Fakultäten auch nicht Gegenrecht gehalten werde.

Die Einführung der Synode

Das 1980 revidierte Kirchengesetz und die 1982 verabschiedete Kirchenordnung forderten eine Synode, deren Mitglieder erstmals am 19. Juni 1983 in den Kirchgemeinden gewählt wurden. In den damals 47 Kirchgemeinden mit weniger als 6000 Mitgliedern, die nur einen Synodalen wählen konnten, wurde im Majorzverfahren gewählt, in den grösseren Kirchgemeinden im Proporzverfahren. Die Synode konnte am 22. September 1983 ihre Arbeit aufnehmen, sie tagt im Normalfall seither viermal pro Jahr im Zürcher Rathaus.

Die Einführung der Synode war für die Zusammensetzung und das Wirken der Zentralkommission einschneidend: Die Zentralkommission wurde von 15 auf 9 Personen verkleinert, und sie hat seither eine rein exekutive Funktion. Die in den Jahren 1963 bis 1983 auch legislative Funktion fiel damit weg. Die Geschichte der Synode begann mit einer Kampfwahl: Anstelle des nominierten Kandidaten aus der Fraktion Zürich wurde aus Kreisen der Landschaft der allgemein sehr geschätzte Ernst Zehnder aus der Zürcher Kirchgemeinde St. Franziskus gewählt. Nach seinen vier Jahren als Präsident der Synode hat Ernst Zehnder bis ins hohe Alter von weit über 90 Jahren viele Synodensitzungen von der Tribüne aus als Gast mitverfolgt. Im September 2012 ist er 98-jährig gestorben.

Präsidenten und Präsidentinnen der Synode
(gewählt für eine vierjährige Amtsdauer)

1983	Ernst Zehnder (Zürich, St. Franziskus)
1987	Roland Schilling (Andelfingen)
1991	Eugen Baumgartner (Hombrechtikon)
1995	Markus Arnold (Oberrieden)
1999	Karl Conte (Zürich, St. Konrad)
2003	Martin Pedrazzoli (Elgg)
2007	Margrit Weber-Keller (Wald)
2011	André Füglister (Urdorf)

Ernst Zehnder (1914–2012)
Erster Präsident der Synode

Das Amtsgelübde der Synodalen

«Ich verspreche vor Gott, nach meinem besten Wissen und Gewissen, die Kirchenordnung und alle für die Römisch-Katholische Körperschaft des Kantons Zürich bestehenden verfassungsmässigen und gesetzlichen Vorschriften treu einzuhalten, die Rechte und Freiheiten der Kirche und der Gläubigen zu achten und die mir übertragenen Aufgaben gewissenhaft zu erfüllen, so wahr mir Gott helfe.»

Die Synode ist das Parlament der Römisch-katholischen Köperschaft des Kantons Zürich. Sie tagt mindestens viermal jährlich im Zürcher Rathaus, ihre Sitzungen sind öffentlich. Im Rathaussaal sitzt in der Mitte vorne das Präsidium der Synode, links und rechts von ihm die 9 Mitglieder der Exekutive, also des Synodalrates (früher Zentralkommission genannt). Die ca. 100 Synodalen, aus jeder Kirchgemeinde mindestens eine Person, gruppieren sich in die vier regional zusammengesetzten Fraktionen Zürich, Oberland, Winterhur und Albis.

Die Kirche zur Zeit des Zweiten Weltkrieges

Gegen die Jahrtausendwende wurde der Druck der Öffentlichkeit auf die Kirchen, ihre Vergangenheit bezüglich der Juden vor und während des 2. Weltkriegs aufzuarbeiten, immer grösser. Weihbischof Henrici schlug der Bischofskonferenz vor, eine Erklärung abzugeben. Diese erfolgte am 5. März 1997 und enthielt den zentralen Satz: «Wir unterstützen alles, was mithilft, diese Vergangenheit klarer zu sehen und die sich für uns daraus ergebende Verantwortung zur Wiedergutmachung auf uns zu nehmen.» Diese Erklärung diente der Zentralkommission und der RKZ als Grundlage, den Kirchenhistoriker Viktor Conzemius zusammen mit zahlreichen Historikern mit der Arbeit «Schweizer Katholizismus 1933–1945. Eine Konfessionskultur zwischen Abkapselung und Solidarität», erschienen 2001 im Verlag der Neuen Zürcher Zeitung, zu beauftragen. Die Zentralkommission unterstützte die Finanzierung dieser Studie. Ihr Präsident René Zihlmann leitete auch die Begleitkommission des Herausgebers.

179

Josef Estermann

Erster katholischer Stadtpräsident
von Zürich von 1990 bis 2002

Haben Sie sich, als Sie 1968 nach Zürich kamen, um hier zu studieren, vorstellen können, als Zuzüger aus dem katholischen Luzern einmal Oberhaupt der Zwinglistadt zu werden? _____ Überhaupt nicht. Ich habe die Stadt Zürich einfach einmal als Befreiung erlebt. Ich kam ja direkt aus dem Internat in Stans, der Wechsel aus dieser Welt ins offene Zürich an die Universität mit ihrem reichhaltigen Angebot war ein Riesenschritt. Dass ich in die Politik einsteigen würde, war nicht vorgesehen. Ich verstand mich eher als Teil der APO, der ausserparlamentarischen Opposition. Ein Parteieintritt kam erst nach der Studienzeit infrage.

«Ich habe die Stadt Zürich einfach einmal als Befreiung erlebt»

Spielte es im Wahlkampf von 1990, als Sie von der SP erstmals als Kandidat für Stadtrat und Stadtpräsidium aufgestellt wurden, eine Rolle, dass Sie nicht wie alle früheren Stadt-präsidenten Stadtzürcher und reformiert waren?** _____ Ich ging davon aus, das werde im Wahlkampf eine grosse Rolle spielen. Doch das war nicht der Fall. Meine Herkunft aus der katholischen Innerschweiz rief keine Diskussionen hervor.

Worauf führen Sie das zurück? _____ Auf die Soziologie von Zürich. In der Wählerschaft hat es keine 20 Prozent Einwohner mit Bürgerort Zürich. Die grosse Mehrheit ist zugezogen. Und diese finden es nicht unmöglich, dass ein Zugezogener Stadtpräsident wird.

Aber Ihre Jugend und Herkunft werden Sie schon geprägt haben. _____ Auf jeden Fall, gerade die Schule mit ihren humanitären Werten und einzelnen herausragenden Figuren des Lehrkörpers. Mein Vater hatte ein Theologiestudium absolviert, war während dieser Zeit Mitglied des Salettinerordens. Und meine Mutter war eine fromme Frau. Sie ging mit mir als Kind jeden Tag in die Kirche, das war selbstverständlich. Ich war ein frommes Kind, war selbstverständlich Ministrant, dann Ooberministrant und Zeremoniar und genoss es, hier eine Rolle zu spielen. Ich wollte als Kind auch Missionar oder Pfarrer werden. Als ich in die Pubertät kam, verlor sich dieses Ziel. Meine Mutter hätte es allerdings gerne gesehen, wenn ich Pfarrer geworden wäre.

Hatte es für Sie als Stadtpräsident mehr Vor- oder Nachteile, dass Sie nicht in der Wolle gefärbter Stadtzürcher sind? —— Das war sicher kein Nachteil. In den neunziger Jahren hatte Zürich grosse finanzielle und andere Probleme, etwa im Drogenbereich. Wir waren Bittsteller bei Bund und Kanton und mussten bei den andern Gemeinden und den Nachbarkantonen um Verständnis werben. Da ich von aussen gekommen bin, ist mir das sicher leichter gefallen.

Spürten Sie den zwinglianischen Geist Zürichs? —— Nein. Ich bin ja immer wieder einmal eingeladen worden, in reformierten Kirchen zu sprechen, und ich habe das sehr gerne gemacht. Ich habe sowieso nie eingesehen, warum die Konfessionen sich nicht finden. Mir hat auch gefallen, dass sich die Kirchen, sowohl die reformierte wie die katholische, sehr stark sozial engagieren. Der Gerechtigkeitsgedanke ist ja in der Kirche wie im Sozialismus sehr stark verankert. Vor allem der engagierte, aufmüpfige Teil der Kirche gefällt mir.

Sie haben die Politik der katholischen Kirche verfolgt? —— Natürlich, und ich freute mich, als die Zürcher Kirche sich gegen Bischof Wolfgang Haas wehrte und eine demokratische Mitsprache bei der Bischofswahl forderte. Heute habe ich das Gefühl, dass viele resigniert haben und nicht wenige aus der Kirche ausgetreten sind.

Sie meinen, die Verantwortlichen in der katholischen Kirche müssten vermehrt auf demokratische Rechte pochen? —— Selbstverständlich! Wer nimmt sich denn der Probleme der Welt an? Die Kirchen haben hier eine wichtige Aufgabe. Aber gewisse Teile der katholischen Kirche ziehen sich ins Schneckenhaus zurück und preisen das als «Zurück zu den Wurzeln». Dabei gehört etwa der Zölibat keineswegs zu den Wurzeln. Für mich unverständlich ist auch der Umgang der Kirche mit der Pillenfrage oder seinerzeit mit dem Missbrauch in den eigenen Reihen. Oder nehmen wir die Frauenfrage: Die Kirche darf doch keine Bastion sein für Machtpositionen überalterter Würdenträger, die eine völlig verfehlte Wahrnehmung der Welt haben. Aber wer neue Wege geht, dem wird die Lehrbefugnis entzogen. Das ist absolutistisch, unfruchtbar und zementiert einen Realitätsverlust, der die Kirche blind und bedeutungslos macht.

Aber es gibt auch in der heutigen katholischen Kirche mutige Menschen. —— Ja, ich freue mich über die Haltung des ehemaligen Abts von Einsiedeln, Martin Werlen. Die ist mutig. Er findet zum Beispiel den Zölibat diskutierbar, aber ich glaube nicht, dass das in der Kurie ankommt. Ich wünschte mir, dass die Kirchenmitglieder wieder mutiger wären wie beim Kampf gegen Wolfgang Haas. Denn die Kirche ist eigentlich unverzichtbar. Besonders das soziale Engagement der Kirche ist überaus wichtig.

Stephan Klarer

Kirchenmusiker

Ist es für Sie als Chorleiter wichtig, dass eine Pfarrei einen Chor hat? _____ Selbstverständlich! Chöre spielen eine wichtige Rolle im Leben einer Pfarrei, oft sind sie einer der aktivsten Pfarreivereine und prägen durch ihr Singen die Gottesdienste. Mit Musik lassen sich die Gottesdienstteilnehmer auf eine andere Weise berühren als mit dem Wort.

Die Beteiligung des Chores ist also ein Gottesdienstideal? _____ Nein. Nach der Idee des Konzils («participatio actuosa») soll sich die ganze Gemeinde im Gottesdienst einbringen, auch musikalisch. Eine Gottesdienstgestaltung durch einen Chor sollte also immer durch gemeinsam gesungene Kirchenlieder ergänzt werden.

Wie steht es um die Kirchenchöre? _____ Die meisten Pfarreien haben noch einen Chor, allerdings kämpfen viele von ihnen gegen Mitgliederschwund und haben es schwer, jüngere Sängerinnen und vor allem Sänger zu gewinnen. Weil auch die Verbindlichkeit und Regelmässigkeit der Chorarbeit ein Problem sein kann, arbeiten einige Chöre projektweise.

Welcher Musikstil wird da gepflegt? _____ Die Chöre haben sich seit dem II. Vatikanum sehr unterschiedlich entwickelt. Man kann heute allem begegnen, von Orchestermessen oder Bachkantaten über traditionelle Kirchenchorliteratur bis zu Spirituals und Neuem Geistlichem Lied. Ich möchte diese Vielfalt nicht werten. Der Anspruch an einen Chor ist aber immer hoch, egal in welchem Stil. Und gute Musik, vor allem wenn sie entsprechend dargeboten wird, bewegt immer, ob das nun eine Mozart-Messe ist oder ein Gospelsong.

Ziehen Chöre auch Instrumentalmusiker bei? _____ Das ist sehr beliebt. Es ist auch für die Chorsänger faszinierend, wenn sie gemeinsam mit professionellen Musikern proben und auftreten können. Ganz abgesehen davon, dass auch herrliche Musik gespielt wird. Und es ist interessant zu beobachten, dass Gottesdienste mit Orchestermessen oft zu den bestbesuchten gehören.

Wird auch das Singen mit Kindern gepflegt? _____ Das sollte zentral sein! In unserer Pfarrei, wo es eine Kantorei mit vier Chören und einer Singschule gibt, nehmen wir Kinder ab dem Kindergartenalter auf und passen uns bei der Literatur dem Alter einer Gruppe an. Über das Singen entsteht oft ein Kontakt und eine gewisse Identifikation mit der Kirche.

«Mit Musik lassen sich die Gottesdienstteilnehmer auf eine andere Weise berühren als mit dem Wort»

Auch die Orgel ist ein wichtiger Teil der Kirchenmusik. _____ Selbstverständlich! Schön wäre es allerdings, wenn das Orgelspiel als gleichermassen künstlerisches wie liturgisches Element etwas mehr Anerkennung geniessen und nicht nur als «Pausenfüller» betrachtet würde. Der Anspruch an das Wissen und Können der Organisten ist auch klar gestiegen: Heute wird neben Kenntnissen in Liturgie und Orgelliteratur erwartet, dass man das Klavier- bzw. Keyboardspiel beherrscht, um auch den ganzen modernen, popularmusikalischen Bereich abzudecken.

Was gefällt Ihnen besonders an Ihrem Beruf als Kirchenmusiker? _____ Ich finde das Arbeiten mit Menschen faszinierend. Es ist ein Privileg für Kirchenmusiker, dass sie eine Brücke schlagen können zwischen Theologie und Musik. Wenn Musik und Liturgie zusammenstimmen, entsteht so etwas wie ein Gesamtkunstwerk. Die musikalische Vielfalt in meiner Arbeit macht Spass. Und als Künstler ist es die Beschäftigung mit den grossen Meisterwerken der Kirchenmusikliteratur, die mich nährt und erfüllt.

Eine letzte Frage: Wir feiern 50 Jahre römisch-katholische Körperschaft. Was bedeutet dieser Zeitabschnitt für die Kirchenmusik? _____ Mit der Anerkennung 1963 öffnete sich das geschlossene System «Katholisch Zürich». Es war nun möglich, dass Kirchenmusiker von ihrer Kirchgemeinde angestellt wurden und ein Kredit für Musik im Gottesdienst zur Verfügung stand. Die Zeit des Gotteslohns und der privat finanzierten Orchestermessen war vorbei. Das war schon ein gewaltiger Schritt! Inhaltlich kam die Wende vor allem mit dem Konzil: Mit Deutsch als zweiter Liturgiesprache neben Latein ging eine ausgesprochen rasche Veränderung bzw. Ausweitung des Repertoires einher. Und mit den neuen Texten kamen auch neue Musikstile in die Gottesdienste, darüber haben wir schon gesprochen.

Eine der Schattenseiten der Öffnung der katholischen Gesellschaft ist anhand der immer kleiner werdenden Chöre zu beobachten. Es war plötzlich keine Notwendigkeit mehr, sich ausschliesslich im kirchlichen Rahmen zu engagieren. Dennoch ist es schön zu sehen, dass sich bis heute immer noch viele Menschen in unseren Chören und damit in der Kirche als Freiwillige engagieren. Ich bin überzeugt, dass die Kirchenmusik als kostbares Kulturgut auch im Kanton Zürich das kirchliche Leben noch lange bereichern wird.

Josef Arnold

Präsident des Stadtverbands
von 1999 bis 2006

Die 23 katholischen Kirchgemeinden der Stadt Zürich sind im sogenannten Stadtverband zusammengefasst. Warum gibt es diese Besonderheit? _____ Bei der Schaffung der staatskirchenrechtlichen Strukturen wurde verlangt, dass die 23 katholischen Kirchgemeinden analog der evangelisch-reformierten Kirchgemeinden in einem Zweckverband zusammengeschlossen werden, um in Anbetracht der relativ komplizierten Pfarreigrenzen einen einheitlichen Steuerfuss zu ermöglichen. Der Steuerfuss für die Kirchgemeinden in der Stadt wird deshalb vom Stadtverband festgelegt; mit den eingehenden Steuern werden dann insgesamt die Bedürfnisse der Kirchgemeinden abgedeckt.

Das heisst, die einzelnen Kirchgemeinden in Zürich können, weil die Finanzkompetenz beim Stadtverband liegt, nicht schalten und walten, wie sie wollen. _____ Das war anfänglich so. Früher machte jede Kirchgemeinde ein Budget, das vom Stadtverband geprüft wurde. Dann konnte es geschehen, dass Luxusausgaben wie der Bau einer Kegelbahn nicht bewilligt wurden. Wenn die Kirchgemeinde dann trotzdem eine Kegelbahn wollte, musste sie diese aus anderen Quellen finanzieren. 1995 aber haben die Kirchgemeinden dank eines neuen Steuerzuteilungsmodells ein Stück Autonomie zurückgewonnen. Sie erhalten, unabhängig von ihrer Grösse, einen bestimmten Grundbetrag und zusätzlich einen Betrag nach Massgabe der Mitgliederzahl. Damit müssen sie alle Aktivitäten bestreiten, mit Ausnahme von teuren Bauvorhaben, an die der Stadtverband auf Gesuch hin einen Beitrag leistet.

> «Dank eines neuen Steuerzuteilungsmodells haben die Kirchgemeinden 1995 ein Stück Autonomie zurückgewonnen»

Mit der Pauschalierung fährt aber eine Kirchgemeinde, die grössere Aktivitäten entwickelt und damit auch mehr Geld braucht, schlechter als eine Kirch-

gemeinde, in der wenig unternommen wird. _____ Das stimmt. Einzelne Kirchgemeinden etwa mit einer sehr aktiven Jugendarbeit bekamen Mühe, alles zu finanzieren, während andere mehr Geld bekamen, als sie nötig hatten. Daher waren Korrekturen nötig. Heute muss keine Kirchgemeinde darben.

Der Stadtverband hat aber nicht nur die Kirchgemeinden finanziert, sondern auch in eigener Regie Geld verteilt. _____ Ja. Wir haben zum Beispiel an die Renovation der Kathedrale in Chur einen erheblichen Beitrag gesprochen, auch die Inland- und Auslandhilfe erhielten jeweils grössere Beträge. Der Stadtverband stand auf so gesunden Füssen, dass wir auch Projekte finanzierten, die eigentlich kantonal hätten finanziert werden sollen, etwa die Italiener- oder Spanierseelsorge. Die Synode war noch so froh, wenn der Stadtverband einsprang.

Wurde der Stadtverband sozusagen als Milchkuh angeschaut? _____ Hie und da kam im Stadtverband etwas Unmut auf. Aber ich persönlich habe darunter nicht gelitten. Die Stadt ist ja privilegiert, weil hier zahlreiche juristische Personen ihren Sitz haben und hier die Steuern abliefern.

Liess sich der Steuerfuss in Zürich über die Jahre hinweg stabil halten? _____ Zunächst sass der Stadtverband auf hohen Schulden, weil im Zug der Anerkennung als öffentlich-rechtliche Institution ein eigentlicher Bauboom zu verzeichnen war. Aber seit der Jahrtausendwende ergaben sich namhafte Überschüsse. Unser Vermögen nahm zu. Man diskutierte Steuerfusssenkungen, doch hat man aus der Befürchtung, es könnten schlechtere Zeiten kommen, zunächst darauf verzichtet. Jetzt aber könnte eine Herabsetzung des Steuerfusses Tatsache werden.

Welche Wirkung hat denn der Stadtverband? Hat er Macht? _____ Sicher haben wir einen gewissen Einfluss auf das kirchliche Leben, etwa mit der Schaffung der ökumenischen Sihlcity-Kirche oder der Unterstützung der katholischen Schulen. Aber direkt nimmt der Stadtverband natürlich keinen Einfluss auf das Leben in den Pfarreien. Mir war es wichtig, dass die verschiedenen Organe einvernehmlich zusammenarbeiten, so auch die innerkirchlichen und die staatskirchenrechtlichen Einrichtungen. Dasselbe galt für die Zusammenarbeit zwischen dem Stadtverband und den Stiftungen, die die Kirchen und andere Gebäude erstellt haben und deren Eigentümer sie sind. Was das Stichwort Macht angeht: Wir haben uns immer bemüht, uns ins Ganze einzuordnen und die Bedingungen zu schaffen, die das kirchliche Leben förderten.

Ein Beispiel? _____ Ein Beispiel ist die Spitalseelsorge, die wir aufgebaut haben. Und jetzt geht die Diskussion darum, ob auch für die Krankenheime etwas Ähnliches entstehen kann. Es ist erfreulich, was alles möglich war. Die öffentlich-rechtliche Anerkennung mit der Ausgestaltung der Steuerpflicht war da sehr hilfreich.

Es ging auch ums Geld ...

Mit der Annahme des Kirchengesetzes von 1963 ging ein «Ruck» durch die katholische Kirche im Kanton Zürich. Die Anerkennung bedeutete eine gesellschaftliche Aufwertung der Katholiken. Darüber hinaus waren nun organisatorische Gefässe geschaffen, Kirchgemeinden und die Körperschaft, die eine Partizipation des «Kirchenvolkes» in einem höheren Mass ermöglichten. Gerade in einem Kanton, in dem eine grosse Stadt eine für die Schweiz einmalige Zentrumsfunktion ausübt, ist es wichtig, gewisse Aufgaben kantonal anzugehen (z. B. Fremdsprachigenseelsorge, Bahnhofkirche, Flughafenseelsorge, Katechetenausbildung usw.) und andere dezentral auszuführen und kantonal zu koordinieren (wie Gefängnisseelsorge, Spitalseelsorge usw.). Für all das brauchten die Kirchgemeinden und die Körperschaft Geld.

Zentrales Finanzierungsprinzip bildet das Recht der Kirchgemeinden, Steuern einzuziehen, und die Pflicht, von diesen Beiträge an die Körperschaft abzuliefern. Zudem brauchte es ein Finanzausgleichssystem, damit alle Kirchgemeinden ein seelsorgerliches Grundangebot erbringen konnten. Die Kirchenordnung von 1982 schuf dazu drei Mechanismen:
– Festlegung des Beitragsatzes der Kirchgemeinden an die Körperschaft durch die Synode
– Festlegung der Kirchenordnung, dass der Steuerfuss einer Kirchgemeinde nicht mehr als 3 Prozent höher sein darf als das gewogene Mittel aller Steuerfüsse
– Einführung eines Finanzausgleichssystems

1983, zwanzig Jahre nach dem Kirchengesetz, war der Höchststeuerfuss der Kirchgemeinden im Kanton von 40 (1965) auf 16 Prozent (1983) gesunken, ebenso der niedrigste Steuerfuss (von 11 auf 9 Prozent). Seit 1963 funktionierte der Finanzausgleich nach dem Prinzip der Defizitdeckung. Dies brachte finanzschwache Kirchgemeinden in eine gewisse Abhängigkeit von der Finanzkontrolle der Körperschaft, denn es wäre nicht akzeptabel, wenn eine solche Kirchgemeinde grosszügiger mit dem Geld umgehen würde als eine Kirchgemeinde, die an den Finanzausgleich zahlt.

Auf den 1. Januar 2007 beschloss die Synode auf Antrag der damaligen Zentralkommission ein neues Prinzip des Finanzausgleiches, das nicht mehr auf der Defizitdeckung beruht, sondern auf einem nach klaren Kriterien bemessenen Normaufwand, der bei fehlendem Ertrag ausgeglichen wird durch einen sogenannten Normaufwandausgleich. Dieser erfolgt durch Steuerkraftabschöpfung bei den finanzstarken Kirchgemeinden.

Damit soll die Kirchgemeindeautonomie gestärkt und die Eigenverantwortung der Kirchgemeinden erhöht werden.

Der solidarische Finanzausgleich unter den 75 katholischen Kirchgemeinden ermöglicht u.a. auch den Bau einer neuen Kirche. Für rund 2,3 Mio. Franken steht in Samstagern seit 2012 anstelle der alten Holzkapelle, dem «Chileli» aus dem Jahr 1938, die paritätisch genutzte Marienkirche.

Der Finanzausgleich 2007 bis 2012

Der Systemwechsel im Finanzausgleich ist gelungen. Im Jahr 2007 waren 27 Gemeinden im Finanzausgleich, 2012 waren es noch deren 18. Im gleichen Zeitraum stieg die Zahl der Kirchgemeinden mit Steuerkraftabschöpfung von 12 auf 14. Einzig die Kirchgemeinde Rheinau benötigte einen Sonderbeitrag. Das gewogene Mittel der Steuerfüsse sank zwischen 2007 und 2012 von 12,27 auf 11,98 Prozent.

Der Geldfluss in der Katholischen Kirche im Kanton Zürich

Die Kirche und die staatskirchenrechtliche Körperschaft wirken auf verschiedenen Ebenen. Der Mittelfluss funktioniert von unten nach oben: Die Steuergelder gehen zunächst bei den Kirchgemeinden ein und werden zu einem grossen Teil auch dort verwendet. Ein kleiner Teil geht als Beitrag an die Kantonalkirche, und davon gehen zwei sehr viel kleinere Teile auf die Bistums- und auf die nationale Ebene. Von den 470 Franken Steuertrag pro Kopf bleiben 82 Prozent (387 Franken) in der Kirchgemeinde, 16 Prozent (75 Franken) gehen an die Kantonalkirche und knapp je 1 Prozent (3.50 Franken) an das Bistum und (4.70 Franken) an die Kirche Schweiz (RKZ). Auf der Kirchgemeindeebene wird das Geld zur Hauptsache für die Seelsorge, den Kirchenunterhalt, Soziales, Religionsunterricht und das Pfarreileben ausgegeben, auf der kantonalen Ebene für überregionale Aufgaben, auf diözesaner Ebene für das Priesterseminar und die Theologische Hochschule sowie für den Bischof und seine Mitarbeitenden und auf nationaler Ebene für die Bischofskonferenz, für schweizerische Dachorganisationen (Frauenbund, Jungwacht, Blauring usw.), kleinere, schweizweit wirkende Fremdsprachigenseelsorgen und Medienarbeit.

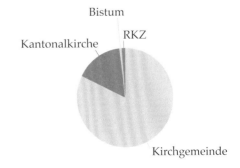

Gisela Tschudin

Pfarreibeauftragte
St. Martin, Zürich

Sie leiten seit 14 Jahren die Pfarrei St. Martin in Zürich, die über keinen «eigenen» Pfarrer mehr verfügt. Was ist der Unterschied zu einer Pfarrei mit einem Pfarrer an der Spitze? _____ Der Unterschied ist, wie ich das sehe, gering. Früher unter der Berufsbezeichnung Gemeindeleiterin und jetzt als Pfarreibeauftragte habe ich als Theologin dieselben Aufgaben wie ein Pfarrer, mit wenigen Ausnahmen. So halte ich keine Messen. Aber ich habe zum Beispiel auch die Erlaubnis, die Taufe zu spenden, was mich sehr freut.

Bringt die Führung einer Pfarrei nicht auch besonders viele Managementaufgaben mit sich? _____ Doch. Das ist wie ein kleines Unternehmen leiten. Was ich hier tun darf, ist extrem breit und vielschichtig. Mein Pflichtenheft ist sehr umfangreich. Wer eine Gemeinde leitet, muss in organisatorischen Belangen versiert und belastbar sein. Die Personalführung ist wichtig, ausserdem gibt es viele Sitzungen mit zahlreichen Gremien; bei einigen führe ich den Vorsitz. Wichtig sind Diakonie und Seelsorge, wobei ich Kranke besuche und ihnen die Kommunion bringe. Natürlich gehören zu meinem Bereich Verkündigung und Liturgie, ich mache Öffentlichkeitsarbeit, bin zuständig für die ökumenischen Kontakte und vieles andere. Ausserdem unterrichte ich die Schülerinnen und Schüler vor der Erstkommunion und bin verantwortlich für den Pfarrei-Kindergarten.

Und was tun Sie am liebsten? _____ Am meisten Freude macht mir der Gottesdienst, dafür zu sorgen, dass dieser den Menschen dient. Die Kirchenmitglieder sollen gerne in die Kirche kommen.

Predigen Sie oft? _____ Ein- bis zweimal im Monat halte ich die Predigt. Wir beschränken uns nicht auf Wortgottesdienste, sondern haben immer eine Eucharistiefeier. Der Priester, der bei uns eine 20-Prozent-Stelle innehat, oder ein Gastpriester zelebriert die Messe. Mit dem Organisten bespreche ich immer die Musik; diese spielt in unseren Gottesdiensten eine wichtige Rolle.

Die Erteilung der Missio für 33 Pfarreibeauftragte durch Bischof Vitus

Huonder 2012 sei, hiess es in der Mitteilung aus Chur, ein Zeichen dafür, dass deren seelsorgerliche Arbeit ebenso geschätzt und anerkannt werde wie diejenige von Priestern. Wie sehen Sie das? _____ Dass das so geschrieben wurde, finde ich gut, denn manchmal schien es, als werde eher zähneknirschend toleriert, was ich tue. Ich könnte mir eine spürbarere Anerkennung seitens der Diözese durchaus vorstellen. Wertschätzung erhalte ich in grossem Mass von meiner Gemeinde. Dasselbe gilt für die staatskirchenrechtlichen Organe, die uns Pfarrbeauftragte vielseitig unterstützen. Die Kirchenpflege nimmt uns viel Arbeit ab, etwa bei der Rechnungsführung und den Anstellungen.

Offiziell stehen Sie und Ihre geistliche Arbeit unter der Aufsicht des Pfarrers der Pfarrei St. Peter und Paul. _____ Das ist so. Wir treffen uns regelmässig im Dekanatsvorstand. Er liest die Protokolle der Kirchenpflege und unterschreibt die Ehedokumente und andere offizielle Papiere. Er steht zur Verfügung für heikle Situationen und hält mir den Rücken frei. Die Zusammenarbeit funktioniert gut.

«Liebevoll umgesetzter Glaube führt zu Freude und macht glücklich»

Auf der Homepage Ihrer Pfarrei heisst es, ein Ziel sei es zu versuchen, den Glauben auf zeitgemässe und liebevolle Art zu leben. Was ist damit gemeint? _____ Ich meine, dass der Gottesdienst auf die Lebenssituation der Leute heute Antworten suchen soll, dass wir Fragen aufnehmen und erörtern, dass wir den Zeitgeist wo nötig in Frage stellen, dass wir im Dialog sind mit dem, was ist. Liebe ist ja der Kern unseres Glaubens. Liebevoll umgesetzter Glaube führt zu Freude und macht glücklich.

Was kann speziell daran sein, dass eine Frau einer Pfarrei vorsteht? _____ Grundsätzlich finde ich nicht, dass die Unterschiede gross sind. Auch Männer können sehr feinfühlig sein. Als mir einmal ein Besucher ein Kompliment machte, die Kirche sei so schön hergerichtet, da spüre man die frauliche Hand, musste ich lachen: Das macht der Sakristan, ein Mann. Aber eine Frau macht vielleicht eher beim Abwasch nach einem Kirchenanlass mit. Und als bei einer Sitzung mit der Baukommission klar wurde, dass wir wegen eines Umbaus im Kirchenraum 40 Plätze verlieren werden, da kamen mir die Tränen. Einem Mann wäre das wohl nicht passiert.

St. Martin ist mit 1500 Mitgliedern die kleinste Kirchgemeinde in Zürich. Bringt das Probleme mit sich? _____ Einesteils sicher. Ein Teil des uns zugeteilten Steuergelds beruht ja auf der Bevölkerungszahl. Trotzdem müssen wir alle Strukturen aufrechterhalten wie eine grosse Kirchgemeinde. Aber es ging immer. Zudem hat die Kleinheit auch Vorteile. Wir sind hier wie ein Dorf in der Stadt. Alles ist überschaubar, man kennt sich, hilft einander. Kurz: Ich bin sehr gerne hier tätig.

Die Kirchgemeinde Winterthur

In der Stadt Zürich leben über 110 000 katholische Mitglieder in 23 Kirchgemeinden, die im Stadtverband zwar verbunden, aber doch autonome Körperschaften geblieben sind. Winterthur ist mit 26 000 Katholikinnen und Katholiken die grösste Kirchgemeinde im Kanton. Sie besteht aus sieben Territorialpfarreien und mit der Missione Cattolica San Francesco aus einer Personalpfarrei. 2010 verabschiedete die Kirchenpflege den Bericht «Pastoral im Lebensraum Winterthur», der die Zusammenarbeit zwischen den Pfarreien fördern will. So wird in Winterthur bereits umgesetzt, was andernorts im Zuge des Personal- und Finanzmangels auch Einzug hält: die überpfarreiliche Zusammenarbeit. Der Bericht benennt vier «Zusammenarbeitsräume», das gesamte Stadtgebiet wird als Pastoralraum begriffen, wo es bereits überpfarreiliche Angebote gibt (Katholische Spitex Winterthur, Ehevorbereitungskurse, Selbsthilfegruppe für Trauernde, ökumenische Elternkursabende usw.). Gesamtstädtisch werden Veranstaltungen organisiert, eine Agenda geführt und ein gemeinsamer Internetauftritt gepflegt.

Im instruktiven Jubiläumsbuch von 2012 wird noch offen gelassen, wie weit sich die Gratwanderung zwischen «Quartier- und Pfarreidenken» und übergreifenden Angeboten realisieren lässt. Für die meistens finanzstarken Zürcher Kirchgemeinden eher ungewohnt, wird in Winterthur darauf hingewiesen, dass der Spielraum der dortigen Kirchgemeinde auf materielle Grenzen stösst; sie ist trotz hohem Steuersatz «Ausgleichsgemeinde» und

in vielfacher Hinsicht ein Laboratorium für Herausforderungen, mit denen zukünftig in personeller und finanzieller Hinsicht auch andere Kirchgemeinden konfrontiert sein werden.

Die kantonalen Pastoralpläne von 1999, 2003 und 2012

Solche pastoralen Herausforderungen führten 1999 zum Pastoralplan I «Für eine lebendige und solidarische Kirche». Dieses Arbeitspapier soll die Verantwortlichen in Pfarreien und Kirchgemeinden dafür sensibilisieren, dass wir uns zwar in einer Krisensituation befinden, dies aber die Chance bietet, uns auf das Wesentliche der Kirche neu zu besinnen. Dieses theologisch sehr dichte Papier legt den Schwerpunkt auf die diakonische Aufgabe der Kirche («Begegnung mit Christus im Dienst an den Mitmenschen»). Strukturell gibt es den Seelsorge-Raum als Bezugsgrösse vor, was den Blick über die Pfarrei hinaus öffnen soll. Der Pastoralplan II von 2003 vertieft unter dem Titel «Der Seelsorgeraum – ein neues kirchliches Organisationsmodell» das Seelsorgeraum-Konzept, das an vielen Orten im Kanton Zürich bereits in Angriff genommen worden ist.

2012 wurde erstmals für eine Fremdsprachigenmission im Kanton Zürich ein kurzer Pastoralplan vorgelegt, der Ziele und deren Umsetzung für die «Missione cattolica di lingua italiana» benennt.

St. Ulrich: Ihr Mittelpunkt ist eine moderne Kirche mit Annexbauten, die einen Kirchenplatz umrahmen. Die Pfarrei bietet ein breites seelsorgerliches Angebot, z. B. ökumenischer Frauentreff, Bibelkurse, Elternkursabende und Exerzitien im Alltag. So heisst es auf der Homepage: «Unsere Pfarrei St. Ulrich ist die kleinste der Winterthurer Stadtpfarreien. Ihre Überschaubarkeit bringt es mit sich, dass man sich kennt und auch manches im Alltag miteinander teilt. Bei uns engagieren sich viele Freiwillige für lebendige Gottesdienste und sorgen für ein reges Pfarreileben.» Enge regionale Beziehungen sind also auch im städtischen Kontext möglich.

Hugo Gehring

Pfarrer in St. Peter und Paul,
Winterthur, und Dekan

Winterthur ist in der Zürcher Kirchenlandschaft ein Sonderfall, weil mehrere Pfarreien in einer Kirchgemeinde vereinigt sind. Hat das Vorteile? _____ Es gibt acht Pfarreien, nämlich die sieben Territorialpfarreien und die Missione Cattolica als Personalpfarrei San Francesco. Sie alle haben ihre Vertretung in der Kirchenpflege, die mit 27 Personen recht gross ist. Wenn ich mit den Verhältnissen in meiner früheren Pfarrei Bülach vergleiche, hat das den Vorteil, dass wir hier über ein grösseres Reservoir an Spezialisten verfügen, etwa für die sehr aufwändigen Ressorts Personal, Liegenschaften/Bau und Informatik oder für juristische Belange. Ein Vorteil ist auch, dass die Bildung von Seelsorgeräumen in Winterthur nicht zu Problemen führen dürfte, denn der Stellenplan gilt fürs Ganze.

Und der Nachteil? _____ Es ist alles etwas umständlicher und komplizierter. Etwas plakativ gesagt: Wenn die eine Pfarrei einen neuen Fotokopierer braucht, wollen die andern auch einen.

Gibt es also Verteilkämpfe? _____ Durchaus. Ein Beispiel: Jede Pfarrei erhält denselben Betrag für Kirchenmusik, unbesehen um die Grösse des Kirchenchors. St. Peter und Paul hat einen grossen Kirchenchor, der zweimal jährlich eine Orchestermesse singt. Der Betrag reicht bei Weitem nicht. Den Fehlbetrag müssen wir aus der Kerzenkasse finanzieren. Als grosse Innenstadtkirche haben wir immerhin den Vorteil, dass der Kerzenverkauf einiges abwirft.

Gibt es weitere Nachteile? _____ Im Gegensatz zur Stadt Zürich, wo die kirchlichen Bauten und der Boden, auf dem sie stehen, Pfarreistiftungen gehören, sind sie in Winterthur, mit Ausnahme von St. Peter und Paul, im Besitz der Kirchgemeinden. Somit war es das Recht der Kirchenpflege, im Turm der St.-Laurentius-Kirche eine Handyantenne zu bewilligen. Ich als Pfarrer hätte nie Ja gesagt zu einer solchen kommerziellen Nutzung eines Kirchturms. St. Peter und Paul hat als einzige Winterthurer Pfarrei mit ausdrücklicher Billigung des Generalvikars eine Pfarreistiftung gegründet. Dank ihr haben wir offiziell eine Rechtspersönlichkeit und dürfen zum Beispiel auf rechtlich einwandfreie Art ein Postscheckkonto führen. Darum ist es möglich, unserer Pfarrei ein Legat zukommen zu lassen. Bei den anderen Winterthurer Pfarreien ist es schwieriger. Ich finde es sinnvoll, dass dem Pfarramt im dualen System eine minimale Eigenständigkeit zukommt.

St. Peter und Paul ist in Winterthur zwar nicht die bevölkerungsreichste Pfarrei, aber sehr gut besucht. Wie kommt das? _____ Es sind zwei gegenläufige Tendenzen erkennbar: In der Innenstadt nimmt die Bevölkerungszahl zwar leicht ab, weil Büros entstehen, doch die Besucherzahlen zeigen aufwärts, weil der Trend in Richtung Innenstadtkirche geht. Wir befinden uns auf einer Erfolgsspirale, andere leider in einem Teufelskreis. Wir können das nicht steuern, das ist einfach so. In der Stadt Zürich haben Liebfrauen sowie St. Peter und Paul auch einen deutlich stärkeren Zulauf, als rein von der Bevölkerungszahl her zu erwarten wäre.

> «In der Innenstadt
> nimmt die Bevölkerungszahl
> zwar leicht ab,
> doch die Besucherzahlen
> zeigen aufwärts,
> weil der Trend in Richtung
> Innenstadtkirche geht»

Und wie reagieren Sie auf diesen Trend? _____ Mit einem grösseren liturgischen Angebot. Wir haben an jedem Werktag einen Gottesdienst, vier am Samstag und Sonntag auf Deutsch und weitere in anderen Sprachen, wobei wir immer Eucharistie feiern. In der Karwoche haben wir ein umfassendes Angebot. Wir haben neben dem ausgezeichneten Kirchenchor einen funktionierenden Kinder- und Jugendchor, der an manchen Anlässen auftritt, ferner Maiandachten und anderes mehr, was in anderen Pfarreien zum Teil etwas ausgedünnt worden ist.

St. Peter und Paul verfügt auch über einen grösseren Sozialdienst. _____ Bei uns klopfen tatsächlich zahlreiche Personen an, die auf Hilfe angewiesen sind, auch solche, die nicht in unserer Pfarrei wohnen. Die Bettler an der Pfarrhaustür wurden so häufig, dass mein Vorgänger hier, der jetzige Generalvikar Josef Annen, eine Sozialarbeiterin angestellt hat, die sich dieser Personen angenommen hat. Der Sozialdienst wurde inzwischen aufgestockt. Allerdings macht der Sozialdienst auch Seniorenarbeit und leistet Besuchsdienst, aber das ist fast wie ein Fass ohne Boden. Sozialarbeit ist ein sehr wichtiger Bereich.

Stellen Sie eine Überalterung fest? _____ Erfreulich ist: Wir haben jeweils immer noch etwa 30 Kinder bei der Erstkommunion. Und weil sich mehrere Schulhäuser hier befinden, haben wir auch immer guten Kontakt zur Jugend.

Sie sind auch Dekan. Welche zusätzlichen Aufgaben haben Sie zu bewältigen? _____ An der monatlich stattfindenden Konferenz der Dekane befassen wir uns mit personellen Fragen. Uns obliegt auch die Aufgabe, mit allen Gemeindeleitenden alljährlich ein Fördergespräch zu führen. Dieser Kontakt ist sehr sinnvoll, ich nehme die Aufgabe gern wahr, obschon der zeitliche Aufwand dafür relativ gross ist. Auch die Amtseinführung neuer Pfarrer gehört zum Aufgabengebiet, ebenso die sogenannten Abkurungen.

Was heisst das? ———— Wenn ein Gemeindeleiter oder eine Gemeindeleiterin respektive ein Pfarrer die Pfarrei verlässt, muss der Dekan kontrollieren, ob die Bücher in Ordnung sind. Wir Dekane wirken allerdings nur beratend, die Weisungsbefugnis liegt beim Generalvikar. Aber es handelt sich um ein kirchenrechtlich fixiertes Amt.

Was macht Ihnen am meisten Freude bei Ihren Ämtern? ———— Ich bin sehr gerne im «Gemischtwarenladen» Pfarrei tätig. Ich bin von Haus aus Religionspädagoge und erteile immer noch leidenschaftlich gerne Unterricht. Auch der Kontakt zu den Kindern in den unteren Klassen liegt mir am Herzen. Und dann finde ich natürlich auch grosse Befriedigung bei allen Kasualien, den Hochzeiten und Taufen. Auch Beerdigungen erfahre ich als etwas Sinnvolles, da darf man Menschen einen echten Dienst erweisen. Ich feiere auch gerne Gottesdienste, predige gerne. Ich liebe auch das Organisieren, Vorausdenken, Planen, die Personalführung und anders mehr.

Sie sind auch Gemeindeleiter. ———— Man könnte sagen, ich fungiere als Moderator. Mein Mitpfarrer Stephan Staubli ist froh, dass ich viel Organisatorisches übernehme, er hat dafür eine grosse Begabung fürs Zuhören, für seelsorgerliche Gespräche. Wir ergänzen uns sehr gut.

Wie steht es eigentlich mit den katholischen Vereinen? Winterthur galt früher als Modellbeispiel für einen ausgebauten Verbandskatholizismus. ———— Das ist nicht mehr so. Es gab ein sehr reiches Vereinsleben bis in die 1950er-Jahre. Heute gibt es davon nur noch Ausläufer, etwa die Frauenvereine, aber man hat Mühe, Vorstandsmitglieder zu finden. Überall gab es auch eine Vinzenzkonferenz zur Verteilung der St.-Antonius-Gelder, aber auch diese sind geschrumpft. In Winterthur gibt es den Blauring, aber die Buben gehen in die Pfadi.

> «Es gab ein sehr reiches Vereinsleben bis in die 1950er-Jahre. Heute gibt es davon nur noch Ausläufer, etwa die Frauenvereine, aber man hat Mühe, Vorstandsmitglieder zu finden»

Wie ging eigentlich der Wandel von Winterthur als Industriestadt zur Dienstleistungsstadt vonstatten? ———— Das habe ich nicht mehr direkt miterlebt. Im Jahr 2000, als ich als Pfarrer herkam, war das bereits Tatsache. Früher hatte Winterthur tatsächlich den Ruf, etwas «bünzlig» zu sein, weil man früh zu Bett ging. Dass um 23 Uhr Polizeistunde galt, war ja legendär. Ab 1983 habe ich von Bülach aus an der Kantonsschule Unterricht erteilt, da begann ich Winterthur unglaublich zu schätzen. Es gibt hier alles, man muss nicht nach Zürich fahren. Winterthur ist jetzt auch Kultur- und Unterhaltungsstadt für die ganze Ostschweiz.

Wie steht es mit dem offenen Geist Winterthurs? ——— Wir Katholiken sind hier im Kanton Zürich ja alles Einwanderer. Aber es gab tatsächlich eine heikle Situation, gerade als ich hier anfing. Die Missione Cattolica Italiana hatte schon seit Langem ein Haus an der St. Gallerstrasse mit einem Versammlungsraum und einer Küche, mit einem Sekretariat und Besprechungszimmern. Oft gab es abends Barbetrieb, man kam und ging ganz zwanglos, zwei Suore waren anwesend, man verbrachte hier seine Freizeit; Gottesdienst wurde auswärts gehalten. Das Haus war renovationsbedürftig, weshalb die Idee aufkam, dieses zu verkaufen und die Missione in den bestehenden Pfarreien zu integrieren. Mir war klar: Was hier möglich war, liess sich nicht verpflanzen. Am Ende wurde das Gebäude nicht verkauft, sondern renoviert. Ich bin froh darüber. Man kann sagen: Die Pfarrei San Francesco ist eine sehr lebendige Pfarrei, sie vereinigt sämtliche Generationen.

Sie sind auch Mitglied des Teams, das am Schweizer Fernsehen das Wort zum Sonntag spricht. Ist das auch eine Freude? ——— Zunächst einmal eine Herausforderung. Meine Stärke ist das Wort. Darum habe ich diese Herausforderung gern angenommen.

Wie war das Echo? ——— Es gab durchaus Echos, aber keinen Sturm, etwa als ich sagte, es gebe keinen richtigen oder falschen Umgang mit dem Wort Gott, sondern nur einen ehrlichen oder unehrlichen. Das hat die Leute angesprochen.

«Katholisch Winterthur»

Die Kirchgemeinde Winterthur konnte im Jahre 2012 ihren 150. Geburtstag feiern. Sie war 1862 unter den ersten Kirchgemeinden, die staatlich anerkannt wurden. Der Bauplatz für die erste Kirche wurde vom Stadtrat im Neuwiesenquartier zur Verfügung gestellt, doch konnte wegen Geldmangels zunächst nur ein bescheidener Sakralbau errichtet werden. Erst 30 Jahre später entstand der eindrückliche Kirchenraum, wie wir ihn heute kennen.

Die Kirchgemeinde Winterthur umfasst 8 Pfarreien und hat insgesamt ca. 26 000 Mitglieder.

Die Spezialseelsorge

Es war und ist die Stärke einer finanz-
kräftigen kantonalen Körperschaft, dass
überpfarreiliche Aufgaben institutiona-
lisiert und finanziert werden können.
Davon kann besonders der Bereich
Spezialseelsorge profitieren.

So wurde bereits 1964 die Arbeiterseel-
sorge eingeführt und die Mittelschulseelsorge im Kanton Zürich verstärkt.
Auch wurden und werden seit 1964
Institutionen subventioniert, die ebenfalls
dem Bereich Spezialseelsorge zuzuteilen
sind. Die Spital- und Gefängnisseelsorge
und in geringerem Masse auch die
Behindertenseelsorge konnten personell
verstärkt werden. Die Auflistung sämt-
licher Einrichtungen der Spezialseelsorge (rechte Spalte) belegt, dass in der
Katholischen Kirche im Kanton Zürich
in diesem Bereich religiös-spirituell und
diakonisch Eindrückliches geleistet wird.

Herausforderungen der Zeit anpacken

Im Bereich der Spezialseelsorge gelingt es
immer wieder, Antworten auf Herausforderungen der Zeit zu finden und an ge-
sellschaftlich bedeutsamen Orten präsent
zu sein. So wurde 1987 das ökumenische
Aids-Pfarramt gegründet, das seit Ende
2011 von der römisch-katholischen Kirche
allein getragen wird. 2005 wurde die
ökumenische Notfallseelsorge eingerichtet. Ebenfalls ökumenisch geführt werden
die 2001 eingeweihte Bahnhofkirche im
Hauptbahnhof Zürich und das 1997 in
Dienst gegangene Flughafenpfarramt.

Die im 2007 eröffneten Einkaufszentrum
Sihlcity beheimatete und ökumenisch
und interreligiös geführte Sihlcity-Kirche
in Zürich-Wiedikon wird vom Stadtverband unterstützt.

Seit 2010 ist die Jugendkirche Zürich mit
jenseits IM VIADUKT in den Viaduktbö-
gen beim Escher-Wyss-Platz in Zürich zu
finden mit dem Ziel, für 18- bis 30-Jährige
in neuer Form kirchlich präsent zu sein.

Spezialseelsorgeeinrichtungen

Die kantonale Körperschaft führt und
verantwortet zusammen mit dem Gene-
ralvikar verschiedene Dienst- und öku-
menische Fachstellen. Die Dienststellen
und kantonal organisierten Missionen fi-
nanziert die Körperschaft ausschliesslich
über ihre Zentralkasse, die ökumenischen
Fachstellen und die weiteren Missionen
finanziert sie paritätisch mit. Es sind dies:
– Bahnhofkirche*
– Behindertenseelsorge
– Die kirchliche Fachstelle bei
  Arbeitslosigkeit DFA*
– Fachstelle für Religionspädagogik
– Flughafenseelsorge*
– Gefängnisseelsorge
– hiv-aidsseelsorge
– Jugendkirche/jenseits IM VIADUKT
– Jugendseelsorge
– Kirchliche Anlauf- und Beratungsstelle
  für Lehrlingsfragen (kabel)*
– Mittelschulseelsorge
– Notfallseelsorge
– Polizeiseelsorge*
– Relimedia*
– Spital- und Klinikseelsorge

* ökumenisch getragene Fachstellen

Einblicke in die Spezialseelsorge:

Notfallseelsorge: Betreuung der Angehörigen eines Opfers (oben).

Behindertenseelsorge: Gebärdensprache in Gruppen-arbeit vor Flügelaltar (rechts oben).

Bahnhofkirche: Eingang zu Kapelle und Gesprächs-raum im Hauptbahnhof Zürich (Mitte).

Gefängnisseelsorge: Gebetsraum der Strafvollzugs-anstalt Pöschwies (unten).

Jeanine Kosch

Polizeiseelsorgerin

Frau Kosch, Sie werden hie und da die Frage hören wie: Braucht es neben einer speziellen Spital-, einer Aids-, einer Gefangenen- und eine Behindertenseelsorge auch eine eigene Polizeiseelsorge? _____ Ja, diese Frage gibt es, doch höre ich immer wieder aus dem Polizeikorps: Es ist gut, dass wir diese Unterstützung haben.

Die Polizeiseelsorge wurde erst 1999 eingeführt. Wie kam man auf die Idee? _____ Man ist sich bewusst geworden, dass ein Polizist, eine Polizistin auch eine Seele hat, und nicht einfach dem Berufsauftrag zufolge funktioniert. Die Arbeit hinterlässt Spuren, sei das jetzt, weil ein Kind ums Leben gekommen ist, oder wenn es um Gewalterfahrungen geht. Wenn ein Polizist es wünscht, ein Problem mit mir zu besprechen, stehe ich zur Verfügung. Ich stehe nicht in der polizeilichen Hierarchie, mein Büro ist nicht im Amtshaus; zudem bin ich der Schweigepflicht unterstellt und habe ein Zeugnisverweigerungsrecht. Und als Theologin habe ich einen anderen Hintergrund als etwa das polizeiinterne Care-Team oder der psychologische Dienst, die ebenfalls Hilfestellung leisten.

Die Polizisten können ja nicht allein mit beruflichen, sondern auch mit persönlichen Problemen zu Ihnen kommen. _____ Ja. Und dann müssen wir schauen, wie Hilfe möglich ist. Wo ich als Theologin an Grenzen stosse, ist vielleicht ein Gespräch mit einer anderen Stelle am Platz.

Regelmässig unterrichten Sie die angehenden Polizistinnen und Polizisten in der Polizeischule über Berufsethik und Menschenrechte. Wie wichtig ist das? _____ Sehr wichtig. In unserer Gesellschaft übt die Polizei das Gewaltmonopol des Staates aus; dabei ist es zentral, dass die Menschenwürde unter allen Umständen gewahrt wird. Jeder Täter ist mehr als seine Tat. Wir diskutieren auch über eigene und fremde Werte, über Normen und das geeignete Verhalten in speziellen Situationen. Auch darüber, wie weit ein Polizist eine Vorbildfunktion hat. Berufsethik und Menschenrechte sind übrigens auch Prüfungsfach der eidgenössischen Berufsprüfung für Polizisten.

Kann es eine Gratwanderung sein, einen polizeilichen Auftrag auszuführen und dem Erfordernis der Wahrung der Menschenwürde gerecht zu werden? ﹍﹍﹍ Ja, die Polizei hat von der Gesellschaft einen Auftrag, aber keinen Freipass. Sicher ist, dass der Polizist kein Urteil zu fällen hat zu einer Tat, das ist Sache des Gerichts. Ob jetzt ein Handtaschendieb anzuhalten ist oder ob es um einen mutmasslichen Pädokriminellen geht, man muss lernen, genau gleich professionell korrekt vorzugehen.

> «Wo ich als Theologin an Grenzen stosse, ist vielleicht ein Gespräch mit einer anderen Stelle am Platz»

Die Polizeiangehörigen kommen ja nicht nur in die Lage, selbst Gewalt anwenden zu müssen, sie sind auch Gewalt oder Wutausbrüchen anderer ausgesetzt, werden angespuckt und mit Schimpfwörtern eingedeckt. Wie steht es mit dem Umgang damit? ﹍﹍﹍ Ich sage immer: Ihr Polizisten dürft euch nicht dazu hinreissen lassen, ähnliches mit ähnlichem zu vergelten, aber ihr müsst euch auch nicht alles gefallen lassen. Ihr habt auch eine Menschenwürde. Ihr dürft euch wehren. Die Frage ist: Wie? Wichtig ist: Man muss sich der Problematik bewusst sein, nicht dass der Druck derart steigt, bis man die Selbstbeherrschung verliert.

Wie weit kommt zum Tragen, dass Sie katholische Seelsorgerin sind?

﹍﹍﹍ Das steht nicht im Vordergrund. In meinem Beruf geht es nicht um katholisch oder nicht. Die Ethik, die ich im Unterricht vermittle, ist keine katholische oder christliche Ethik. Aber mein Hintergrund ist die christliche Ethik. Wenn ich darauf angesprochen werde, dann sage ich das natürlich. Werte und Normen gelten aber allgemein, auch für einen Muslim oder einen Freidenker.

Die zum Teil öffentlichen Gottesdienste gestalten Sie zusammen mit dem reformierten Seelsorger Simon Gebs, der hauptsächlich bei Schutz und Rettung Zürich tätig ist, Sie aber auch bei der Polizeiseelsorge vertritt. ﹍﹍﹍ Ja, mit diesen öffentlich zugänglichen Gottesdiensten treten wir auch gegen aussen in Erscheinung, so jedes Jahr im St. Peter, wobei die Polizeimusik den musikalischen Rahmen bildet. Das ist immer sehr schön. Auch Hochzeiten, Taufen oder Beerdigungen gehören zu unserer Tätigkeit.

Sie haben nach Ihrem Theologiestudium in Zürich, Chur, Freiburg i. Ü. und Rom zunächst in mehreren Zürcher Gemeinden als Pastoralassistentin gewirkt. Was ist jetzt für Sie als Polizeiseelsorgerin anders? ﹍﹍﹍ Ich habe hier als Frau weniger Reibungsflächen. Als katholische Theologin muss ich mich nicht immer fragen: Darf ich die Predigt halten oder nicht? Darf ich das Evangelium lesen oder nicht? Ist mein Platz nun rechts oder links des Altars? Als Polizeiseelsorgerin stosse ich nicht dauernd an eng gesetzte Grenzen. Das empfinde ich als wohltuend. Ich bin gerne Seelsorgerin. Man könnte sagen: Meine Gemeinde ist die Polizei.

Auffächerung der Dienste und mehr Seelsorgerinnen

Die Personalstatistik gibt einen interessanten Einblick in die Situation der im Seelsorgedienst stehenden Angestellten der Jahre 1963, 1983 und 2012. 1963, also noch vor der öffentlich-rechtlichen Anerkennung, leisteten die ausnahmslos dem Klerus oder dem Ordensstand angehörenden kirchlichen Angestellten – viele Pfarrer und noch mehr Vikare – ihre Arbeit unter finanziell kärglichen Bedingungen. Es gab noch wenige pensionierte Geistliche, was auf ein tiefes Durchschnittsalter des Klerus hinweist.

Im Jahre 1983 machte sich der Priestermangel erst verhalten bemerkbar, auch wenn die Anzahl der Vikare bereits stark gesunken war. Es gab mehr Pfarrer als 1963, auch bedingt durch die Schaffung von neuen Pfarreien. Seit den 1970er-Jahren wurden nun auch Laientheologinnen und Laientheologen in der Pfarreiarbeit eingesetzt. Deren Zahl verdreifachte sich im Zeitraum 1983–2012. Neu arbeiten diese nach 1983 auch als Pfarreibeauftragte. Im gleichen Zeitraum fassten ebenfalls die Ständigen Diakone Fuss.

Zunahme an kirchlichen Mitarbeiterinnen und Mitarbeitern

Betrachtet man die Gesamtzahl der 1963, 1983 und 2012 im Kanton Zürich tätigen kirchlichen Angestellten im direkten Seelsorgedienst, ist eine deutliche Zunahme feststellbar. Grund dafür sind die finanziellen Mittel, das Anwachsen der katholischen Bevölkerung von 340 000 auf 390 000 zwischen 1964 und 2012, aber auch die Erhöhung der Anzahl der Pfarreien und der Ausbau der Spezialseelsorge, v. a. der Spitalseelsorge. Die Personaldecke im Bistum Chur war und ist aber sehr angespannt, was im Kanton Zürich zur Anstellung von sehr vielen Laientheologinnen und Laientheologen aus Deutschland geführt hat.

Eine Zukunftsprognose

In allen Bistümern der Schweiz sind die Priesterzahlen stark rückläufig. Zwischen 1970 und 2009 hat sich die Anzahl der Diözesanpriester von 2877 auf 1441 halbiert. Diese Entwicklung wird sich fortsetzen: Das sakramentale Leben der Kirche und die Sakramentalität der Kirche an sich ist dadurch zunehmend infrage gestellt. Die im kirchlichen Bereich Verantwortlichen sind dementsprechend verpflichtet, Mittel und Wege zu finden, dass die katholische Kirche katholisch bleiben kann und die Sakramentenspendung auch zukünftig gewährleistet ist. Mit dem Priestermangel direkt verknüpft ist die Überalterung des Klerus. Mehr als die Hälfte der Kleriker im Bistum Chur war bereits 2009 über 65 Jahre alt. Die einzig wachsende Berufsgruppe bildet die der Ständigen Diakone. Die abnehmende Zahl der Theologiestudierenden führt dazu, dass auch an Laientheologinnen und -theologen bereits Mangel herrscht.

Der Kanton Zürich ist im Vergleich mit anderen Schweizer Kantonen hier insofern (noch) im Vorteil, weil er finanziell und infrastrukturell attraktive Arbeitsbedingungen anbieten kann.

Seelsorger und Seelsorgerinnen im Kanton Zürich

	1963	1983	2012
Total Seelsorger und Seelsorgerinnen	**210**	**231**	**326**
Priester	**210**	**196**	**180**
davon Pfarrer	70	83	46
davon Pfarradministratoren	0	1	21
davon Pfarr-Rektoren	11	9	1
davon Vikare	87	30	13
davon Migrantenseelsorger	14	42	35
davon Resignaten	5	21	42
davon mitarbeitende Priester	0	1	11
davon Priester m.b.A.	22	4	5
davon Spitalseelsorger	1	5	6
(darunter Ordenspriester in verschiedenen Funktionen)	18	42	38
Pastoralassistenten/-assistentinnen	**0**	**35**	**119**
davon mit abgeschlossener Ausbildung	0	28	71
Frauen		4	21
Männer		24	50
im Pastoraljahr	0	4	5
Frauen		1	3
Männer		3	2
davon Pfarreibeauftragte	0	0	27
Frauen			7
Männer			20
davon Spitalseelsorger/-innen	0	3	16
Ständige Diakone	**0**	**0**	**27**
davon Pfarreibeauftragte			13
davon Spitalseelsorger			3

Albertina Kaufmann

Präsidentin des kantonalen
Seelsorgerats

**Der kantonale Seelsorgerat steht
nicht im Blickfeld der Öffentlichkeit,
doch wie wichtig ist er?** _____ Es handelt
sich um ein beratendes Gremium für den
Generalvikar. Wir haben keinen Auftrag,
Öffentlichkeitsarbeit zu betreiben.

**Ist es der Generalvikar, der den
Seelsorgerat anfragt, er solle zu diesem
oder jenem Thema Stellung nehmen,
oder setzt der Seelsorgerat selbst die
Themen, zu denen er etwas sagt?** _____
Es hängt von der Person des Generalvikars ab, wie er uns beizieht. Eine öffentliche Stellungnahme sollte mit dem Generalvikar abgesprochen werden.

**Welche Themen stehen beim Seel-
sorgerat auf der Traktandenliste?** _____
Es sind vor allem die Themen, zu denen
es Kommissionen gibt, also Diakonie, Ehe
und Familie, Freiwilligenarbeit, Spiritualität. Eine Kommission bereitet die jährlich
zwei Tagungen vor, eine weitere Aktivität
ist – seit 2006 – die traditionelle kantonale
Wallfahrt nach Einsiedeln. Zudem gibt es
aktuell zwei Projektgruppen zu «Lebens-

qualität im Alter» und zu «Vision Kirche
heute».

**Wird der Seelsorgerat ernst ge-
nommen?** _____ Ich finde schon, auch
wenn wir keine Entscheidungsbefugnis
haben. Der Generalvikar bedankt sich jeweils für unsere Arbeit, die ja freiwillig
erbracht und nicht entschädigt wird. Und
dann erhalten wir auch immer positive
Rückmeldungen von den Teilnehmerin-
nen und Teilnehmern der von uns durch-
geführten Tagungen und Wallfahrten. Bei
unserer Arbeit gibt es nichts Weltbewe-
gendes. Den Zölibat können wir nicht abschaffen und das Frauenpriestertum nicht
einführen (lacht).

> «Wir leisten einen Beitrag
> dazu, dass der Generalvikar
> die Meinung des
> ‹Kirchenvolkes› kennt»

**Der Seelsorgerat schlägt also kei-
ne Pflöcke ein.** _____ Mit den Tagungen

setzt der Seelsorgerat durchaus Themen, aus denen Anregungen entstehen. Zu erwähnen wären etwa «Diakonisch und solidarisch Kirche sein» oder «Die Kunst, mit Tod und Sterben christlich umzugehen»; wir befassten uns mit Öffentlichkeitsarbeit in Pfarreien oder den Seelsorgeräumen.

Im Seelsorgerat sind Geistliche, Ordensleute und Laien vertreten. Ist es eine besondere Herausforderung, ein so heterogen zusammengesetztes Gremium mit 33 Mitgliedern zu einem Konsens zu führen? _____ Konsens? Den braucht es gar nicht. Die Synode muss Mehrheiten finden und Entscheidungen treffen, der Seelsorgerat nicht. Bei unseren vier jährlichen Sitzungen orientieren die Kommissionen über ihre Tätigkeit, zudem gibt es jeweils ein Schwerpunktthema zu besprechen. Der Generalvikar kann dann dazu Stellung nehmen. Wichtig scheint mir, dass er hört, was von den Ratsmitgliedern aus ihrem jeweiligen Blickwinkel gesagt wird. Wir leisten einen Beitrag dazu, dass der Generalvikar die Meinung des «Kirchenvolkes» kennt.

Eine weitere Funktion des Seelsorgerats ist, dass er die Kommunikation mit den anderen kirchlichen und staatskirchenrechtlichen Organen pflegt. Wie geht das vor sich? _____ Das heisst zum Beispiel, dass ich an den Sitzungen der Synode als nicht stimmberechtigtes Mitglied teilnehme. Auch mit dem Synodalrat habe ich öfter Kontakt und bin bei verschiedensten Anlässen und Treffen präsent.

In den Statuten heisst es: «Der Seelsorgerat greift Anliegen der Gläubigen auf und berät sie mit dem Ge- neralvikar. **Er nimmt Stellung zu den aktuellen sowie grundsätzlichen Fragen, welche die Katholikinnen und Katholiken im Kanton Zürich besonders beschäftigen.» Wie steht es damit?** _____ Anliegen aufgreifen, das machen wir gerne. Doch aus dem «Kirchenvolk» werden kaum je Anliegen an uns herangetragen, schon eher von Pfarreiräten. Was das Aufgreifen aktueller Fragen angeht: In einem Brief an Bischof Vitus zu Handen des Bischofsrates haben wir uns dagegen ausgesprochen, dass wiederverheirateten Geschiedenen die Zulassung zum eucharistischen Mahl verwehrt wird. Wir haben den Brief im Mai 2011 geschrieben, also vor dem Hirtenbrief vom Februar 2012.

> «Es ist die Aufgabe
> der Kirche, für die
> Schwächeren einzustehen
> und mehr Barmherzigkeit
> als Kirchenrecht
> walten zu lassen»

Das war doch ein heisses Eisen? _____ Das haben wir damals gar nicht so wahrgenommen.

Erwarten Sie doch die eine oder andere Neuerung? _____ Ich könnte mir vorstellen, dass es nun dank Papst Franziskus gerade im sozialen und pastoralen Bereich Änderungen geben wird. Das hoffe ich sehr. Es ist die Aufgabe der Kirche, für die Schwächeren einzustehen und mehr Barmherzigkeit als Kirchenrecht walten zu lassen.

Hans Henny, Generalvikar 1970–1980

Alfred Teobaldi, der darauf hingearbeitet hat, «dass die Begriffe ‹katholisch› und ‹zürcherisch› nicht als Gegensätze empfunden werden sollten» (NZZ), wurde 1970 von einem Geistlichen als Generalvikar von Zürich abgelöst, dem die Diasporasituation nicht fremd war. Geboren in Chur, wuchs Hans Henny in Bern auf und leistete in Zürich selbst mehr als dreissig Jahre Seelsorgearbeit, im Gegensatz zu Teobaldi auch als Pfarrer und Dekan. Der einer konfessionsverschiedenen Ehe entstammende Priester war nicht nur offen für die Ökumene und für das urbane Umfeld im Kanton Zürich, sondern interessierte sich auch für neue pastoralsoziologische Fragestellungen. Eine Folge davon war neben dem Strukturmodell 1971 die Intensivierung der Fremdsprachigen- und Behindertenseelsorge.

Hans Henny, Dr. iur. can., Domherr
Geboren 1909 in Chur. Nach der Matura Studium der Rechte in Bern und Zürich und der Theologie in Rom. Henny war Pfarrer in Bruder Klaus und Liebfrauen in Zürich, zudem Vizeoffizial des Bistums Chur. Er war Generalvikar von 1970 bis 1980. Er verstarb 1996.

Gebhard Matt, Generalvikar 1980–1990

Der Liechtensteiner Gebhard Matt wirkte nach seinen Studien in Rom von 1964 bis zu seinem Amtsantritt als dritter Generalvikar im Kanton Zürich in Winterthur als Vikar, Pfarrer und Dekan. 1968 bis 1990 stand er als Vizeoffizial zugleich dem kirchlichen Gericht in Zürich vor. In den 1980er-Jahren war der Generalvikar zunehmend mit personellen Schwierigkeiten konfrontiert, die sich aus dem Priestermangel ergaben, auch mit einer ökumenischen und innerkirchlichen Ernüchterung, die sich in diesen Jahren einstellte.

1980 veröffentlichte die Projektkommission «Neueinteilung der Bistümer in der Schweiz» im Nachgang zur Synode 72 ihren Bericht zu diesem Thema. Bischof Johannes Vonderach bat auch die Zentralkommission um eine Stellungnahme, die ihrerseits eine Spezialkommission einsetzte, in der auch Generalvikar Matt Einsitz nahm. Die Zentralkommission führte 1983/84 eine Umfrage über die Opportunität eines Bistums Zürich durch. Der kantonale Seelsorgerat und andere Kreise verneinten dies, da es von reformierter Seite her auch kritische Stimmen gab.

Gebhard Matt, Dr. theol., Domherr
Geboren 1934 in Ruggell (FL). Nach der Matura Studium der Philosophie und Theologie in Rom. Matt war Pfarrer in Winterthur und Dekan, zudem Vizeoffizial des Bistums Chur. Er war Generalvikar von 1980 bis 1990. Seit 1991 ist er Pfarrer in Zürich-Leimbach.

Die Nichtbestätigung von Gebhard Matt als Zürcher Generalvikar 1990

Im März 1987 veröffentlichte Moritz Amherd das Buch «Ein Bischof in Zürich» mit den Ergebnissen der Umfrage von 1983/84. Die Umfrage ergab, dass die Frage der Neueinteilung der Bistümer insgesamt und die Schaffung eines Bistums Zürich als wünschenswert angesehen werden, den ersten Schritt dazu könnte die Einsetzung eines Weihbischofs in Zürich bilden.

Nach der 1977 erfolgten Rückkehr des Churer Bischofsvikars Alois Sustar nach Slowenien und dessen Erhebung zum Erzbischof stützte sich Johannes Vonderach zunehmend auf seinen Kanzler Wolfgang Haas ab. Haas war nach nur bedingt erfolgreichen Studien nie in der Pfarreiseelsorge tätig und wurde gleich nach Studienabbruch 1978 Kanzler im Bischöflichen Hof in Chur.

Johannes Vonderach betrieb verdeckt die Ernennung von Wolfgang Haas zum Koadjutor des Bistums Chur unter Ausschaltung des dafür vorgesehenen Dienstwegs in der Hoffnung, die seiner Meinung nach gefährdete Katholizität in seinem Bistum so retten zu können. Vonderachs Plan ging auf, und am 5. April 1988 wurde die Ernennung von Wolfgang Haas als Weihbischof des Bistums Chur mit Nachfolgerecht einer völlig überraschten Öffentlichkeit bekanntgegeben.

Am 22. Mai 1988 wurde Wolfgang Haas hinter verschlossenen Türen in der Kathedrale Chur, die er wegen der vielen Protestierenden nur über den Hintereingang betreten konnte, zum Bischof geweiht. Die Bitten von vielen Priestern und Laien aus dem Kanton Zürich und weit darüber hinaus, auf das Nachfolgerecht zu verzichten, fanden bei Wolfgang Haas kein Gehör.

Als er 1990 nur drei Tage nach dem überraschenden Rücktritt von Johannes Vonderach und der damit verbundenen Amtsübernahme als Bischof von Chur dem Zürcher Generalvikar Gebhard Matt die Bestätigung verweigerte und Christoph Casetti als dessen Nachfolger einsetzte, brach in der ganzen Deutschschweiz ein Sturm der Entrüstung los. Eine Feier zur Amtsübernahme von Wolfgang Haas als Diözesanbischof fand nicht statt, und in weiten Teilen des Kantons Zürich läuteten am Sonntag nach dem Amtsantritt von Haas aus Solidarität mit Gebhard Matt die Trauerglocken.

Die Krise um den Churer Bischof Wolfgang Haas band in den Jahren danach viele Kräfte und führte zu einem Vertrauensverlust, der in der Geschichte der katholischen Kirche in der Schweiz einmalig ist.

Zentralkommission: Ära Hungerbühler Zweiter Teil (1983–1991)

Mit der Annahme der Kirchenordnung steht der Zentralkommission als Exekutive nun eine Legislative gegenüber. Die ZK wird nicht mehr vom Volk, sondern von der Synode gewählt. Und im Gegensatz zur Wahl mittels «Einheitsliste» von 1963 kam es zu einer Kampfwahl im Parlament. Als Synodenpräsident wurde 1983 der allseits geachtete Ernst Zehnder (Zürich, St. Franziskus) anstelle des nominierten Kandidaten gewählt, und auch bei Wahlen in die Zentralkommission kam es immer wieder zu Kampfwahlen. 1984 kam Generalvikar Gebhard Matt und dem Präsidenten der ZK, Hugo Hungerbühler, die hohe Ehre zu, auf dem Flughafen Zürich Johannes Paul II. in der Schweiz zu begrüssen (Bild S. 205, v. l. n. r.: Bischof Schwery, Johannes Paul II., Generalvikare Henny und Matt, ZK-Präsident Hungerbühler). Dass die Existenz eines Parlamentes die Arbeit der ZK intensivierte, zeigt sich an den Protokollen, die nun pro Jahr statt einem drei bis vier Bände füllen. Ab 1988 wird das Thema «Bischof Haas» zur schweren Belastung für die Körperschaft und das ganze Bistum Chur. Die Ernennung von Wolfgang Haas zum Weihbischof mit Nachfolgerecht wird als Aushebelung des Privilegs des Domkapitels betrachtet, aus einer von Rom vorgelegten Dreier-Liste den Bischof wählen zu dürfen. Ein grosser Menschenteppich mit dem Transparent «Wer über uns geht, übergeht uns» hinderte den zu weihenden Bischof daran, die Kathedrale durch das Hauptportal zu betreten. Aufrufe an Wolfgang Haas, auf das Nachfolge-«Recht» des Koadjutors zu verzichten, fruchteten nichts. Als Bischof Vonderach 1990 zurücktrat und Bischof Haas als erste Amtshandlung den Zürcher Generalvikar Gebhard Matt entliess, brachte dies das Fass zum Überlaufen. Die Synode fasste mit 88:1 Stimme den Beschluss:
– die provisorisch-administrative Unterstellung des Kantons Zürich unter das Bistum Chur wird nicht mehr als zumutbar betrachtet;
– der vom Bischof ernannte Generalvikar wird erst auf Antrag des Seelsorgekapitels besoldet und auch nicht an die Sitzungen der ZK eingeladen;
– die Beiträge an das Bistum werden nicht mehr bezahlt, sondern in einen «Solidaritätsfonds» gelegt.
Finanzpolitisch folgenschwer waren die Weigerung der Synode, den Beitragssatz um 0,2 % zu erhöhen, und die gleichzeitige Kantonalisierung der Spaniermission, was die Zentralkasse erheblich belastete und in die roten Zahlen führte.

Zentralkommission: Ära Pescatore (1991–1994)

Antoine Pescatore wurde 1991 in einer Kampfwahl gewählt. Er initiierte schon vor seiner Wahl zum Präsidenten die Neuausrichtung des Pfarrblatts als Forum, ein reich bebildertes Magazin. Für das gleichzeitige Abrutschen der Zentralkasse in ein Defizit, das in der Rechnung 1992 6,8 Millionen Franken betrug, konnte er nichts. Er leitete ein grosses Sparpaket ein. In seine Zeit fiel auch die Entscheidung von Rom, für das Bistum Chur zwei Weihbischöfe zu ernennen. Davon soll weiter hinten die Rede sein. Pescatore verstarb am 22. Januar 1994 plötzlich an einem Herzversagen.

Georg Rimann (1947–2004)

Der Theologe und Journalist Georg Rimann («Ich bin unheilbar katholisch!») stand dem Pfarrblatt der Katholischen Kirche im Kanton Zürich von 1985 bis zu seinem Tod 2004 als Chefredaktor vor. 1991 hat er die Zeitschrift «forum» aus der Taufe gehoben und zu dem gemacht, was es heute ist: Das unverzichtbare Zürcher-Magazin, das seit 2002 allen katholischen Haushalten kostenlos abgegeben wird.

Antoine Pescatore, Ing. ETH

Geboren 1926 in Luxemburg. Nach der Matura Studium als Maschineningenieur an der ETH. Pescatore war Vizedirektor der Sulzer AG und politisch als Kantonsrat tätig. Er war von 1991 bis zu seinem Tod 1994 Präsident der Zentralkommission.

Thomas Binotto, Journalist und Buchautor

Auf den 1. Januar 2005 hat der Stiftungsrat den 1966 geborenen Thomas Binotto als Nachfolger von Georg Rimann gewählt, nachdem er bereits seit Mai 2000 auf der «forum»-Redaktion gearbeitet hatte. Mit seinem Antritt erschien das «forum» in neuer Gestaltung, die Anfang 2014 durch ein vollständig neues Layout abgelöst wurde. Neben seiner Teilzeitanstellung beim «forum» ist Binotto als Filmkritiker, Buchautor und TV-Gastmoderator der «Sternstunde Religion» bei SRF tätig.

Elisabetta Gulli
Sakristanin

Ein Porträt

Elisabetta Gulli ist seit 2010 Sakristanin der Kirche von Fällanden. Ihr Ehemann ist für die technischen Belange und für die Gartenpflege zuständig. Sie haben vier Kinder. Die Reinigung der Räumlichkeiten in der Kirche beansprucht am meisten Zeit. Sie wird ja nicht nur für die Gottesdienste benützt, weitere Räumlichkeiten samt einer grossen Küche stehen einer ganzen Reihe von Vereinen und Organisationen zur Verfügung.

Elisabetta Gulli stellt das automatische Geläut jeweils so ein, dass es den Regeln des Kirchenjahrs entspricht. Manchmal läuten alle vier Glocken, manchmal nur drei. Bei Hochzeiten oder Beerdigungen, aber auch am Gründonnerstag sind einige zusätzliche Einstellungen vorzunehmen.

Als Sakristanin ist sie auch dafür zuständig, dass genügend Hostien zur Verfügung stehen, auch dann, wenn kein Priester dem Gottesdienst vorsteht. «Ich schaue darauf, dass die Hostien nie ausgehen», meint sie lächelnd. Notfalls könnte sie in der Pfarrkirche in Dübendorf Nachschub holen, aber das war noch nie nötig.

Auch den Wein bestellt sie zusammen mit Dübendorf – Fällanden bildet zusammen mit Dübendorf und Schwerzenbach einen Seelsorgeraum. Auch Weihwasser muss immer vorhanden sein.

> «Dank meiner Arbeit habe ich einen guten Kontakt zu vielen Einwohnern der Gemeinde gefunden»

Sie achtet darauf, dass der Kirchenraum schön hergerichtet ist. Das Altartuch, immer in der für die entsprechende liturgische Zeit passenden Farbe, sollte keine Falten aufweisen, die Altarkerzen stehen am richtigen Ort, im Lektionar, das die biblischen Lesungen im Ablauf des Kirchenjahres enthält, sind die farbigen Lesebänder am richtigen Ort eingelegt. Sie prüft das Mikrofon und stellt die Stühle bereit. Und dann wirft sie auch ein Auge auf die Ministrantinnen und Ministranten, damit diese ihren Dienst ordentlich gekleidet verrichten.

Bei Grossanlässen kann sie mit dem Beiseiteschieben von Wänden den Kirchenraum vergrössern. Dann haben 300 Personen Platz.

Und natürlich gehört die Bereitstellung des Blumenschmucks zu ihren Aufgaben. Diesen bezieht sie von einer Floristin am Ort, oder sie schneidet ihn in Selbstbedienung auf einem Feld in der Nähe, etwa Sonnenblumen oder Gladiolen. «Ich muss ja auch darauf achten, dass ich mein Budget nicht überziehe», erklärt sie. Selten sagt der Pfarrer, welche Farbe er wünsche, weil er die Predigt darauf abgestimmt habe. Meistens entscheidet die Sakristanin nach eigenem Empfinden.

Bei einem ökumenischen Gottesdienst sind weitere Wünsche zu erfüllen. In der Adventszeit kommt ein Adventskranz dazu, an Weihnachten die Krippe. Und ein Tannenbaum, den ihr Mann zusammen mit dem Förster im Wald holt.

An Ostern stellt sie Weihrauch und Kohle bereit und stellt Osterkerze und Palme auf, zudem findet ein Eiertütschen statt, und am Namenstag der heiligen Katharina von Siena, der Namenspatronin der Kirche, gibt es ein ausgedehntes Fest.

Ab und zu gibt es ein Konzert, etwa wenn der Männerchor auftritt. Dann besorgt sie zum Teil auch Getränke und allenfalls Esswaren. Ausserdem gehen im Pfarreizentrum diverse Vereine ein und aus, es gibt einen Alterstreff, eine Jazzgruppe, das Feiern mit den Kleinen, einen «church lunch», der St.-Nikolaus-Verein hat hier seine Zusammenkünfte, die Musikschule, eine Spielgruppe, ein Kochklub, eine Hip-Hop-Gruppe – Elisabetta Gulli kommt

mit Aufzählen an kein Ende. Und einmal im Monat sind Vietnamesen zu Gast, die hier eine Messe in ihrer Sprache feiern; sie kommen zum Teil von weither.

> «Alles, was ich mache,
> mache ich mit Herz.
> Und das merken die Leute»

Was ihr an ihrer Arbeit gefällt: dass sie so vielfältig ist. Auch geniesst sie die Anerkennung, die ihr seitens der Kirchgemeinde entgegenkommt. «Dank meiner Arbeit habe ich einen guten Kontakt zu vielen Einwohnern der Gemeinde gefunden», stellt sie fest. Am Ende sagt sie: «Alles, was ich mache, mache ich mit Herz. Und das merken die Leute.»

Zentralkommision:
Ära Zihlmann (1994–2007)

Am 23. Juni 1994 wählte die Synode René Zihlmann, den Präsidenten der Geschäftsprüfungskommission der Synode, zum ZK-Präsidenten.

Die Trennungsinitiative von 1995 war das erste Hauptgeschäft. Die beiden Landeskirchen erstellten auf Wunsch des Regierungsrates eine IPSO-Studie, um ihre gesellschaftlichen Leistungen aufzuzeigen. Der Abstimmungskampf wurde auf allen Ebenen gemeinsam angegangen. Das Argumentarium «Kirche und Staat: Zehn Argumente gegen die Trennungsinitiative» leistete dabei gute Dienste, und gegen 30 lokale und regionale Komitees setzten sich erfolgreich gegen die Initiative ein. In der Abstimmung vom 24. September 1995 sprachen sich knapp 65 Prozent der Stimmenden gegen eine Trennung von Kirche und Staat aus. Bereits im Vorfeld der Trennungsinitiative setzten die katholische Zentralkommission und der reformierte Kirchenrat eine paritätische Reformkommission unter der Co-Leitung ihrer Präsidenten ein; die Frage der Kirchengesetzrevision war während der ganzen Ära Zihlmann ein Dauerthema, wie anderweitig noch aufgezeigt wird.

Legislaturziele, Klärungen und Verbesserung der Information

Für die Legislaturperiode 1995–1999 setzte sich die Zentralkommission erstmals Legislaturziele, deren Umsetzung die Klärung vieler Fragen ermöglichte. Nachdem der Beitragssatz der Kirchgemeinden von 2,1 Prozent in der Zentralkasse zu Schulden führte, die mit dem Beitragssatz von 2,9 Prozent abgebaut werden konnten, einigte man sich ab 1997 auf einen Beitragssatz von 2,5 Prozent; dieser ermöglichte den Aufbau einer gesunden Eigenkapitaldecke.

Mit der 1999 erfolgten Anstellung des Juristen Giorgio Prestele als Generalsekretär der Zentralkommission wurde die von der Zentralkommission und dem ersten ZK-Generalsekretär Moritz Amherd geleistete Aufbauarbeit weiterentwickelt.

Eine wichtige Aufgabe sah René Zihlmann in der Verbesserung von Kommunikation und Öffentlichkeitsarbeit. Neben dem Jahresbericht, den seit dem Jahr 2000 der ZK-Präsident und der Generalvikar als Zeichen der guten Einvernehmlichkeit gemeinsam einleiten, wurden auch andere Informationsträger gefördert, so vierteljährliche Impulsveranstaltungen mit Prof. Iwan Rickenbacher und der Aufbau der Online-Kommunikation.

Einsatz für das Bistum Chur und für die Ökumene

Nach den schwierigen Jahren unter Bischof Haas gaben die Zentralkommission und die Synode nach 1998 dem neuen Churer Bischof Amédée Grab jegliche Unterstützung, sei dies finanziell oder ideell. Die Renovation der Churer Kathedrale und des Churer Priesterseminars wurden mit bedeutenden Beiträgen aus Zürich unterstützt, und der Bistumsbeitrag wurde erhöht. Ein besonderes Anliegen war für René Zihlmann die Ökumene. Sein Einsatz wurde 2007 am Ende seiner Tätigkeit als ZK-Präsident mit der Silbermedaille des Kantonsrates des Standes Zürich gewürdigt.

Die Bistumsfrage im Jahre 1997

Am 2. Dezember 1997 konnte die Zentralkommission erleichtert die Mitteilung entgegennehmen, dass Wolfgang Haas zum ersten Erzbischof von Vaduz ernannt worden war. Dies hatte für das Bistum Chur auch die Abspaltung des Dekanats Vaduz zur Folge, das weitgehend gegen den Willen von Fürst und Volk zum Erzbistum erhoben wurde, um eine Personalfrage «lösen» zu können: Die «zweitbeste» Lösung, auch wenn der selbst von Johannes Paul II. gewünschte Rücktritt von Wolfgang Haas das vernünftigste gewesen wäre. René Zihlmann fasste im Jahresbericht 1997 die vergangenen schwierigen zehn Jahre zusammen: «In den zwei Jahren von Wolfgang Haas als Koadjutor, insbesondere während der acht Jahre als Bischof, hat die Diözese Chur Vorgänge erlebt, die vorher nie denkbar gewesen wären. Erwähnt seien: die wiederholten Aufforderungen des Priesterrates, (...) Wolfgang Haas möge zurücktreten, die Umkrempelung des Priesterseminars und der Theologischen Hochschule im Sinne des Bischofs, die Neubesetzung der vakanten Sitze im Domkapitel durch getreue Anhänger des Bischofs, die Streichung der Gelder an die Bistumskasse durch die Kantonalkirchen usw. Verschiedentlich hatte es Lichtblicke gegeben: Zunächst die von der Bischofskonferenz eingesetzte Delegation zur Befriedigung der Situation, die Vermittlungsaufgabe von Erzbischof Karl-Josef Rauber, das zweitägige Gespräch aller Bischöfe mit dem Papst in Rom (Ende April 1991), die Ernennung eines Sonderbotschafters in Rom durch den Bundesrat, die Ernennung von Erzbischof Rauber zum Nuntius in der Schweiz, die Ernennung von zwei Weihbischöfen und Generalvikaren, die Feststellung der gesamten Bischofskonferenz, die Verhältnisse im Bistum Chur seien untragbar. All dies und vieles mehr schien lange nichts zu fruchten, die nachteiligen Folgen für Bistum, Pfarreien, Seelsorger, kirchlich Engagierte und Gläubige schlugen sich in Resignation und mangelnder Motivation, aber auch darin nieder, dass die Pfarreien ungeachtet vorgegebener Strukturen und Normen mehr und mehr ihre eigenen Wege gingen, ja gehen mussten.»

Im Zusammenhang mit der Wegbeförderung von Bischof Haas nach Vaduz stellten sich Vertreter der Zentralkommission auf Anfrage hin klar auf den Standpunkt, dass damit die Frage eines Bistums Zürich nicht vom Tisch sei. Im Gegenteil könnten diese Überlegungen nun neu aufgenommen werden, nachdem damit keine Personenfrage mehr verbunden sei.

René Zihlmann, Dr. phil.

Geboren 1946 in Hergiswil (NW). Nach einer kaufmännischen Lehre Matura und Studium der Psychologie, Philosophie und Kunstgeschichte an der Universität Zürich. Zihlmann war Direktor des Laufbahnzentrums der Stadt Zürich und von 1994 bis 2007 Präsident der Zentralkommission.

Der Churer Bischofskonflikt begann mit der Ernennung von Wolfgang Haas zum Weihbischof mit Nachfolgerecht (Bild: Menschenteppich vor der Churer Kathedrale am 22. Mai 1988). Am 2. Dezember 1997 wurde Bischof Haas nach Vaduz befördert. Die dann erfolgte Rückkehr zur «Normalität» bedeutete leider noch nicht das Ende des eigentlichen Konfliktes.

Einvernehmlich

René Zihlmann
zu einem hilfreichen Begriff

In der katholischen Kirche im Kanton Zürich gibt es die sogenannte duale Struktur, wie in den meisten deutschsprachigen Kantonen der Schweiz. Das heisst, dass zwei Rechtssysteme ineinandergreifen: das kanonische Recht der Kirche (CIC) und das staatliche Recht (Anerkennung als öffentlich-rechtliche Körperschaft in Verfassung und Kirchengesetz), das der Staat den Kirchen zur Verfügung stellt, um sich zu organisieren. Eine Alternative wäre z. B. das Vereinsrecht, unter dessen Bestimmungen sich die Kirche auch organisieren könnte.

Der Staat drängt(e) der katholischen Kirche die öffentlich-rechtliche Anerkennung nicht auf, im Gegenteil. Die Katholiken im Kanton Zürich bemühten sich während Jahrzehnten, diesen Status zu erreichen. In der Aufbruchzeit der 60er-Jahre des 20. Jahrhunderts war es dann so weit. In enger Zusammenarbeit mit der Kirche wurde das Kirchengesetz von 1963 erarbeitet. Generalvikar Teobaldi war die treibende Kraft. Diese neue Regelung ermöglichte den Zürcher Katholiken einen sehr starken Entwicklungsschub, und

die wenigen Probleme, die entstanden, z. B. Kompetenzfragen im Pfarrwahlrecht, konnten einvernehmlich gelöst werden. Jedenfalls gab es im Kanton Zürich kirchlich nicht mehr und wohl auch nicht weniger Probleme als anderswo im Bistum Chur oder im Bistum Basel.

> «Welche Voraussetzungen
> müssen gegeben sein,
> dass Einvernehmlichkeit
> entstehen kann?»

Mit der einseitigen Ernennung von Wolfgang Haas zum Weihbischof mit Nachfolgerecht kamen aus dessen Umfeld dann plötzlich neue Töne auf: Das Kirchengesetz passe zur Kirche wie die Faust aufs Auge, war wohl die krasseste Formulierung, und Bischof Haas selbst dachte vor laufender Fernsehkamera laut über einen möglichen Austritt aus der Kirchgemeinde Chur nach. Das war wohl der Höhepunkt der Polarisierung. Demgegenüber versuchte Generalvikar und Weihbischof Henrici in Zürich, die Gemüter zu beruhigen, und sprach vor der Synode den klärenden Satz aus: «Man soll das Zürcher Staatskirchenrecht weder verdammen noch verherrlichen, sondern einvernehmlich anwenden und notwendige Verbesserungen anpacken.»

Wiederum fällt das Wort einvernehmlich. Welche Voraussetzungen müssen gegeben sein, dass Einvernehmlichkeit entstehen kann? Dazu ein paar wichtige Punkte in Kürze: Das Erste ist wohl der gegenseitige Respekt; Respekt des Staates (z. B. bei der Formulierung des Kirchengesetzes) vor der Kirche und Respekt der kirchlichen Repräsentanten vor den staatskirchenrechtlichen Gremien und ganz allgemein Respekt andern Menschen gegenüber.

Zweitens scheint es mir wichtig, dass sich die staatskirchenrechtlichen Gremien im Dienst der Kirche verstehen und dass die Kirche ihrerseits im Sinne des Zweiten Vatikanischen Konzils das gemeinsame Apostolat von Priestern und «Laien» sieht.

> «Wenn man sich redlich bemüht, gibt es (fast) immer eine Lösung»

Drittens sind geordnete Abläufe im Entscheidungsprozess konflikthemmend. In der Zentralkommission – und ich nehme an, dass es im heutigen Synodalrat gleich funktioniert – wurde bei allen Geschäften mit besonders seelsorglichen, liturgischen oder sonstigen «innerkirchlichen» Implikationen immer zuerst dem Generalvikar (der in diesem Gremium Stimme, aber nicht Stimmrecht hat) das Wort erteilt. Wenn dieser Bedenken hatte, wurde lange diskutiert und gerungen und manch-

mal die Vorlage auch zurückzogen und nochmals überarbeitet. Ich kann behaupten, dass die Zentralkommission in meinen 13 Präsidialjahren nie eine Vorlage verabschiedet hat, die vom Generalvikar nicht unterstützt wurde. Und umgekehrt hat auch der Generalvikar gegenüber der Zentralkommission nie einfach seine Meinung durchgedrückt. All das hat viel mit Spielregeln und Kommunikationskultur zu tun.

Als letzten Punkt möchte ich die ebenso einfache wie wichtige Formulierung «Reden miteinander» erwähnen, das heisst aufeinander hören, einander zu verstehen versuchen und vor allem nicht mit vorgefassten Meinungen in einen Entscheidungsprozess zu gehen, der darauf angelegt ist, dass es Verlierer gibt.

Wenn man sich redlich bemüht, gibt es (fast) immer eine Lösung. Die spirituelle Quelle dazu könnte im Bibelwort liegen: «Wenn zwei oder drei in meinem Namen versammelt sind, bin ich mitten unter ihnen» (Mt 18,20).

Der erste Weihbischof in Zürich

Dass Papst Johannes Paul II. die Ernennung von zwei Weihbischöfen, denen ursprünglich Sonderrechte versprochen worden waren, nicht dem betroffenen Bischof selbst, sondern dem Präsidenten der Schweizer Bischofskonferenz am 1. März 1993 mitteilte, verdeutlicht die damalige Ausnahmesituation im Bistum Chur. Die beiden Ernannten, beides Ordensleute, die als Weihbischöfe und Generalvikare in der Churer Bischofskrise Entlastung bringen und Führung ermöglichen sollten, nahmen ihr neues Amt nur nach Widerstand und inständigem Bitten von höchster Stelle im Gehorsam an. Der in Zürich aufgewachsene Peter Henrici musste sein akademisches Umfeld in Rom verlassen, wo er seit den 1960er-Jahren ein Leuchtturm der Philosophischen Fakultät der Päpstlichen Universität Gregoriana gewesen war. Der Empfang in Zürich war nach der Bischofsweihe vom 31. März 1993 (auf «neutralem» Boden in Einsiedeln) herzlich, auch von reformierter Seite, frostiger derjenige in Chur.

Für eine dienende Kirche

Dem neuen Zürcher Generalvikar Henrici oblag die Aufgabe, im Kanton Zürich und darüber hinaus die seit 1990 verloren gegangene kirchliche Führung wieder aufzubauen. Die früher gut eingespielte Zusammenarbeit zwischen Generalvikar und Zentralkommission wurde wieder zur Selbstverständlichkeit, und in Zusammenarbeit mit den Dekanen konnte Peter Henrici in Zürich und Glarus erreichen, dass das bischöfliche Amt auch von den Seelsorgenden wieder positiv erlebt wurde. Schwierig blieb die Situation im Bistum Chur und in der Schweizer Bischofskonferenz bis zur Abberufung des Churer Bischofs Wolfgang Haas Ende 1997.

Der akademische Einzelkämpfer wurde in Zürich zum «Teamplayer», wie er 2003 am Ende seiner Zürcher Amtszeit betonte: «Alles, was zustande kam, ist in erster Linie der ausgezeichneten Zusammenarbeit mit der Zentralkommission und mit unserer reformierten Schwesterkirche zu verdanken. Alles will mithelfen, dass sich unsere Seelsorger und Seelsorgerinnen immer besser der verschiedenen Nöte der Menschen annehmen können und dass unsere Kirche immer mehr zu einer Kirche wird, die auf die Menschen zugeht.» Schon 1999 betonte er im Pastoralplan diesen diakonischen Auftrag der Kirche. Peter Henrici war nicht nur in Zürich, sondern auf allen Ebenen kirchlichen Lebens unentwegt tätig, so als gewichtiges Mitglied der Schweizer Bischofskonferenz (bis 2009 mit Spezialaufgaben), 1995–2003 als Präsident der Deutschschweizerischen Ordinarienkonferenz sowie als Gast- und Honorarprofessor an der Theologischen Hochschule in Chur, die ihm bis heute besonders am Herzen liegt.

Liebe Brüder und Schwestern

Längst ist uns bewusst, dass unsere Kirchen viel mehr miteinander verbindet als trennt. Wir sind davon überzeugt, dass wir alle, ob wir nun der römisch-katholischen oder der evangelisch -reformierten Kirche angehören, Glieder an dem einen Leib Christi sind. Alles, was für unser christliches Leben entscheidend ist, ist uns gemeinsam: die eine Taufe, die Ehrfurcht vor dem Wort Gottes, das Bekenntnis zu Jesus Christus, die Verpflichtung zu einem Leben aus dem Geist des Evangeliums.

—————————————— letzter Abschnitt, Seite 4 ——————————————

In manchen Gemeinden beider Konfessionen wird schon heute als Vorwegnahme dieser Einheit eucharistische Gastfreundschaft geübt. Sinn dieser Gastfreundschaft kann es nicht sein, dass Menschen unvorbereitet am Mahl teilnehmen. Vielmehr soll das Gewissen jedes und jeder Einzelnen respektiert werden, damit sie nach redlicher Selbstprüfung im Sinne ihrer Konfession am Mahl teilnehmen. Durch eine Erwägung der konfessionellen Unterschiede im Eucharistieverständnis wird man nicht zuletzt den Glauben der anderen Konfession besser verstehen und das beiden Konfessionen Gemeinsame schätzen lernen.

Es gilt daher konfessionelle Unterschiede als Reichtum der je eigenen Tradition wahrzunehmen; noch stärker ist jedoch das Gemeinsame zu betonen: der eine Glauben und die eine Taufe - das ist echte Oekumene. Wir sind davon überzeugt, dass auch unsere beiden Kirchen den Auftrag haben, durch ihre oekumenische Ausstrahlung ein Gegengewicht zur Zersplitterung in der Welt zu setzen. Deshalb haben wir den Wunsch, dass Sie alle an Ihrem Ort den möglichen Beitrag dazu leisten.

In der Verbundenheit des gemeinsamen christlichen Glaubens grüssen wir Sie herzlich

Kirchenratspräsident Ruedi Reich
Evangelisch-reformierte Landeskirche
des Kantons Zürich

Weihbischof Peter Henrici
Römisch-katholischer Generalvikar
für den Kanton Zürich

Erster Abschnitt und Schluss des Ökumenebriefs vom September 1997 (fotografische Wiedergabe). Das Dokument umfasst insgesamt vier Seiten. Die Erneuerung dieses Briefes von Kirchenratspräsident Reich und Bischof Vollmar zehn Jahre später ist im Internet einsehbar unter «10 Jahre Zürich Ökumenebrief». (Bild: Weihbischof Peter Henrici, links, und Kirchenratspräsident Ruedi Reich)

Peter Henrici, Prof. Dr. phil., Weihbischof
Geboren 1928 in Zürich. Nach der Matura Studium der Theologie und Philosophie in Zürich, Löwen, Pullach und Rom. Philosophieprofessor an der Gregoriana in Rom. Jesuit, Blondel-Spezialist. Bischofsweihe 1993. Henrici war von 1993 bis 2003 Generalvikar in Zürich.

Wie der Ökumenebrief zustande kam

Weihbischof Peter Henrici

Nach aussen hin bildete der «Ökumenebrief», den ich gemeinsam mit Kirchenratspräsident Ruedi Reich am Bettag 1997 veröffentlichte, den Höhepunkt meiner ökumenischen Beziehungen als Generalvikar in Zürich. Diese standen von Anfang an unter einem guten Stern. Kaum war ich in mein Büro im Hirschengraben eingezogen, stand schon der damalige Kirchenratspräsident Ernst Meili mit einem riesigen Blumenstrauss da, um mich willkommen zu heissen. Wenige Tage später gab es ein Interview mit Hanno Helbling, seines Zeichens Kirchenpfleger am Grossmünster, den ich von Rom her kannte. Seine brennendste Frage: «Welche Altstadtkirche wollen Sie als Bischofskirche in Anspruch nehmen?» Nach meiner erstaunten Antwort: «Keine» war alles in Ordnung. Im Oktober durfte ich dann an der Amtseinführung des neuen Kirchenratspräsidenten Ruedi Reich im Grossmünster teilnehmen. Als dabei das grosse Nizänische Glaubensbekenntnis gebetet wurde, war mir klar, dass wir uns sehr nahestanden und die Zusammenarbeit leicht sein würde.

Das heisst nicht, dass keine kniffligen Probleme zu lösen waren. Vielleicht das kniffligste ergab sich, als eine ökumenische Frauengruppe die Möglichkeit einer Doppelmitgliedschaft in der reformierten und in der katholischen Kirche forderte, damit konfessionsverschiedene Ehepaare und Familien gemeinsam zum Abendmahl bzw. zur Kommunion gehen dürfen. Die Forderung wies auf ein echtes und schmerzhaftes Problem hin; seine Lösung aber war so nicht möglich. Mit Ruedi Reich kam ich bald überein, gestützt auch auf ein Gutachten aus der Theologischen Fakultät, dass eine Doppelmitgliedschaft zumindest in katholischem Verständnis undenkbar ist. Wir mussten jedoch auf das uns vorgetragene Anliegen antworten und beschlossen, das in einem gemeinsamen Brief über ökumenisches Verhalten zu tun.

In drei Punkten waren wir uns einig, und es war leicht sie zu formulieren: «dass unsere Kirchen viel mehr miteinander verbindet als trennt». Durch Herkunft, Glaube und Taufe sind wir uns sehr nahe.

Daraus ergibt sich die Forderung nach ökumenischer Zusammenarbeit, vor allem auf dem Gebiet der Diakonie und der Seelsorge: «Kooperation ist die Norm, Alleingang die Abweichung.» Auf kantonaler Ebene gibt es dafür genügend Beispiele: Aids-Seelsorge, Flughafenpfarramt, Bahnhofkirche, Kirchengesetz … Die Frage bleibt, wie weit dies auch auf Gemeindeebene verwirklicht wird. Dann war vor allem ein Wort zu den konfessionsverschiedenen Ehen zu sagen. Auch da waren wir uns einig: Die konfessionelle Identität der Ehegatten, aber auch die ihrer Kinder muss gewahrt bleiben. «Jedes Kind muss wissen, zu welcher Konfession es gehört.» Es gibt keine dritte «ökumenische» Konfession.

«Durch Herkunft, Glaube und Taufe sind wir uns sehr nahe»

Der Knackpunkt war die Frage der «eucharistischen Gastfreundschaft», weil hier die Lehren unserer beiden Kirchen auseinandergehen. Die reformierte Kirchenordnung sagt, dass alle, die am Gottesdienst teilnehmen, zum Abendmahl eingeladen sind – das allerdings viel seltener gefeiert wird als bei den Katholiken. Für die katholische Kirche dagegen ist der Empfang der Kommunion ein ausdrückliches Bekenntnis der Zugehörigkeit zu dieser katholischen Kirche. Wie sollten wir eine gemeinsame Formulierung für zwei so verschiedene Auffassungen finden? In einem Punkt waren wir uns einig: Man darf nicht einfach gewohnheitsmässig oder «weil alle gehen» zum Abendmahl oder zur Kommunion hintreten. Auch Zwingli kennt die Pflicht zur vorhergehenden Gewissensprüfung im Sinne von 1 Kor 11,28–31. Weil der Empfang des Abendmahls/der Kommunion in jedem Fall eine persönliche Gewissensentscheidung ist, ergab sich daraus die für beide Seiten annehmbare Formulierung: Es «soll das Gewissen jedes und jeder Einzelnen respektiert werden, damit sie nach redlicher Selbstprüfung im Sinne ihrer Konfession am Mahl teilnehmen» oder eben nicht teilnehmen.

«Kooperation ist die Norm, Alleingang die Abweichung»

Dass man daraus eine einfache Erlaubnis zur eucharistischen Gastfreundschaft gemacht hat, steht auf einem andern Blatt. Auch wurde wohl zu wenig wahrgenommen, dass der Brief das ökumenische Miteinander nicht in erster Linie in gemeinsamen Gottesdiensten sieht. Das grösste Manko aber bleibt, dass noch keine ökumenische Seelsorgestelle für konfessionsverschiedene Ehepaare eingerichtet ist.

Der zweite Weihbischof in Zürich

Mitte 2003 wurde Weihbischof Peter Henrici altershalber von seinem «Churer Leidensgenossen» Paul Vollmar als Generalvikar in Zürich abgelöst. Paul Vollmar brachte als zuständiger Generalvikar für Graubünden (bis 1998 mit Sitz in Chur, abgelöst durch den von Bischof Amédée Grab als Generalvikar für Graubünden eingesetzten Vitus Huonder) und die Innerschweiz (ab 1998 in Sarnen wohnhaft) bereits Amtserfahrung mit. Er führte die bisher enge Zusammenarbeit mit dem ZK-Präsidenten René Zihlmann und der ganzen Zentralkommission weiter und wertete das Amt der Dekane auf. Wichtige Themen waren die Paulus-Akademie, die Frage der Errichtung des Doppelbistums Chur-Zürich, die Integration der Migrantenseelsorge in die ordentliche Seelsorge, aber auch der Ausbau der personellen Kapazitäten des Generalvikariats.

Im Rahmen der Schweizer Bischofskonferenz war er für den Bereich Liturgie zuständig, für die deutschsprachigen Länder ausserdem als Sekretär der Spezialkommission für die Herausgabe des neuen Messbuches. Ab 2006 wollte er mit dem Projekt «Werkstätten Zukunft Kirche Zürich» vor allem auch inhaltliche Impulse ermöglichen.

Die Zusammenarbeit mit dem 2007 knapp vom Churer Domkapitel gewählten Bischof Vitus Huonder gestaltete sich für den zurückhaltenden, aber gleichzeitig sehr dialogbereiten Paul Vollmar, der das Verfahren der Bischofswahl öffentlich als undurchsichtig kritisierte, schwierig.

Der dritte Weihbischof in Zürich

Nach dem Rücktritt von Paul Vollmar im Oktober 2009 übernahm Bischofsvikar Josef Annen, der bereits seit dem 1. Mai 2009 die Verantwortung für das kirchliche Personal wahrnahm, interimistisch die Führung des Generalvikariats Zürich. Für kurze Zeit wies das Generalvikariat Zürich vom Februar 2010 bis zum Februar 2011 mit dem am 7. Dezember 2009 zum Weihbischof des Bistums Chur ernannten und für Zürich destinierten Marian Eleganti und dem am 23. Dezember 2009 als Generalvikar bestätigten Josef Annen eine Co-Leitung auf. Generalvikar Josef Annen war weiterhin für das Personal und für die Leitung des Generalvikariats zuständig, während Weihbischof und Bischofsvikar Marian Eleganti für die Seelsorge, für die Repräsentation und für die Kontakte mit anderen Kirchen und Religionsgemeinschaften die Verantwortung trug.

Generalvikar Josef Annen

Mit der Ernennung von Weihbischof Eleganti zum Regens des Priesterseminars in Chur im Februar 2011 wurde diese Co-Leitung hinfällig: Seither trägt Generalvikar Josef Annen die alleinige Verantwortung für das Zürcher Generalvikariat, so dass ab 2011 kein Weihbischof mehr in Zürich residiert, der die Anliegen des katholikenreichsten Kantons der Schweiz in der Schweizer Bischofskonferenz vertreten kann. Josef Annen pflegt eine sehr konstruktive Zusammenarbeit mit dem Synodalrat und der Synode, aber auch mit der Dekanenkonferenz und in Sachen Ökumene mit dem reformierten Kirchenrat.

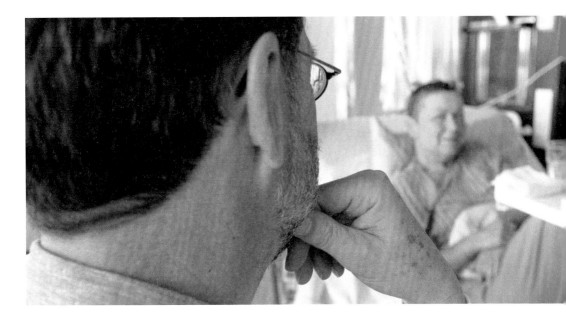

2006 wurde mit der Spital- und Klinikseelsorge eine neue kantonale Dienststelle geschaffen, um die professionelle Seelsorge in den 36 Spitälern und Kliniken im Kanton Zürich sicherzustellen. Diese Aufgabe schliesst Besuche und Begleitung von Patienten und Patientinnen, die Begleitung von Angehörigen, Freiwilligen und Spitalpersonal, Gebet und Sakramentenspendung sowie Gottesdienste mit ein.

Paul Vollmar, Dr. theol., Weihbischof

Geboren 1934 in Überlingen (D). Nach der Matura Studium der Theologie und Philosophie in Freiburg. Vollmar war Religionslehrer, Spiritual und schliesslich Provinzial der Marianisten. Er war Generalvikar von 2003 bis 2009. Seither ist Vollmar emeritierter Weihbischof.

Josef Annen, Dr. theol., Generalvikar

Geboren 1945 in Küssnacht a. R. Nach der Matura Studium der Theologie in Chur und Münster. Jugendseelsorger, Pfarrer in Winterthur, Regens des Priesterseminars Chur, Generalvikar ab 2009.

26. Dezember 2004: Ein Tsunami von bisher unbekannter Gewalt, hervorgerufen durch ein Erdbeben vor der Insel Sumatra, forderte über 230 000 Tote. In tiefer Betroffenheit hatten viele Leute das Bedürfnis, der Opfer zu gedenken. Die ökumenische Feier fand im Grossmünster Zürich statt. Sie wurde von Pfarrer Herbert Kohler, Weihbischof Paul Vollmar und Pfarrer Christoph Siegrist gestaltet (v. l. n. r.).

Anna-Maria Caldarulo
Kirchenpflegepräsidentin

Ein Porträt

«Ich halte die Fäden zusammen», sagt Anna-Maria Caldarulo auf die Frage nach ihrer Tätigkeit als Kirchenpflegepräsidentin in Turbenthal. Das Pflichtenheft ist natürlich sehr viel detaillierter. Da steht etwa drin, dass sie die fünfköpfige Kirchenpflege leitet und die Sitzungen einberuft, sie leitet die zwei Kirchgemeindeversammlungen im Jahr, sie nimmt Repräsentationspflichten wahr, hält die Verbindung zum Pfarreirat aufrecht, ebenso zur reformierten Kirche, und hilft bei allen möglichen Gelegenheiten mit, dass sich die Gemeindemitglieder in ihrer Kirche wohlfühlen. Vor drei Jahren wurde sie neu in das Amt gewählt – einstimmig, wie ihre Kollegen und Kolleginnen auch.

«Ich halte die Fäden zusammen»

Die Pfarrei – sie heisst St. Ulrich, die Pfarrkirche in Turbenthal Herz Jesu – ist mit rund 1700 Gemeindemitgliedern überschaubar, obschon sie recht weitläufig ist. Neben Turbenthal gehören Wila, Wildberg sowie Teile von Rämismühle und Zell dazu. Aufgrund der Zahl der Gemeindemitglieder besteht kein Anrecht auf einen Pastoralassistenten oder eine Pastoralassistentin. Ein Pfarrer muss genügen.

Ein ganz wichtiges Geschäft der Kirchenpflege war die Wahl eines neuen Pfarrers. Nun ist man froh, in Sunny Thomas einen Pater gefunden zu haben, der tatsächlich ein sonniges Gemüt hat, wie die Präsidentin erwähnt. Er sei wirklich auf den Namen Sunny getauft und stamme aus Indien. «Wir haben es gut mit ihm, er ist ein sehr fröhlicher Mensch», lobt Caldarulo. «Er ist für uns wie ein Geschenk Gottes.» Er wurde im Dezember 2012 mit 51 von 51 Stimmen gewählt.

Auf seinen Wunsch hin wurde im Frühjahr 2013 erstmals ein fünfköpfiger Pfarreirat bestellt, der ihm zur Seite steht. Dieser unterstützt den Pfarrer in manchen Belangen und trägt auch zu seiner Entlastung bei, etwa beim Erstellen des Jahresprogramms oder beim Kontakt zur Jugendgruppe, zu den Senioren, zur Sing- und zur Frauengruppe sowie in der Liturgie. Vielleicht kommt noch eine Jugendband dazu.

Zweimal jährlich findet zwischen der Kirchenpflege und dem Pfarreirat eine Koordinationssitzung statt. Dabei geht es in erster Linie um das Budget. Was die Pfarrei an Ausgaben plant, muss in Einklang gebracht werden mit den zu erwartenden Einnahmen, in erster Linie sind das die Steuern. Der gegenseitige Kontakt zwischen Kirchenpflege und Pfarreirat hat sich nach Caldarulos Worten gut angelassen. «Wir wollen ja alle dasselbe, nämlich dass es in der Pfarrei gut läuft, dass die Gemeinde lebt, dass sich jedes Gemeindeglied zugehörig fühlt.»

Dass die Gemeinde lebt, sieht man etwa an den gemeinsam begangenen Festen, angefangen beim Neujahr über Ostern, Kommunion, Firmung, Muttertag, Bettag, Erntedankfest und Weihnachten, wobei man zum Teil gemeinsam mit den Reformierten feiert. Die Gottesdienste in der kürzlich schön renovierten Kirche Herz Jesu werden im Durchschnitt von etwa 30 Personen besucht, bei speziellen Anlässen kann diese Zahl aber auch auf 80 anwachsen. Jodlerfest oder Konzerte etwa haben sich als sehr attraktiv erwiesen.

> «Dass die Gemeinde lebt,
> sieht man etwa
> an den gemeinsam
> begangenen Festen»

An den Kirchgemeindeversammlungen nehmen jeweils einige Dutzend Mitglieder teil. Spektakulär sind sie nicht. Da geht es vielleicht einmal darum, finanzielle Mittel für die Umwandlung des früheren Kohlekellers in Archivräume zu bewilligen, was übrigens nicht zu viel Geld verschlingt, weil etliche Gemeindeglieder selbst Hand anlegen.

Gewisse Sorgen bereitet der Umstand, dass verschiedene kirchliche Gruppen an Mitgliederschwund leiden. Die Frauengruppe etwa besteht nur noch aus wenigen Personen. Auch die Singgruppe ist geschrumpft. Aber die Kirchenpflegepräsidentin betont: «Wir wollen sie nicht sterben lassen.» Vielleicht werde es notwendig, die Proben nicht mehr alle 14 Tage anzusetzen, sondern projektbezogen auf die hohen Feiertage hin ein Werk einzustudieren. «Fiire mit de Chliine», eine ökumenische Veranstaltung für Zwei- bis Fünfjährige, findet jetzt wieder statt. Auch Anna-Maria Caldarulos Tochter Lara macht im Leitungsteam mit. Der Heimgruppenunterricht für die Erstklässler, wo Geschichten erzählt werden und man gemeinsam bastelt, erfreut sich grosser Beliebtheit. «Allerdings verdienten die Mütter, die sich dafür zur Verfügung stellen, etwas mehr Anerkennung», findet Caldarulo.

Sie bereut überhaupt nicht, dass sie sich als Kirchgemeindepräsidentin zur Verfügung gestellt hat. «Die Aufgabe ist eine Bereicherung», hält sie fest.

Ein einziges Kirchengesetz

Eine von der katholischen Körperschaft und dem reformierten Kirchenrat eingesetzte paritätische Reformkommission setzte sich schon 1995 das Ziel, eine weitere Entflechtung von Kirche und Staat vorzubereiten (Reformpunkte: Neuregelung der finanziellen Leistungen des Kantons, Ablösung der «historischen Rechtstitel»; öffentlich-rechtliche Anerkennung weiterer Religionsgemeinschaften; politische Rechte in kirchlichen Angelegenheiten für Ausländerinnen und Ausländer; Reform des Steuerrechts für juristische Personen).

1999 zeigte die Landert-Studie auf, dass die Kirchen in den Bereichen Soziales, Kultur, Bildung usw. mit 153 Millionen Franken mehr gesamtgesellschaftlich relevante Leistungen erbringen, als sie an Steuern von juristischen Personen (49 Mio.) und Staatsbeiträgen (69 Mio.) einnehmen. Weiter zu nennen sind die Steuern der Kirchenmitglieder (223 Mio.), dazu freiwillige und ehrenamtliche Arbeit von 50 Millionen sowie Spenden von 11 Millionen Franken.

Das von Körperschaft und Regierungsrat geschnürte Gesamtpaket wurde vom Kantonsrat in drei Vorlagen aufgeteilt (Kirchengesetz, Ausländerstimmrecht, Anerkennung weiterer Religionsgemeinschaften). Alle drei Vorlagen wurden in der Volksabstimmung vom 30. November 2003 verworfen, womit ein Neubeginn angesagt war. Unbestrittene Punkte konnten in der Kantonsverfassung vom 1. Januar 2006 übernommen werden.

Erfolgreich im zweiten Anlauf

Der Zürcher Kantonsrat behandelte im Jahr 2007 das wegen neuer Verfassungsbestimmungen erforderliche neue Kirchengesetz, das erstmals für alle öffentlich-rechtlichen Kirchen im Kanton Zürich gelten sollte. Da das Referendum dagegen nicht ergriffen wurde, konnte es am 1. Januar 2010 in Kraft treten.

Folgen dieser neuen Regelungen sind:
1. Stärkung der kirchlichen Autonomie;
2. Gleichbehandlung der bereits anerkannten kantonalen kirchlichen Körperschaften;
3. neu begründete Beitragsleistungen des Staates an die Körperschaften;
4. Einführung einer negativen Zweckbindung für die Erträge aus den Kirchensteuern juristischer Personen;
5. Festlegung der Rechte und Pflichten für die anerkannten jüdischen Gemeinden.

Neue Kirchenordnung

Die in Verfassung und Kirchengesetz festgelegten Regelungen zwangen die Körperschaft, ihre erhöhte Autonomie in einer Kirchenordnung zu konkretisieren. Die Zürcher Katholiken stimmten am 27. September 2009 dieser Kirchenordnung zu, so dass diese ebenfalls Anfang 2010 in Kraft treten konnte. Das zog viele Veränderungen nach sich, seien diese terminologischer Art (aus der Zentralkommission wurde der Synodalrat), personalrechtlicher (eine Anstellungsordnung für die Körperschaft und alle Kirchgemeinden) oder auch jurisdiktioneller Art (Entflechtung vom Staat, eigenständige Rekurskommission der Körperschaft).

Katholische Bevölkerung im Kanton Zürich

Jahr	Bevölkerung Kanton Zürich	davon katholisch (in Prozent der Gesamtbevölkerung)
1965	1 039 199	348 674 (33,6 %)
1970	1 107 788	396 238 (35,8 %)
1975	1 114 662	404 698 (36,3 %)
1980	1 109 998	392 756 (35,4 %)
1985	1 122 794	394 223 (35,1 %)
1990	1 154 631	396 621 (34,4 %)
1995	1 172 970	386 125 (32,9 %)
2000	1 206 708	377 604 (31,3 %)
2005	1 264 141	377 768 (29,9 %)
2010	1 371 007	387 678 (28,3 %)
2011	1 390 124	389 177 (28,0 %)
2012	1 406 083	390 158 (27,7 %)

Kirchenaustritte

Im Durchschnitt traten in den letzten 50 Jahren 2000 Personen pro Jahr aus der Kirche bzw. der Körperschaft aus. Die Zahlen sind kontinuierlich leicht ansteigend. Sprünge gibt es nur bei speziellen Ereignissen, so etwa nach oben in der Zeit von Bischof Haas (ab **1990**), nach unten nach dessen «Wegbeförderung» nach Vaduz (**1998**) und wiederum nach oben anlässlich des neuen Umgangs mit der Pius-Bruderschaft (**2009**) und dann vor allem nach den Missbrauchskandalen von **2010**. In diesem Jahr waren im Kanton 6161 Austritte zu verzeichnen, die Zahl ging im Folgejahr auf 3251 zurück und wuchs 2012 wieder leicht an.

Jahr	1965	1970	1975	1980	1985	1990	1991	1992	1993	1994	1995
Austritte	678	871	1018	1180	1457	3303	3132	3449	3538	2941	3218

Jahr	1996	1997	1998	1999	2000	2005	2009	2010	2011	2012
Austritte	2717	3290	1915	2227	2463	2843	3864	6161	3251	3492

Markus Notter, Giorgio Prestele

Der ehemalige Regierungsrat und der Generalsekretär des Synodalrats zur Entstehung des Kirchengesetzes von 2007

Neue Gesetzesgrundlagen haben am 1. Januar 2010 eine gewisse Entflechtung zwischen Staat und anerkannten Kirchen mit sich gebracht. Kann man jetzt sagen: Ende gut, alles gut? _____ Prestele: Man kann sagen: Vieles gut. An einem Ende sind wir sicher nicht angelangt, wenn man berücksichtigt, dass die Zahl der Personen, die keiner der anerkannten Kirchen und Religionsgemeinschaften angehören, weiter wächst. Ihnen wird man über kurz oder lang besser Rechnung tragen müssen.

Wie sieht das aus Ihrer Sicht aus, Herr Notter? _____ Notter: Was die drei christlichen Kirchen angeht, werden so rasch keine Änderungen notwendig werden. Sicher wird sich die Frage der Anerkennung weiterer Religionsgemeinschaften neben den bisher zwei jüdischen Gemeinschaften stellen.

Hat sich die vorgenommene Entflechtung bewährt? _____ Notter: Aus meiner Sicht ja. Der grössere Schritt war freilich nicht auf katholischer, sondern auf reformierter Seite nötig, denn dort war die Verknüpfung mit dem Staat viel grösser.

«Prestele: Die katholische Kirche ist in ihrer Autonomie gestärkt worden»

Und aus katholischer Sicht? _____ Prestele: Es stimmt, zwischen katholischer Kirche und Staat gab es nicht so starke Bindungen und damit kaum etwas zu entflechten. Die katholische Kirche ist in ihrer Autonomie gestärkt worden. Wir müssen verhältnismässig wenige Auflagen erfüllen, haben aber als gleichberechtigte Partnerkirche an Prestige gewonnen und erhalten nun auch substanzielle Kostenbeiträge des Staats.

Substanzielle Kostenbeiträge: Schwimmt die katholische Kirche nun im Geld? _____ Prestele: Das nicht, aber es geht ihr auch nicht schlecht. Dank der Beiträge aus der Staatskasse lassen sich nun die Kirchensteuern der Katholiken auf ein Mass senken, das denen der reformierten Steuerzahler ungefähr entspricht.

Der Kantonsrat genehmigt jeweils einen Rahmenkredit von 300 Millionen Franken für sechs Jahre als Beitrag an die anerkannten Kirchen. Ist der für alle Zeiten gesichert? _____ Prestele: Für die Jahre 2014 bis 2019 sind die Beiträge bewilligt. Der Anteil der katholischen Körperschaft beläuft sich auf rund 22 Millionen Franken im Jahr. Wir müssen und können belegen, dass das vom Staat erhaltene Geld nicht für kultische Zwecke ausgegeben wird, sondern zum Beispiel für soziale Aufgaben. _____ Notter: Das Gesetz ist massgebend, es schreibt die Höhe des Beitrags ungefähr fest. Der Kantonsrat kann den Betrag je nach Tätigkeitsbericht und Veränderung der Mitgliederzahl einer Kirche ein bisschen erhöhen oder kürzen, aber nicht im grossen Ausmass. Sonst müsste man zuerst das Gesetz ändern. Die Idee dahinter ist ja die: Die Kirchen erbringen gesamtgesellschaftlich relevante und erwünschte Leistungen, und das soll der Staat ein Stück weit mit Beiträgen fördern. Die Kirchen selbst tragen auch zu diesen Leistungen bei, und zwar aus eigenen Mitteln und mit viel Freiwilligenarbeit.

Wie schwierig waren die Verhandlungen zwischen der Kirchen- und der Staatsseite bei der Erarbeitung der neuen Gesetzesgrundlagen, die der Kantonsrat 2007 genehmigt hat? _____ Notter: Die Themen waren ja definiert: Es ging um das, was vor der Abstimmung über die Trennungsinitiative 1995 versprochen worden war, also um die Entflechtung von Kirche und Staat, um die Besteuerung der juristischen Personen, um die Frage der Autonomie der Kirchen beim Stimm- und Wahlrecht, und dann natürlich um die historischen Rechtstitel, die in erster Linie die reformierte Kirche betrafen. Heikel war die Frage der künftigen Gleichbehandlung, weil die reformierte Seite Abstriche gerade finanzieller Art hinzunehmen hatte. Aber es war allen Seiten klar: Die Gleichberechtigung war unumgänglich.

Gab es andere Knackpunkte, etwa bei der Zulassung des Stimmrechts für Ausländer? _____ Notter: Das war tatsächlich umstritten, weil es politische Kreise gab, die fanden, das wäre ein erster Schritt zum Ausländerstimmrecht auch in staatlichen Angelegenheiten. Immerhin konnten wir belegen, dass in keinem Kanton das Ausländerstimmrecht in kirchlichen Angelegenheiten zu einem allgemeinen Ausländerstimmrecht geführt hatte. Aber wir mussten dafür kämpfen, dass auch hier die Autonomie der Kirchen mehrheitlich akzeptiert wurde.

Musste auch gekämpft werden für die Besteuerung der juristischen Personen? _____ Notter: Ja. Es galt aufzuzeigen, dass die im Interesse der Gesamtgesellschaft erbrachten Leistungen der Kirchen gefährdet wären, wenn dieses Steuersubstrat nicht zur Verfügung stünde. Für die Beibehaltung der Leistungen hätte man dann entweder den Staatsbeitrag erhöhen müssen, oder die Kirchgemeinden wären zu markanten Steuerfusserhöhungen gezwungen gewesen. Dem Argument, dass juristische Personen keinen Glauben, keine Konfession und keine religiöse Überzeugung haben können, hat man mit der negativen Zweckbindung Rechnung getragen; das heisst, dass das von den juristischen Personen stammende Steuergeld nicht für innerkirchlich-kultische Zwecke verwendet werden darf.

225

War auch die Pfarrerwahl ein Thema? _____ Prestele: Ein Diskussionspunkt war vor allem die Wiederwahl von Pfarrern. Aber wir haben uns gefunden. _____ Notter: Sehr speziell war, dass der Bischof von Chur, Amédée Grab, in Begleitung seines Generalvikars und Weihbischofs Peter Henrici ins Kaspar-Escher-Haus kam. Wir stellten gemeinsam fest, es sei mutmasslich erstmals seit der Reformation, dass ein Bischof aus Chur persönlich in Zürich seine schriftlich abgegebene Stellungnahme mündlich erläuterte. Er erklärte seine grundsätzliche Zustimmung zur vorgesehenen Lösung, wobei er pflichtgemäss darauf hinwies, dass es zu gewissen Schwierigkeiten kommen könne. Gemeinsam haben wir festgestellt, dass diese Schwierigkeiten einfach zu lösen sind, wenn die Parallelität der Entscheidungen der innerkirchlichen und der staatskirchenrechtlichen Entscheidungsträger eingehalten werden kann.

Wie muss man sich die Verhandlungen über das Kirchengesetz zwischen der staatlichen und der kirchlichen Seite vorstellen? _____ Notter: Es gab einen regelmässigen Austausch, wobei immer Vertreter der beiden grossen Kirchen und des Staats anwesend waren. Die Verhandlungen gingen über zwei, drei Jahre. _____ Prestele: Beide Kirchen hatten zudem ihre Expertenkommissionen, und auch diese haben sich jeweils getroffen, um allfällige Differenzen auszuloten und möglichst zu bereinigen.

Ging die Umsetzung der Neuerungen problemlos vor sich? _____ Prestele: Von der technischen Seite aus kann man sagen: Es läuft.

Und die staatliche Oberaufsicht wird nicht als Bevormundung empfunden? _____ Notter: Die Oberaufsicht bezieht sich nur auf die Einhaltung der staatlichen Regelungen. _____ Prestele: Als positiv empfinde ich, dass der Kontakt mit dem Kantonsrat etwas institutioneller geworden ist. Die Vertreter aller anerkannter Kirchen und Religionsgemeinschaften stehen Rede und Antwort.

«Notter: Ich bin überzeugt, dass die jetzt gültige Regelung Zukunft hat»

Hat die Partnerschaft zwischen Kirchen und Staat Zukunft? _____ Prestele: Ich bin davon überzeugt. Wir haben etwa 15 Jahre miteinander daran gearbeitet, das Verhältnis neu zu ordnen. Jetzt sind die Karten neu verteilt. _____ Notter: Auch ich bin überzeugt, dass die jetzt gültige Regelung Zukunft hat. Sie kann auch eine tragfähige Grundlage sein für andere religiöse Gemeinschaften, die nach einer öffentlich-rechtlichen Anerkennung streben.

Ein weiteres Beispiel guter Zusammenarbeit zwischen dem Kanton Zürich und der Römisch-katholischen Körperschaft

Nach dem Auszug der psychiatrischen Klinik aus den Klostergebäuden auf der Insel Rheinau herrschte grosse Sorge um das Weiterbestehen der Anlage. Der Kanton und natürlich insbesondere die Gemeinde Rheinau waren interessiert, die Insel an absolut einmaliger Lage einem sinnvollen und auch nützlichen Zweck zuzuführen. Viele Ideen wurden erwogen – und verworfen; vom Hotelbetrieb bis zum Ethikzentrum, vom Museum bis zur Wiederbelebung des Klosters durch Benediktinermönche. Auch der Generalvikar und die Zentralkommission bemühten sich, wieder klösterliches Leben auf die Insel zu bringen. Aber die Benediktinerabteien in der Schweiz hatten allesamt zu wenig Mönche, um einen Teil nach Rheinau auszulagern. Es war ein Glücksfall, dass sich Schwestern aus Kehrsiten dafür interessierten, auf der Insel ein Haus der Stille zu führen. Der Kanton bot Hand und vermietete das Haus, in dem die ehemalige Eintrittsstation untergebracht war, für zunächst 30 Jahre an die Körperschaft, die es den Schwestern seither zur Verfügung stellt. Die Körperschaft, unterstützt durch die Paul Schiller-Stiftung, baute das Haus zum «Haus der Stille» um, und am 12. Mai 2000 konnten Generalvikar Henrici und ZK-Präsident Zihlmann die Urkunde zur Gründung der Stiftung «St. Magdalena zu Rheinau» unterzeichnen. Der Stiftungszweck ist die «Einrichtung und der Betrieb eines in ökumenischer Offenheit geführten Hauses der Stille und Besinnung (…) durch die Etablierung einer christlichen Ordensgemeinschaft», eingeschlossen die ökumenische Nutzung der Kapelle St. Magdalena, auch Spitzkirche genannt.

Das Bild zeigt die Ankunft der Schwestern in eisiger Kälte am 25. Februar 2002.

Was geschieht mit dem Geld der Körperschaft?

Daniel Kosch

Finanzierung der Kirche im Kanton Zürich

Die öffentlich-rechtliche Anerkennung der Katholischen Kirche im Kanton Zürich veränderte nicht nur das Verhältnis zwischen Staat und Kirche, sondern schuf auch die rechtlichen Voraussetzungen zur Erhebung von Kirchensteuern. Lebte die Kirche zuvor hauptsächlich von Spenden und auswärtiger Hilfe (etwa durch die Inländische Mission), sind es seit 1963 die Mitglieder der Kirchgemeinden und auch die Unternehmen, die mit ihren Kirchensteuern die materiellen Voraussetzungen für das kirchliche Leben schaffen.

Von der armen Kirche zur finanziell grössten kantonalkirchlichen Organisation der Schweiz

Aus der «armen» Kirche in der Diaspora wurde in den letzten fünfzig Jahren die grösste katholische kantonalkirchliche Organisation der Schweiz. Die Kirchensteuern der 390 000 Katholikinnen und Katholiken erbringen derzeit jährlich rund 125 Mio. Franken, hinzu kommen die Kirchensteuern juristischer Personen von 57 Millionen und Staatsbeiträge von über 22 Millionen. Pro Kirchenmitglied ergibt das Erträge von über 500 Franken pro Jahr.

Diese Zahlen werfen fast zwangsläufig die Frage auf, wofür die Gelder denn eingesetzt werden. Dank den demokratischen Strukturen der Kirchgemeinden und dank der finanziellen Transparenz durch öffentliche Budgets und Rechnungen kann man dazu nicht nur Vermutungen anstellen, sondern den Mitteleinsatz genau überprüfen und beziffern. Mehr noch: Die Mitglieder der Kirche haben es – weil sie zugleich Mitglieder der Kirchgemeinde sind – selbst in der Hand, auf die Verteilung der Mittel Einfluss zu nehmen. Die Kirchgemeindeversammlungen befinden über Budget und Steuerfuss, die Kirchenpflegen, die die Steuern verwalten, sind demokratisch gewählt, die Jahresrechnungen sind öffentlich zugänglich.

Unterschiedliche Akzente – aussagekräftige Durchschnittswerte

Da jede Kirchgemeinde und Pfarrei eigene Schwerpunkte setzt und unterschiedliche Voraussetzungen zu berücksichtigen hat, gibt es keine «Standard-Verteilung» der verfügbaren Mittel. Wer dabei ist, das Pfarreizentrum zu renovieren, braucht überdurchschnittlich viel Geld für Liegenschaften. Wo drei Alters- und Pflegeheime zum Pfarreigebiet gehören, fallen höhere Kosten für Altersarbeit an. Wo eine Seelsorgerin es versteht, die Jugendlichen anzusprechen und spannende Projekte zu realisieren, ist dieser Budgetposten vielleicht überdurchschnittlich hoch. Trotzdem zeigen die Durchschnittszahlen, was mit den Kirchensteuern geschieht. Von 100 Franken gehen folgende Beiträge in 8 Bereiche:

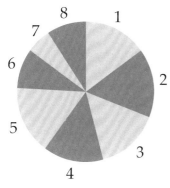

- **1** die Besoldung der Pfarrer und Gemeindeleitung, die Migrantenseelsorge sowie der Sachaufwand für die Liturgie (15 Franken)
- **2** der diakonische Einsatz in Bereichen wie Jugend- und Altersseelsorge sowie kirchliche Sozialarbeit (16 Franken)
- **3** der Unterhalt und die Betreuung der kirchlichen Liegenschaften, wozu auch die Besoldung von Sigrist und Hauswartspersonal gehören (14 Franken)
- **4** die Kosten für die Verwaltung der Pfarrei und Kirchgemeinde, zu der neben Sekretariat und Behörde auch die Kosten für die Pfarrköchin oder andere Personen gehören, die im «Backoffice» tätig sind (15 Franken)
- **5** die Finanzierung der Kantonalkirche und ihrer Werke (16 Franken), wozu

z. B. die Jugend-, Lehrlings- und Mittelschulseelsorge, die Spitalseelsorge, die Paulus-Akademie, das Forum, die Caritas Zürich, das Generalvikariat und das Bistum gehören. (Die römische Kirchenleitung erhält keine Kirchensteuermittel aus der Schweiz – wohl aber freiwillige Spenden und Kollekten.)

Zwei weitere Bereiche benötigen etwas weniger Geld, gehören aber auch zum Kerngeschäft:
- **6** die Bildung, zu der vor allem Katechese und Religionsunterricht gehören (9 Franken)
- **7** «Kultur», vor allem für Kirchenmusik (6 Franken)
- **8** ordentliche Abschreibungen im Verwaltungsvermögen, Kapitalkosten, zusätzliche Abschreibungen und Diverses (9 Franken).

Solidarisch mit Bistum und Kirche Schweiz

Die gut gestellte katholische Kirche im Kanton Zürich setzt ihre Mittel nicht nur für den eigenen Bedarf ein. Ein Teil der Mittel geht an die Bistumsleitung, und ein anderer Teil geht an die Römisch-Katholische Zentralkonferenz der Schweiz (RKZ) für schweizweite Aufgaben. Noch stärker fallen jene Gelder ins Gewicht, die für soziale Projekte, für die Unterstützung und Beratung von Menschen in materieller oder seelischer Not oder auch für Solidarität mit Menschen und mit der Kirche weltweit eingesetzt werden. Die Entwicklung der finanziellen Situation seit 1963 erlaubt, hilfsbereit und solidarisch zu sein und auch auf diesem Weg Zeugnis für den christlichen Glauben und die christlichen Werte abzulegen.

Max Elmiger

Direktor Caritas Zürich

Caritas Zürich hat angekündigt, dass sie, obschon sie doch erfolgreich wirkt, ihre Strategie ändern will. Warum? _____ Weil sich die Bedürfnisse ändern. 1926, zum Zeitpunkt der Gründung der Caritas Zürich als loser Verband von 26 karitativ tätigen Organisationen, war zum Beispiel die Not gross bei den Gesellen, das heisst bei ledigen Männern, die vor allem aus katholischen Gegenden wie der Innerschweiz nach Zürich kamen und hier Arbeit suchten. Heute würden wir sie als Working poor bezeichnen. Die Antwort auf die damalige Armut waren Suppenküchen. Heute befinden wir uns in einem multikulturellen System, das bringt ganz andere Herausforderungen mit sich. Es sind neben anderen Gruppen sozial benachteiligter Menschen immer noch die Working poor, um die wir uns kümmern. Zur neuen Strategie gehört, dass wir uns besonders mit Familien befassen. Sie laufen das grösste Risiko zu verarmen.

Gehört es nicht zum Bild der Caritas, dass sie sich überall für Benachteiligte einsetzt? _____ Doch, wir bekommen auch oft zu hören: Die Caritas ist doch für alle da. Aber wir befinden uns in einem ganzen Netzwerk von karitativ tätigen Organisationen, die alle ihre Bedeutung haben und mit denen wir kooperieren. Die Mittel sind beschränkt. Es ist nicht möglich und auch nicht angebracht, dass wir sämtliche Bereiche abdecken.

Was ist das spezifisch Katholische an der Caritas? _____ Solidarität gestützt auf die katholische Soziallehre war und ist etwas ganz Kräftiges. Die hier Ansässigen fühlten sich immer auch für die Zugewanderten verantwortlich, haben sie in die Gemeinschaft aufgenommen. Bei der Caritas sind alle – egal welcher Nationalität oder Religion – willkommen. Das gilt etwa auch bei unserer Weihnachtsfeier. Ursprünglich vor allem für einsame ledige Männer gedacht, ist sie heute ein bunter Multikultianlass für alle, die an diesem Abend die Gemeinschaft suchen. Da hat es ganz selbstverständlich auch Muslime dabei. Wir passen unsere Aktivitäten immer wieder neuen Gegebenheiten an. Zuletzt haben wir das Projekt Compirat entwickelt. Wir merkten im Kontakt mit Armutsbetroffenen, dass viele von ihnen kaum Zugriff auf einen Computer und Mühe haben, ein Bewerbungsschreiben zu entwerfen. Wir bieten nun Computerkurse für Anfänger an. Wie bei anderen Projekten arbeiten hier viele Freiwillige mit.

Die Caritas-Bewegung ist nicht in der Schweiz entstanden. _____ Nein, sie entstand 1897 in Deutschland, und 1901 formierte sich in Luzern der erste Schweizer Caritas-Verband.

«Solidarität gestützt auf die katholische Soziallehre war und ist etwas ganz Kräftiges»

Caritas geniesst die Unterstützung der katholischen Kirche, von der sie namhafte Beiträge erhält. Die Synode etwa bewilligt jährlich über 2 Millionen Franken. _____ Insgesamt kommt ein Viertel unserer Finanzen von der Körperschaft und innerkirchlichen Instanzen. Das ist ein wichtiges Zeichen dafür, dass die Katholische Kirche im Kanton Zürich hinter uns steht.

Sind Sie der Synode oder dem Bischof gegenüber rechenschaftspflichtig? _____ In unseren Statuten ist festgehalten, dass wir im Auftrag des Diözesanbischofs arbeiten. Wir sind ein eigenständiger Verein mit dem Zürcher Generalvikar als Präsidenten. Auch der Synodalrat ist im Vorstand vertreten.

Wo ist die Caritas einzigartig? _____ Sicher im Bereich der Armutsbekämpfung. 2010 haben wir schweizweit eine Kampagne lanciert mit dem Ziel, dass mit der Zeit in jedem Kanton unter anderem ein Armutsmonitoring durchge-

führt wird. In Zürich haben wir das schon fast erreicht.

Es machen 400 Freiwillige mit. Ist es schwierig, diese zu finden? _____ Wenn ein Einsatz überblickbar ist und man sich für eine konkrete Aufgabe für ein Jahr verpflichten muss, ist es eher einfach. Ein Beispiel ist das Mentoringprogramm Incluso, wo es darum geht, Schülerinnen und Schüler im letzten Schuljahr zu befähigen, eine Lehrstelle zu finden. Auch Patenschaften laufen gut, diese dauern drei Jahre.

Die Caritas unterstützt auch die Pfarreien in ihren diakonischen Aufgaben. _____ Wir haben die entsprechende Fachstelle ausbauen können. Wir stehen in Kontakt mit vielen Seelsorgeteams und unterstützen sie in ihren diakonischen Aufgaben. Wir beraten, begleiten und informieren beim Aufbau von sozialen Angeboten, bei der Vernetzung im Quartier und mit anderen Seelsorgeteams sowie bei der Öffentlichkeitsarbeit. Eine Fachstelle bietet Bildung an zum Thema «Begleitung in der letzten Lebensphase».

Aber die Caritas ist keine Anlaufstelle für Bettler? _____ Nein, das könnten wir nicht leisten. Es ist sinnvoller, wenn in jeder Gemeinde im Pfarreirat oder in der Kirchenpflege jemand zuständig ist für Soziales und wenn in den Seelsorgeteams entsprechende Kompetenzen und Ressourcen vorhanden sind. Wir fördern die Sozialarbeit vor Ort, es ist nicht unser Ziel, alles an uns zu ziehen.

Monika Stocker

Ehemalige Zürcher Stadträtin
zur Bedeutung des Sozialen
in der Kirche

Sie waren als Stadträtin von Zürich Vorsteherin des Sozialdepartements, jetzt sind Sie unter anderem Präsidentin der Heimkommission des Alters- und Pflegeheims St. Peter und Paul, das von der Pfarrkirchenstiftung St. Peter und Paul getragen wird. Wie wichtig ist das soziale Engagement der Kirchen? _____ Es ist sehr wichtig, denn die sozialen Einrichtungen der Stadt sind sicher gut und nötig, aber sie decken nie alle Bedürfnisse ab. Das können sie auch nicht. Die Stadt verlangt zum Beispiel, dass die Personen, die Hilfe beanspruchen, in der Stadt selbst wohnen, zum Teil sogar schon seit mehreren Jahren. Es gibt viele Regeln und Bestimmungen, die einzuhalten sind. Ausnahmen können nicht gemacht werden, auch wenn einem ein Einzelschicksal vielleicht nahegeht. Eine Sachbearbeiterin, die staatliche Mittel zuspricht, kann nicht aus lauter Mitleid ihre Vorschriften verletzen. Die Kirche hingegen kann grosszügig sein. Es wäre ätzend, wenn das nicht mehr möglich wäre.

Und sie tut das auch? _____ Erfreulicherweise ja. Der Staat kann froh sein, dass es die Kirchen gibt mit ihren diakonischen Einrichtungen. Da kann Mitmenschlichkeit gelebt werden. Der Staat kann nicht lieben, er kann und soll fair und gerecht handeln. Diakonie, Caritas können weiter gehen. So finden etwa im «Pfuusbus» des reformierten Pfarrers Ernst Sieber alle möglichen Leute Unterschlupf. Auch die katholische Caritas hilft unbürokratisch. Das gilt für sehr viele Einrichtungen mit kirchlicher Basis. So haben kirchliche Stellen den Immigranten Hilfe angeboten, als der Staat noch lange nicht daran dachte. Sie haben die aufkommenden Probleme erkannt und etwa für die Kinder die Doposcuola eingerichtet sowie Beratungsstellen und vieles andere mehr. Oder denken wir an die Gefangenenseelsorge. Was hier geleistet wird, etwa im Flughafengefängnis, einem schrecklichen Ort, das ist bewundernswert. Die Seelsorgerinnen und Seelsorger beider Konfessionen leisten eine sehr wichtige Arbeit bei Menschen, die kaum mehr eine Perspektive haben.

Manchmal erheben ja auch kirchliche Persönlichkeiten ihre Stimme, um

auf Not aufmerksam zu machen. _____ Das braucht es. Wenn etwa Martin Werlen als Abt von Einsiedeln deutlich sagt, auch Asylbewerber seien Menschen, kann das eine grosse Wirkung haben. Wenn keiner etwas sagt, wenn es darum ginge, Fehlentwicklungen zu stoppen, wäre das verhängnisvoll.

> «Wenn etwa Martin Werlen als Abt von Einsiedeln deutlich sagt, auch Asylbewerber seien Menschen, kann das eine grosse Wirkung haben»

Sie haben sich an der Universität Freiburg i. Ü. auch mit der Soziallehre befasst? _____ Im Rahmen des Studiums der Sozialarbeit haben wir auch die katholische Soziallehre eingehend studiert. Sie ist in meinen Augen auch heute ein sehr taugliches Instrument. Etwa wenn sie postuliert, dass Eigentum eine Verpflichtung bedeutet. Dass Menschen, denen es gut geht, sich für die einsetzen, denen es schlechter geht: Das ist doch eine gute Richtschnur für unser Leben.

Zurück zur Pfarrkirchenstiftung von St. Peter und Paul: Gilt auch für sie, dass sie grosszügig sein kann? _____ Durchaus. Das Alters- und Pflegeheim etwa wird in ökumenischem Geist geführt, es werden auch Mitglieder der evangelisch-reformierten Kirchgemeinde Aussersihl sowie der angrenzenden Gebiete aufgenommen, damit sie im vertrauten Lebensumfeld bleiben können. Ausserdem unterhält die Stiftung das Haus zur Stauffacherin. Das ist ein Hotel, aber auch eine Pension für Frauen, die eine spezifische Betreuung brauchen. Wir haben mit dem Kanton Zürich eine Leistungsvereinbarung für diese soziale Aufgabe und werden dafür entschädigt. Aber wir sind dennoch freier als eine kantonale oder städtische Institution.

Sie sind auch aktiv im Christlichen Friedensdienst, jetzt als Präsidentin. _____ Auch das ist mir ein Anliegen. Er ist aus der religiös-sozialen Bewegung entstanden, ebenso die Zeitschrift «Neue Wege», deren Co-Redaktorin ich bin. Auch hier geht es darum, die katholische Soziallehre, aber auch die religiös-soziale Tradition eines Leonhard Ragaz zu debattieren und auf die heutige Zeit umzusetzen.

Haben Sie auch im Stadtrat versucht, in Ihrer Arbeit die Soziallehre umzusetzen? _____ Da spielte das spezifisch Kirchliche kaum eine Rolle, die ethische Grundhaltung aber durchaus. Doch wenn etwa bei einem runden Geburtstag von Bischof Amédée Grab in Chur Repräsentationspflichten wahrzunehmen waren, dann habe ich mich gerne zur Verfügung gestellt.

Wir beurteilen Sie, dass das Verhältnis von katholischer Kirche und Staat 1963 im Kanton Zürich neu geregelt wurde? _____ Vor fünfzig Jahren, als der katholischen Kirche von der Stimmbürgerschaft der öffentlich-rechtliche Status zuerkannt wurde, war das revolutionär. Beide Seiten haben davon profitiert. Und die Menschen ebenfalls. Es wäre von grossem Schaden, wenn das rückgängig gemacht würde.

Gesellschaft ethisch mitgestalten

Thomas Wallimann
Leiter des Sozialinstituts der KAB

Die Anfänge der KAB (Katholische Arbeitnehmerinnen- und Arbeitnehmer-Bewegung) gehen auf die Enzyklika «Rerum novarum» von Leo XIII. aus dem Jahr 1891 zurück. Darin setzt sich der Papst mit den Entwicklungen in der Arbeitswelt auseinander, kritisiert die kapitalistischen wie sozialistischen Entwicklungen und ruft die Arbeiter dazu auf, sich zusammenzuschliessen und gemeinsam für gerechtere Arbeitsverhältnisse zu kämpfen.

Ethische Wegweiser
In der Folge entstehen 1899 in St. Gallen die ersten Arbeitervereine. Und schon in den ersten Jahren des 20. Jahrhunderts etablierte sich in Zürich unter der Führung sozial eingestellter Priester eine engagierte Arbeiterschaft. Damals kam das Zentralsekretariat der Katholischen Arbeiter erstmals nach Zürich, ein zweites Mal Anfang der 50er-Jahre – nun als KAB-Zentralsekretariat – und befindet sich seither an der Ausstellungsstrasse 21 mitten in der Stadt.

Bildung als Kernaufgabe
Der Blick in die Anfänge zeigt, dass sich die katholischen Arbeiter und Arbeiterin-

nen nicht nur für gerechte Arbeitsverhältnisse und bessere Lebensumstände ihrer Kreise einsetzten, sondern sich auch für die öffentlich-rechtliche Anerkennung der Katholiken stark machten. Ganz im Gefolge der von «Rerum novarum» geforderten Ausrichtung taten sie dies weder klassenkämpferisch revolutionär noch anpasserisch bürgerlich, sondern mit enorm langem Atem investierten sie in Bildung und Wissensvermittlung.

Mit dem Dreischritt «Sehen - Urteilen - Handeln» etablierte sich – herausgewachsen aus der Arbeiterjugend der 1950er Jahre – eine griffige Methode: So muss, wer Probleme wahrnimmt (Sehen), diese analysieren (Urteilen I), und aus seiner eigenen Werthaltung heraus beurteilen (Urteilen II) können, um das Richtige zu tun (Handeln). Entscheidend dabei sind Analyse und Werthaltungen. Nicht um Glaubenssätze und Katechese geht es darum der Soziallehre, die sich im Gefolge von «Rerum novarum» entwickelte. Vielmehr will sie helfen, angesichts von komplexen Entwicklungen aus christlicher – auch kirchlicher – Sicht Orientierungspunkte in Erinnerung zu rufen, und so Menschen vor Ort helfen, dank diesen «Sozialprinzipien» die Welt menschlicher und gerechter zu gestalten.

Ethische Wegweiser

Kernpunkt bildet das Personalitätsprinzip: Die Wirtschaft muss für den Menschen da sein! Im Zentrum aller gesellschaftlichen Anstrengungen muss das Wohl des Menschen stehen. Hierzu bildet das Solidaritätsprinzip eine Art «Prüfstelle»: Christlich verstandene Solidarität heisst vorrangige Option für Arme und Benachteiligte. Bei allen Gestaltungsaufgaben geht es letztlich um das Gemeinwohl. Als Prinzip erinnert es daran, dass nicht einzelne übermässig viel profitieren und andere übermässig Lasten tragen dürfen. Mit dem Subsidiaritätsprinzip (bereits 1931 formuliert) wurde die Soziallehre schliesslich berühmt. Es besagt, dass angesichts unterschiedlicher Ebenen und Zuständigkeiten in einer modernen Gesellschaft in erster Linie Hilfe zur Selbsthilfe zu leisten ist. Arbeiten sollen auf jenen Ebenen erledigt werden, wo dies am besten geschieht. Damit wirkt es gegen Machtkonzentrationen. Doch es verpflichtet die übergeordneten Instanzen gleichwohl – was gerne unterschlagen wird – Hilfe zu leisten, wenn Aufgaben auf unteren Ebenen nicht geleistet werden können. Immer mehr wird in jüngster Zeit auch die Nachhaltigkeit als Prinzip in sozialethischen Texten der Kirche angeführt. Dabei geht es nicht nur um Bewahrung der Schöpfung, sondern auch darum, eine langfristige Perspektive zu wahren und an die kommenden Generationen zu denken.

Ausblick

In unzähligen Bildungsveranstaltungen hat die KAB auch im Kanton Zürich Menschen nicht nur für die Zusammenhänge in Staat und Wirtschaft sensibilisiert, sondern ihnen mit der Soziallehre und ihren Prinzipien auch konkrete Wegweiser für ihre gesellschaftspolitische Arbeit als Arbeiter, Gewerkschafterin, Kirchenmitarbeiter, Politikerin oder Vereinsverantwortliche mitgegeben. Ohne fundiertes Wissen über Zusammenhänge und speziell Wertgrundlagen lässt sich keine Gesellschaft wirklich beeinflussen und gestalten.

> «Christlich verstandene Solidarität heisst vorrangige Option für Arme und Benachteiligte»

Kirche sein in unserer heutigen Welt heisst in der Tradition der KAB darum Wertvorstellungen in den gesellschaftlichen Dialog einbringen, aktuelle Entwicklungen sehen, analysieren und Einfluss nehmen. Denn hinter allen gesellschaftlichen, politischen oder wirtschaftlichen Entwicklungen stecken Werthaltungen, die es erst einmal freizulegen gilt. Aus dem Wissen und der Praxis der eigenen Wertordnung entwickelt sich so die Fähigkeit zum Dialog. Unsere Gesellschaft, unsere Wirtschaft wie auch der Staat brauchen eine Kirche, die prägnant und fundiert ihre Wertvorstellungen in den gesellschaftlichen Dialog einbringt.

Zentralkommission, dann Synodalrat: Ära Schnüriger (ab 2007)

Am 20. September 2007 übernahm der Jurist Benno Schnüriger von René Zihlmann das Präsidium der ZK. Gleich wie sein Vorgänger gehörte er vor dessen Übernahme der Zentralkommission nicht an, hatte aber über Jahre als Präsident der Kirchgemeinde Zürich-Dreikönigen gewirkt und kannte als Rechtskonsulent des Zürcher Gemeinderates Spielregeln und Tücken eines parlamentarischen Betriebs bestens.

Zwölf Tage zuvor wurde in der Klosterkirche in Einsiedeln – die Kathedrale in Chur war wegen der Gesamtrenovation noch nicht benutzbar – Vitus Huonder zum Bischof von Chur geweiht und als Apostolischer Administrator für die Kantone Zürich, Glarus, Ob- und Nidwalden sowie Uri (ohne das Urserental) bestimmt, denn diese Teile sind seit 1819 dem Bistum Chur zugeordnet, nicht einverleibt. Die endgültige Regelung der Bistumszuteilung des Kantons Zürich ist nach fast 200 Jahren noch immer offen. Das ist eine Thematik, die nicht nur René Zihlmann beschäftigt hat, sondern den Synodalrat bis heute bewegt und auch Eingang in die Legislaturziele 2011–2015 gefunden hat: «Im Bistum Chur wird unter Einbezug des Bischofs, des Bischofsvikars für die Beziehungen zu den staatskirchenrechtlichen Organisationen und den Kantonen sowie der Biberbrugger Konferenz eine auf Respekt basierende Zusammenarbeit gepflegt. Es werden konkrete Schritte zur Neueinteilung der Bistümer unternommen.»

Seit der Inkraftsetzung des neuen Kirchengesetzes auf 1. Januar 2010 heisst die Exekutive der Körperschaft nicht mehr Zentralkommission, sondern Synodalrat.

Das Verhältnis des Synodalrats zum Churer Bischof Vitus Huonder und dessen Generalvikar Martin Grichting ist seit 2007 so gespannt, dass dies sogar öffentlich spürbar wird. Nach den Rücktritten von Regens Ernst Fuchs und vom Bündner Generalvikar Andreas Rellstab, die sich vom Bischof nicht mehr getragen wussten, ernannte Huonder im April 2011 Joseph Bonnemain zum Bischofsvikar für die Beziehungen zu den staatskirchenrechtlichen Organisationen und den Kantonen. Dieser ausgezeichnete Kenner des (Staats-)Kirchenrechts und der pastoralen Situation in der Schweiz betätigt sich zusammen mit den Generalvikaren Josef Annen und Martin Kopp als Brückenbauer.

Innere Konsolidierung

Den genannten Widrigkeiten auf Bistumsebene zum Trotz setzen sich die Synode, der Synodalrat und der Zürcher Generalvikar im Kanton Zürich für das ein, was in den geltenden Legislaturzielen als Leitsatz festgelegt ist: «Dienst an den Mitmenschen als erste und grundlegende Lebensfunktion der Kirche.» Damit wird die Verpflichtung auf die Diakonie, die Weihbischof Henrici 1999 festgeschrieben hat, weiterhin als Schwerpunkt umgesetzt und eine «Geh-hin-Kirche» betont und gelebt.

Noch offene Bistumsfragen in der Schweiz

Nach der Synode 72 legte 1980 eine Projektkommission der Schweizer Bischofskonferenz ein Konzept für eine Bistumsreorganisation vor. 1992 beschäftigte sich eine Tagung an der Universität Freiburg i. Ü. damit («Neue Bistumsgrenzen, neue Bistümer»). 2001 schliesslich wurde der anachronistische «Bistumsartikel», der die Errichtung von Bistümern in der Schweiz der staatlichen Genehmigungspflicht unterstellte, aus der Verfassung der Eidgenossenschaft gestrichen. Dieser diente bisher als praktikable Ausrede, die Bistumsfrage ruhen zu lassen. Erst Libero Gerosa schlug 2010 im wichtigen Tagungsband «Katholische Kirche und Staat in der Schweiz» vor, in der Schweiz drei Kirchenprovinzen zu errichten (die erste mit den Bistümern Basel und Luzern, die zweite mit Chur, St. Gallen und Zürich, die dritte mit Freiburg, Genf und Sitten, das Bistum Lugano exempt belassend). Er erachtet die Einführung neuer Bistümer und die Einrichtung von Kirchenprovinzen als dringlich, um den historischen und soziologischen Gegebenheiten wie auch der katholischen Kirchenlehre gerecht zu werden, die die wechselseitige Immanenz von Teilkirchen und Gesamtkirche fordert: Der einzelne Bischof trägt nicht nur Verantwortung für seine eigene Diözese, sondern auch für die umliegenden Bistümer und für die Weltkirche.

Urban Fink sprach sich 2013 für eine grundlegende Neuordnung aus pastoralen Gründen aus: In der heutigen Situation mit der Bildung von Seelsorgeräumen, in denen das kirchliche Personal weiter von den Gläubigen entfernt ist, ist umso mehr die Nähe des Bischofs zu seinen hauptamtlichen Mitarbeitenden und den Gläubigen nötig. Das ist nur mit kleineren Bistümern machbar.

Verpasste Chance für den Kanton Zürich

Seit 1970 stand die Bistumsfrage regelmässig auf der Traktandenliste der Zentralkommission. 1990 reichte Bischof Johannes Vonderach zusammen mit der Zürcher Körperschaft bei der Schweizer Bischofskonferenz ein Gesuch ein, das unbeantwortet blieb.

Amédée Grab gelang es als Bischof von Chur, die enorm aufgewühlte Situation zu beruhigen. Nun erachteten die Zentralkommission und die beiden Weihbischöfe den Zeitpunkt als gekommen, die unerledigte Bistumsfrage anzupacken. Die Errichtung eines Doppelbistums Chur-Zürich mit einer Konkathedrale in Zürich wurde so weit vorangetrieben, dass 2006 die Umsetzung unmittelbar bevorstand, auch befürwortet vom Zürcher Regierungsrat und vom reformierten Kirchenrat.

Die Umsetzung unterblieb, weil Bischof Grab trotz seiner Zusage das Geschäft liegen liess mit der Begründung, Nidwalden sei dagegen. Auch andere Unterlassungen sind zu nennen: Er ernannte seine Weihbischöfe nicht, wie andernorts üblich, zu Domherren, was der Hilflosigkeit des Domkapitels 2007 nur Vorschub leistete. Ebenso wenig bemühte sich Grab um Remedur im Bischöflichen Hof.

Dass der Zürcher Synodalrat 2013 sich nun erneut bei der Schweizer Bischofskonferenz gemeldet hat, geht auf eine schriftliche Anfrage aus der Synode zurück. Es erstaunt aber, dass die Bischofskonferenz die Zürcher Körperschaft an Bischof Huonder verwies. Selbstverständlich ist dieser für ein Zürcher Bistum neben Rom der Hauptansprechpartner; aber nicht nur: Die andern Bischöfe stehen auch in der Mitverantwortung.

Benno Schnüriger, Dr. iur.

Geboren 1951. Nach der Matura Studium der Jurisprudenz an der Universität Zürich. Schnüriger ist Rechtsberater für öffentliche Verwaltungen und seit 2007 Präsident der Zentralkommission bzw. des Synodalrates.

Das duale System – eine eidgenössische Tradition

Benno Schnüriger

Die historischen Wurzeln des heutigen dualen Systems liegen im Mittelalter. Für kirchliche Bauten und Entlöhnung der Geistlichen sorgte der Ertrag von verpachtetem Land: den Pfründen. Diese waren im Besitz oder in der Verwaltung von Familien, Klöstern und Gemeinden, die dem Bischof die Pfarrer oder Kapläne als Nutzniesser dieser Pfründe vorschlagen konnten. Man nannte das früher «Kollaturen», «Patronate» oder «Historische Rechtstitel». In der Schweiz waren die Kollatoren häufig Stadtgemeinden, Zünfte oder Alpgenossenschaften, deren Räte oder Versammlungen die Geistlichen bestimmen konnten. Mit einer Bulle vom 8. Januar 1513 bestätigte Papst Julius II. diese Kollaturrechte der Genossenschaften – und damit die Pfarrwahlen – ausdrücklich, und auch die Reformation hat sie nicht angetastet. Im Lauf des 19. Jahrhunderts wurden die meisten Kollaturen abgelöst, weil ihr Ertrag nicht mehr genügte, und die Kirchgemeinden erhoben nun Kirchensteuern und konnten dafür die Geistlichen wählen. Die staatskirchenrechtlichen Institutionen und Behörden in den Deutschschweizer Kantonen beruhen also auf der Tradition der Selbstverwaltung und der Genossenschaften und sind die logische Folge der Neuordnung der Gemeindeaufgaben und des verfassungsrechtlichen Gebots der Trennung von Kirche und Staat. Wer in der Schweiz Steuern erheben darf, bedarf der demokratischen Legitimation und Organisation. Die meisten Kantone gewähren deshalb nur demokratisch verfassten Kirchgemeinden das Recht, Kirchensteuern zu erheben, nicht aber der Kirche bzw. dem Bistum als solchem. Aus diesem unhinterfragten und unhinterfragbaren Beharren auf dem direktdemokratischen Prinzip erklärt sich, weshalb die meisten Kantone von den Katholiken eine demokratische Organisation ihrer Pfarreien als Kirchgemeinden fordern, bevor sie diesen das kirchliche Besteuerungsrecht verleihen.

«Die staatskirchenrechtlichen Institutionen und Behörden beruhen auf der Tradition der Selbstverwaltung»

238

Die kirchlichen und staatskirchenrechtlichen Organisationen, namentlich die Bistümer und die römisch-katholischen Körperschaften der Bistumskantone stehen sich zwar selbstständig gegenüber, befassen sich aber beide mit kirchlichen Aufgaben. Der gleichartige Zweck und dieselben Mitglieder in beiden Strukturen schaffen ein Rechts- und Beziehungsgeflecht. Insbesondere steht dem Recht zur Steuererhebung die Verpflichtung gegenüber, mit diesen finanziellen Mittel die Voraussetzungen für die Entfaltung kirchlichen Lebens zu schaffen. Die staatskirchenrechtlichen Organe haben gemäss ihrer eigenen Verfasstheit also die einzige Aufgabe, das kirchliche Wirken finanziell zu ermöglichen und zu unterstützen. Damit die staatskirchenrechtlichen Organe, sei es auf Ebene der Kirchgemeinden oder der kantonalen Körperschaften diese ihre Existenz rechtfertigende Aufgabe wahrnehmen können, brauchen sie einen verlässlichen und erreichbaren Partner, der ihnen aus theologischer und pastoraler Sicht Handlungsperspektiven eröffnet. Deshalb schreiben die Kirchgemeindeordnungen und die Kirchenordnung im Kanton Zürich vor, dass der Pfarrer oder die gemeindeleitende Person bzw. der Generalvikar an den Sitzungen von Kirchenpflege bzw. Synodalrat mit beratender Stimme teilnimmt. Der Synodalrat und der Generalvikar für die Bistumsregion Zürich/Glarus agieren deshalb nicht in abgeschotteten, parallelen Systemen. Sie wirken umso effizienter und stärker, je mehr sie miteinander verflochten sind.

Körperschaft und Kirchgemeinden sind jedoch auch in die kirchlichen Strukturen eingebunden. Die römisch-katholische Kirche versteht sich als Universalkirche.

Sie ist weltweite Gemeinschaft in und aus lokalen Gemeinschaften, repräsentiert durch den Ortsbischof. Deshalb müssen wir nun den Blick weiten, über den Kanton Zürich hinaus, auf das Bistum, selbst wenn der Kanton Zürich diesem lediglich administrativ zugeordnet ist. Denn wenn der Zweck der staatskirchenrechtlichen Körperschaften auf die Erfüllung des Auftrages der Kirche ausgerichtet ist, so können sich diese nicht auf die Finanzierung der Pfarreien und kantonalkirchlicher Aufgaben beschränken. Sie müssen aus dem Selbstverständnis der Kirche heraus auch die materiellen Bedürfnisse des Bistums als Ganzes absichern. Die beiden Stichworte dazu sind Verbindlichkeit und Solidarität. Anzustreben ist somit eine gemeinsame Vereinbarung zwischen den kantonalen staatskirchenrechtlichen Körperschaften und dem Bistum. Gegenstand dieser Übereinkunft können alle Fragen gemeinsamen Interesses sein. Ein zentraler Platz wird dabei aber – nebst einer gegenseitigen Anerkennung im jeweiligen Aufgabenbereich – klarerweise die notwendige Finanzierung des Bistums einnehmen. Für die Umsetzung der Vereinbarung müssen gemeinsame Organe und Kommissionen geschaffen werden, die über beratende, beschlussfassende und beaufsichtigende Kompetenzen in Finanzfragen verfügen. Da sich die kantonalen Körperschaften nicht als blosse Sponsorenvereinigungen für die Kirche verstehen, wollen sie ihrer Zwecksetzung gemäss auch einen wichtigen Beitrag zum Gedeihen und zur Erfüllung des kirchlichen Auftrages leisten. Es gibt also noch einiges zu tun, im dualen System.

Kirche und Kommunikation

Iwan Rickenbacher
Kommunikationsberater

«Kirche ist Kommunikation, denn am Anfang war das Wort», diesen Satz prägte Pater Roland B. Trauffer, der frühere Generalvikar des Bistums Basel, in einem Vortrag vor PR-Fachleuten.

Die Frage stellt sich heute, wen das Wort erreichen soll: Die immer kleiner werdende Schar der sehr kirchennahen Gläubigen, der sogenannten «Institutionellen» (ca. 17 Prozent der Schweizerinnen und Schweizer)? Oder sollen kirchliche Botschaften und Aussagen auch die Distanzierten ansprechen, die in der Schweiz etwa 64 Prozent der Bürgerinnen und Bürger ausmachen, Menschen, die zwar Kirchensteuern zahlen, Menschen aber, für die kirchliche Strukturen, Prozesse und Aussagen im Leben nicht zentral sind?

«Die Frage stellt sich heute, wen das Wort erreichen soll»

Die Beantwortung der Frage, wie, wann und in welcher Art die Kirche bzw. ihre Repräsentanten kommunizieren sollen, hängt wesentlich von der Entscheidung ab, wen sie erreichen will. Unter den Gläubigen und den Amtsinhabern scheint die Frage, ob die Kirche in der Schweiz eine Volkskirche oder eine homogene Gemeinschaft Hochreligiöser sein soll und sein wird, kontrovers beurteilt zu werden. Richtet sich die Kirche primär an Letztere, dann ist die Kommunikationsfrage innerhalb der traditionellen Kanäle weitgehend gelöst.

Die Frage nach Qualitäten und Wirkungen der kirchlichen Kommunikation stellt sich vorab dann, wenn auch Frauen, Männer, Familien erreicht werden sollen, die nicht regelmässige Kirchgänger sind, die sich aber den Werten, die die Kirche vertritt, verbunden fühlen und die auch bereit sind, deren Werke zu unterstützen. Dann steht die Kirche vor ähnlichen Herausforderungen wie andere Institutionen, wie der Staat zum Beispiel. Institutionen haben sich mit abnehmenden Bindungskräften zu befassen. Traditionelle Kommunikationsmittel werden nicht mehr benutzt. Die Zielgruppen werden multikultureller. Bisher homogene Gemeinschaften differenzieren sich bis hin zu ihren Informationsgewohnheiten.

Dazu kommt, dass immer mehr Menschen Kirche nicht aus regelmässiger, persönlicher Erfahrung, sondern über eine medial vermittelte Erfahrungswelt wahrnehmen. Das in der medialen Wirklichkeit gestützte Image der Kirche bestimmt daher die Akzeptanz ihrer Aussagen und Forderungen weit mehr als früher. Dieses Bild wird oft geprägt durch Ereignisse, die negativ besetzt sind, Kontroversen zwischen Mandatsträgern in der Kirche, Normverletzungen durch Personen, die im Dienste der Kirchen arbeiten, Abweichungen zwischen Lehrmeinungen in der Kirche und den unter Gläubigen vorherrschenden ethisch-moralischen Vorstellungen.

Dass sich trotzdem fast drei Viertel der Schweizerinnen und Schweizer einer christlichen Kirche zugehörig fühlen, fast 39 Prozent der römisch-katholischen, dürfte einen wichtigen Grund darin finden, dass das soziale Engagement der Kirchen mehr denn je geschätzt wird. Mehr denn je deshalb, weil sich staatliche Körperschaften oft gezwungen sehen, ihre Leistungen zu begrenzen. Die Wertschätzung des sozialen Engagements der Kirchen wurde zum Beispiel im Jahre 1995 anlässlich der Abstimmung über die Trennung von Kirche und Staat im Kanton Zürich manifest. Deuteten Meinungsumfragen vor der Abstimmungskampagne darauf hin, dass die Trennungsinitiative angenommen werden könnte, lehnten rund zwei Drittel der Stimmenden das Vorhaben letztlich ab, und dies nicht zuletzt darum, weil es den Kirchen gelang, über eine unabhängig verfasste Sozialbilanz darzulegen, wie ein Steuerfranken in den Kirchen durch das freiwillige Engagement von Kirchenmitgliedern in der Begleitung junger und älterer Menschen, in den unterschiedlichsten Lebenslagen und Lebenssituationen, verdoppelt wird. «Die Kirche in die Wüste schicken?», wurde auf den Plakaten gefragt, und die Menschen wollten sich kirchliche Angebote der Hilfe, der Geborgenheit, der Solidarität nicht auch noch nehmen lassen.

«Das Wort weist zwar den Weg, an den Taten sind wir zu erkennen»

Ja, am Anfang war das Wort. Aber was folgen muss, ist die Tat. Hier liegt die kommunikative Chance der Kirche, die auf ihre unverwechselbare Art nah beim Volk auf Grundbedürfnisse in den unterschiedlichsten Lebenssituationen antworten kann, mit Orten der Begegnung und Spiritualität, mit Angeboten des Trostes und der Versöhnung, und dies in einer Welt, in der es für viele Menschen zunehmend an Solidarität, an Brüderlichkeit und Schwesterlichkeit fehlt. Und mit der Wahrnehmung dieser andern, kirchlichen Wirklichkeit auch über die Medien relativieren sich die menschlichen Fehlleistungen, die auch im Namen der Kirche verübt und medial kritisiert werden. Das Wort weist zwar den Weg, an den Taten sind wir zu erkennen.

Dritter Teil

Jubiläum und Ausblick

Jubiläum 2013

Die Zürcher Stimmberechtigten ermöglichten vor 50 Jahren den Aufbau der Römisch-katholischen Körperschaft des Kantons Zürich und
der katholischen Kirchgemeinden.
Die Katholische Kirche im Kanton
Zürich dankt der Bevölkerung und
dem Staat Zürich für die öffentlich-rechtliche Anerkennung und
das entgegengebrachte Vertrauen
in den letzten 50 Jahren. Sie feiert
diesen erfreulichen «Geburtstag»
in vielfacher Weise: Sie feiert und
festet mitten im Volk – am «Züri
Fäscht» mit vielen Aktivitäten; sie
feiert mit einem schönen, grossen
Gottesdienst – aber ohne Orchestermesse und Fahnen, ohne Mitras
und Schweizergardisten – aber mit
vielen und ihr wohlgesinnten Gästen. Als Zeichen der Dankbarkeit
gegenüber dem ganzen Zürcher
Volk unterstützt sie zudem wichtige nichtkonfessionelle soziale
Projekte, die Menschen in schwierigen Lebenssituationen helfen. Ein
Jubeljahr für «Katholisch Zürich»
und die Ökumene.

- **Dezember 2012**
  Die Synode und der Stadtverband stellten für
  das 50-Jahre-Jubiläum knapp 850 000 Franken
  für verschiedene Projekte bereit, davon 300 000
  Franken für sozialdiakonische Projekte im Jahr
  2013. Im Vordergrund steht der Dank an die Zürcher Bevölkerung für die Anerkennung und das
  Vertrauen.

- **Mai 2013**
  Die Zürcher Regierung gratuliert der Katholischen Kirche im Kanton Zürich: «Für den Staat
  ist es wichtig, dass er in den öffentlich-rechtlich
  anerkannten Körperschaften verlässliche Ansprechpartner hat.»

- **Juni 2013**
  Für die Jahre 2014 bis 2017 beschliesst die Synode einen Rahmenkredit für sozial-diakonische
  Projekte in der Höhe von 1,5 Mio. Franken. Damit stehen ab 2013 jährlich 300 000 Franken für
  solche Projekte zur Verfügung.

- **Juli 2013**
  Am «Züri Fäscht» präsentiert sich die Katholische Kirche im Kanton Zürich als «Geh-hin-Kirche» mit dem Restaurant «Züri Himmel» und
  Aufführungen von Gruppen aus Pfarreien und
  Missionen auf der Tanzbühne in der Öffentlichkeit.

- **September 2013**
  Der Jubiläums-Gottesdienst findet in der Zürcher
  Mutterkirche St. Peter und Paul statt. General-
  vikar Josef Annen: «Das Miteinander setzt den
  Respekt und den guten Willen aller voraus.»

- **März 2014**
  Zum 50-Jahr-Jubiläum erscheint die Publikation
  «Katholiken im Kanton Zürich – eingewandert,
  anerkannt, gefordert».
  Sie gibt reich bebilderte Einblicke in die Geschichte und erzählt von der lebendigen Gegenwart der Katholischen Kirche im Kanton Zürich.

Festprediger Weihbischof em. Peter Henrici: «Wir Zürcher Katholiken kamen nicht aus einer Zeit der Christenverfolgung. Wir lebten in einer Diaspora und fühlten uns als Bürger zweiter Klasse. (…) Bei dieser Sachlage ging es 1963 vor allem um die rechtliche Gleichstellung der Katholiken. (…) Seit einigen Jahren lautet das Gesetz für alle drei Kirchen sogar gleich. (…) Aus meiner Erfahrung weiss ich, dass mit den Privilegien, die die staatliche Anerkennung gebracht hat, sehr viel Gutes getan wurde und immer noch getan wird, vor allem für jene, die besondere Hilfe brauchen. So kann ich nur sagen: Gut so, macht so weiter, grosszügig und selbstvergessen.»

245

Gottesdienst mit Grussbotschaften

Der offizielle Jubiläumsanlass mit Festgottesdienst und anschliessendem Aperitif fand in der voll besetzten Zürcher Mutterkirche St. Peter und Paul statt.

Synodalratspräsident Benno Schnüriger begrüsste die zahlreichen Gäste und die Überbringer von Grussbotschaften aufs Herzlichste. Der Hauptzelebrant, Generalvikar Josef Annen, bekannte sich in aller Deutlichkeit zur partnerschaftlichen Zusammenarbeit zwischen Kirche und Staat. Regierungsrat Martin Graf, Vorsteher der Direktion der Justiz und des Innern, dankte im Namen der Zürcher Regierung für das eindrückliche Engagement der katholischen Kirche im Dienste der Gesellschaft. Das Miteinander habe sich bestens bewährt, bestätigte in seiner Predigt auch Weihbischof Peter Henrici. Die staatskirchenrechtlichen Organe seien sozusagen der diakonische Arm der Kirche. Die öffentlich-rechtliche Anerkennung habe viele Kräfte mobilisiert und der Seelsorge eine breitere Basis gegeben.

Kirchenratspräsident Michel Müller sprach in seiner Rede dankbar von vielen gemeinsamen Projekten der beiden grossen Kirchen und von Meilensteinen der ökumenischen Verständigung. Grussbotschaften überbrachten auch Urs Stolz, Präsident der Christkatholischen Kirchgemeinde Zürich, Pfr. Miroslav Smijonovic von der Serbisch-orthodoxen Kirchgemeinde Zürich und André Bollag von der Israelitischen Cultusgemeinde Zürich. Alle strichen die gute Zusammenarbeit und den gegenseitigen Respekt heraus.

Benno Schnüriger:
«Ich freue mich, Sie alle im Namen der Römisch-katholischen Körperschaft des Kantons Zürich, deren 50. Geburtstag wir heute feiern, ganz herzlich zu diesem Festgottesdienst zu begrüssen. Sie wurde 1963 als gestaltende gesellschaftliche Kraft anerkannt. Mehr oder weniger bewusst knüpften die Zürcherinnen und Zürcher damit an das in der Schweiz seit deren Gründung bestehende Verhältnis von Staat und Kirche an.»

Regierungsrat Martin Graf:
«Dank dem weitsichtigen Entscheid der Zürcher Stimmbevölkerung vor 50 Jahren können Staat und Kirchen gemeinsam auf eine offene und solidarische Gesellschaft der Zukunft hinwirken, die alle Menschen einbezieht. Die Katholische Kirche im Kanton Zürich hat dies mit Engagement getan. Die im Tätigkeitsprogramm 2014–2019 aufgezeigten gesamtgesellschaftlichen Leistungen sind eindrücklich. Im Lichte des Erreichten sind die letzten 50 Jahre für die Römisch-katholische Körperschaft im Kanton Zürich eine echte Erfolgsgeschichte. Im Namen der Zürcher Regierung gratuliere ich zum 50-jährigen Bestehen und danke sehr herzlich für das Engagement im Dienste unserer Gesellschaft. Ich bin überzeugt, dass sich diese Erfolgsgeschichte in den kommenden Jahren über Grenzen hinweg weiterentwickeln wird.»

Josef Annen:

«Wir danken den damaligen Verantwortlichen in Kirche und Staat, allen voran Generalvikar Alfred Teobaldi und Regierungsrat Ernst Brugger. Wir danken aber auch allen Frauen und Männern, die das Leben der Katholischen Kirche im Kanton Zürich in den letzten 50 Jahren gestaltet und geprägt haben. Es ist viel Gutes entstanden. Soviel Gutes, dass wir die öffentlich-rechtliche Anerkennung nicht aufgeben wollen.» (Bild v.l.n.r.: Weihbischof Paul Vollmar, Generalvikar Josef Annen, Weihbischof Peter Henrici)

Kirchenratspräsident Michel Müller:

«Nebst den vielen erfolgreichen gemeinsamen Projekten erinnern wir uns an Meilensteine der ökumenischen Verständigung. Dieses Jahr feiern wir auch 40 Jahre gegenseitige Taufanerkennung. Weihbischof Henrici ist lebendiger Zeuge des Ökumenebriefs, den er und mein Vorgänger Ruedi Reich vor fast genau 16 Jahren verfasst haben, den Ruedi Reich und Weihbischof Paul Vollmar 10 Jahre später erneuert haben. 50 Jahre Gemeinsam ist deshalb zu feiern und zu erneuern. Vergeben wir einander Vorurteile und Herablassungen, und leben wir evangelisch-katholisch unseren Glauben an Jesus Christus. In Christus ist wahre Ökumene, weil in Ihm uns viel mehr miteinander verbindet, als uns trennt. Daran werden die Menschen erkennen, dass wir von Ihm gesandt sind.»

Urs Stolz, Präsident der Christkatholischen Gemeinde Zürich:

«Am heutigen Tag freuen wir uns sehr über das Jubiläum der römisch-katholischen Körperschaft. Die Christkatholische Kirche gratuliert Ihnen von Herzen, anerkennt die grossen Leistungen über die Konfessionsgrenzen hinaus und auch für Ihren Mut im Umgang mit kirchlichen Hierarchien. Sie haben mehrfach bewiesen, dass Sie Ihren Überzeugungen treu bleiben und mutig Ihre Errungenschaften verteidigen. Dazu wünschen wir Ihnen weiterhin viel Erfolg.»

Pfr. Miroslaw Simijonovic, Serbisch-orthodoxe Kirchgemeinde Zürich:

«Es ist mir eine besondere Ehre, der Katholischen Kirche im Kanton Zürich zu ihrem 50-jährigen Bestehen im Kanton Zürich gratulieren zu dürfen. Ich wünsche Euch Gottes Segen und viel Energie, um die Tradition Eurer Kirche weiter zu pflegen, wie ein kostbares Juwel, das als Vorbild der abendländischen christlichen Spiritualität erstrahlt.»

André Bollag, Co-Präsident der Israelitischen Cultusgemeinde Zürich ICZ:

«Als Religionen sind wir aufgerufen, uns, unseren Mitmenschen und der Gesellschaft den Spiegel des ethischen Handelns vorzuhalten und aufmerksam und sorgfältig mit den gegenseitigen Befindlichkeiten umzugehen. Wir haben mehr gemeinsame Interessen als unterschiedliche Glaubensdogmen. Ich bin froh und glücklich, dass wir heute einen sehr guten Dialog mit den christlichen Religionen haben.»

Festpredigt

Weihbischof Peter Henrici

Wir sind zusammengekommen, um die vor 50 Jahren erfolgte staatliche Anerkennung der Katholiken im Kanton Zürich zu feiern und dafür zu danken. (...) Bei dieser Sachlage ging es 1963 vor allem um die rechtliche Gleichstellung der Katholiken, und nicht um eine Anerkennung der katholischen Kirche als solcher. Eine solche Anerkennung wäre gar nicht möglich gewesen. Der Kanton Zürich gehörte und gehört zu keinem Bistum, mit dem er einen Bistumsvertrag hätte abschliessen können, und zum Abschluss eines Konkordats mit dem Heiligen Stuhl war der Kanton schon gar nicht berechtigt. Aussenbeziehungen sind Sache des Bundes.

Deshalb entschloss man sich zu einem andern Weg, der sich jetzt schon 50 Jahre lang bestens bewährt hat. (...)

Was aber haben uns die Lesungen des heutigen Sonntags zu unserem Danken und Bitten zu sagen? Im Evangelium (Lk 14,25–33) war die Rede von Planung und Bauen. Das waren auch die ersten sichtbaren Folgen der staatlichen Anerkennung. (...) Vor dem Bauen kommt die Planung. Planung ist nicht nur Bauplanung, sondern vor allem Personalplanung, und auch davon hat das Evangelium gesprochen. (...)

Das Evangelium aber stellt uns vor die ernste Frage, ob diesem Bauen und Planen auch eine innere Aufbautätigkeit entspricht. Jesus hat nur deshalb vom aufwendigen Turmbau und von dem ebenso aufwendigen und noch dazu gefährlichen Kriegszug gesprochen, um uns zu sagen, dass Seine Nachfolge mindestens ebenso aufwendig und noch viel gefährlicher ist.

Viel Volk lief damals hinter ihm her. Da blieb er plötzlich stehen, wandte sich zu den Leuten um und rief: (...) Wer mit mir kommen will, «muss Vater und Mutter, Frau und Kinder, Brüder und Schwestern hintansetzen», ja, sogar «auf seinen ganzen Besitz verzichten», um wie ein zum Tode verurteilter Verbrecher «sein Kreuz zu tragen».

Ich kann mir denken, dass da viele zutiefst erschrocken sind. Sie stutzten, schüttelten den Kopf und liefen davon. (...)

Diese Frage stellt sich auch für uns. In den letzten 50 Jahren sind auch von uns viele weggegangen – wie ich hoffe, nicht nur wegen dem bisschen Kirchensteuern. Wenn die Zahl der Katholiken im Kanton Zürich dennoch gewachsen ist, haben wir das den Zuzügern zu verdanken. Angesichts der Weggegangenen aber müssen wir uns fragen: Weshalb sind sie weggegangen? Haben wir vielleicht zu viel nur gebaut, geplant und berechnet und Jesus zu wenig zu Wort kommen lassen? Sind vielleicht wir, die wir hier sind, die wir noch hier sind, zu wenig glaubwürdig, weil wir die Forderungen, die Jesus uns stellt, nicht ernst genug nehmen? Stehen vielleicht auch wir vor der Frage: Wollt auch ihr weggehen?

(…) Sind wir nur gute Verwalter im weltlich-bürgerlichen Sinn, und nicht im Sinn Jesu Christi? In zwei Wochen werden wir im Evangelium hören, wer im Sinne Jesu ein guter Verwalter ist: Einer, der mit dem anvertrauten Gut durch grosszügiges Entgegenkommen sich viele Freunde macht.

«Gut so, macht so weiter, grosszügig und selbstvergessen; ‹geben ist seliger als nehmen›»

(…) Das heisst nicht, dass wir auf die Privilegien verzichten sollen, die die staatliche Anerkennung uns schenkt. Aber es heisst sehr wohl, dass wir die Güter, die daraus erfliessen, nicht eifersüchtig für uns behalten dürfen. Wir sollen sie im Gegenteil grosszügig für die geistlichen und materiellen Bedürfnisse vieler Menschen einsetzen. «Geben ist seliger als nehmen»,

sagt ein von Paulus überliefertes Jesuswort. (…)

Ich sage das als Ermutigung zur Fortführung des schon Begonnenen. Aus meiner Erfahrung als Generalvikar weiss ich, dass mit den Privilegien, die die staatliche Anerkennung gebracht hat, sehr, sehr viel Gutes getan wurde und immer noch getan wird, vor allem für jene, die besondere Hilfe brauchen. (…) Die staatskirchenrechtlichen Organe sind sozusagen der diakonische Arm der Kirche, und die Diakonie ist heute in der Kirche besonders wichtig. Deshalb haben wir sie im zürcherischen Pastoralplan an die erste Stelle gesetzt. So kann ich nur sagen: Gut so, macht so weiter, grosszügig und selbstvergessen; «geben ist seliger als nehmen». (…)

Wie aber steht es mit den persönlichen Anforderungen, die das Evangelium heute an uns gerichtet hat? (…) Mir scheint, wir könnten sagen: Die neuen Möglichkeiten, die uns die staatliche Anerkennung gegeben hat, erfordern auch vermehrte ehrenamtliche Einsätze und mehr Freiwilligenarbeit. Überall braucht es Menschen, die sich ehrenamtlich und freiwillig für die Aufgaben der Kirche einsetzen; ohne sie liefe unser kirchliches Leben auf Sparflamme. Nicht Aktivismus ist gefragt, aber selbstloser Einsatz dort, wo es nottut. (…) Amen.

Katholiken können auch festen – und wie!

Der Plan, 2013 erstmals am «Züri Fäscht» (5. bis 7. Juli) teilzunehmen, lag förmlich in der Luft. Schliesslich hatten die Zürcher Stimmberechtigten exakt am 7. Juli 1963 mit der Annahme des «Gesetzes über das katholischen Kirchenwesen» die kantonale Körperschaft sowie die Kirchgemeinden öffentlich-rechtlich anerkannt. Und als «Geh-hin-Kirche» will die Katholische Kirche im Kanton Zürich heute noch vermehrt dort sein, wo die vielen Menschen sind. Ganz wörtlich genommen hiess dies: An zentraler Lage direkt am See das Restaurant «Züri Himmel», inklusive einer Dachlounge. Alle Festbesucherinnen und -besucher waren herzlich willkommen. Zusätzlich unterhielten auf einer Bühne über 20 Bands, Chöre und Tanzgruppen aus verschiedenen Pfarreien und Migrantenseelsorgen die Gäste. Der Reigen der Aufführungen reichte dabei von Rock bis Klassik, von Folklore bis Streetdance.

Die Moderatorin Anita Buri führte am «Züri Fäscht» durch das kirchliche Programm. Im Rahmen der Chor-Matinee konnte Bruno Graf, Präsident des Stadtverbandes, zahlreiche Gäste begrüssen.

Für die Verantwortlichen, aber auch für die zahlreichen Helferinnen und Helfer hat sich der Einsatz am grössten Stadtfest der Schweiz mehr als gelohnt. In Erinnerung bleiben werden starke Emotionen, zahlreiche Begegnungen und viele neue Erfahrungen. So auch im Bereich der Online-Kommunikation, diente doch das Jubiläumsjahr zugleich als Startschuss für den systematischen Einsatz von Social-Media-Instrumenten. Es ist, so die Organisatoren, nicht auszuschliessen, dass der «Züri Himmel» auch am nächsten «Züri Fäscht» im Jahr 2016 wieder seine «Pforten» öffnet.

enseits

Auf der Bühne boten verschiedene Gruppen aus Kirchgemeinden, Institutionen und Missionen von Rock bis Klassik und von Folklore bis Streetdance ein volles Programm.

Das Restaurant «Züri Himmel» wurde zum Ort vieler und unerwarteter Begegnungen.

Jubiläumsgabe der Körperschaft: Unterstützung von Menschen als Dank für Anerkennung

Die Katholische Kirche im Kanton Zürich nutzt das 50-Jahr-Jubiläum mit verschiedenen Projekten und Anlässen in erster Linie dazu, der Bevölkerung und dem Staat Zürich für die 1963 erfolgte Anerkennung und für das entgegengebrachte Vertrauen der letzten 50 Jahre zu danken. Dafür stellte die Synode einen Rahmenkredit in der Höhe von 1,5 Mio. Franken für sozial-diakonische Projekte bereit. In Tranchen von jeweils 300000 Franken werden in den Jahren 2013 bis 2017 Projekte unterstützt, die Menschen in schwierigen Lebenssituationen zugutekommen.

2013 wurden drei Projekte mit je 100000 Franken unterstützt, die Jugendlichen mit einem Handicap den Einstieg ins Berufsleben erleichtern:
– In der Schweiz ansässige ausländische Unternehmen sollen unter der Leitung der Stiftung Berufs- und Lehrverbund Zürich (BVZ) Lehrstellen für Jugendliche mit Migrationshintergrund anbieten.
– Die Sozialfirma AG wird den Beitrag als Anschubfinanzierung für den neu angebotenen Lehrberuf «Fachfrau / Fachmann Betriebsunterhalt Fachrichtung Haustechnik EFZ» nutzen, der auch jungen Menschen mit psychosozialen Beeinträchtigungen offensteht.
– Die Stiftung Märtplatz plant eine Manufaktur für die Bereiche Abklärung, Arbeitstraining und Integration für junge Erwachsene mit sozialen und persönlichen Schwierigkeiten.

Für das Jahr 2014 wurden drei weitere Projekte mit je 100000 Franken unterstützt, die Menschen zugutekommen, die von häuslicher Gewalt betroffen sind:
– Das Frauenhaus Zürich Oberland / Fachstelle für gewaltbetroffene Frauen und ihre Kinder erhält den Betrag als Anerkennung und Würdigung für ihr jahrzehntelanges Wirken ohne substanzielle Unterstützung durch den Staat.
– Der Verein Task Force interkulturelle Konflikte (TikK) nutzt den Beitrag als einmalige Überbrückungshilfe zugunsten des Fonds «Krisenintervention» auf dem Weg in neue Strukturen.
– KidsCare und KidsPunkt im Kanton Zürich planen ein neues Projekt, das bei grossen Partnern Zusatzfinanzierungen auslöst.

Für die nächsten Jahre sollen Themenbereiche wie Vereinbarkeit von Familie und Beruf, Chancengleichheit und Hilfe zur Selbsthilfe im Alltag stärker ins Blickfeld gerückt werden.

Neuer Lehrberuf für Menschen mit psychosozialen Beeinträchtigungen

Die Sozialfirma AG in Winterthur wird den Beitrag als Anschubfinanzierung für den ab Sommer 2013 neu angebotenen Lehrberuf «Fachfrau/Fachmann Betriebsunterhalt Fachrichtung Haustechnik EFZ» nutzen. Dieser Lehrberuf steht auch jungen Menschen mit psychosozialen Beeinträchtigungen offen, die über ein grösseres Potenzial verfügen und entsprechend gefordert und gefördert werden können.

Gemeinsam ausbilden

Beim Projekt «Gemeinsam ausbilden» bieten ansässige ausländische Unternehmen unter der Leitung der Stiftung Berufs- und Lehrverbund Zürich (BVZ) und in Zusammenarbeit mit dem Ausländerbeirat der Stadt Zürich Lehrstellen für Jugendliche mit Migrationshintergrund an. Damit erhalten Jugendliche die Chance, eine Grundausbildung zu absolvieren und nicht von Sozialhilfe abhängig zu werden.

Errichtung einer Manufaktur

Die Stiftung Märtplatz in Freienstein mit der IV als Hauptauftraggeberin investiert den kirchlichen Beitrag für eine Manufaktur im Kesselhaus. Hier sollen dereinst Jugendliche mit psychischen und sozialen Defiziten Keramik produzieren und malen, Lebensmittel zu feinen Konfitüren, Sirups oder Sossen verarbeiten oder Bonbons fabrizieren.

2014

Der Generalvikar – Stellvertreter des Bischofs in Zürich

Ein Bischof ist für die Leitung einer Diözese auf Unterstützung angewiesen. Gemäss dem Kirchenrecht ernennt er deshalb einen Priester zum Generalvikar und übergibt ihm besondere Kompetenzen. Im Bistum Chur hat der Diözesanbischof einen Generalvikar für das Bistum und drei Regionale Generalvikare für den Kanton Graubünden, für die Urschweiz und für die Kantone Zürich und Glarus eingesetzt. Als Stellvertreter des Bischofs sorgt sich der Generalvikar vor Ort um die seelsorgerlichen, pastoralen und personellen Belange. Er arbeitet eng zusammen mit den Verantwortlichen aus staatskirchenrechtlichen Gremien, aus Pfarreien und Kirchenpflegen. Als wichtiges Anliegen pflegt er auch die vielfältigen Beziehungen auf ökumenischer Ebene.

- **Bistum**

  Der Generalvikar ist Mitglied des Bischofsrates und hat Einsitz im Priesterrat. Er steht der Dekanenkonferenz vor. Im Auftrag des Bischofs spendet er Jugendlichen das Sakrament der Firmung.

- **Pastoral**

  Seelsorge braucht Organisation und Planung. Im Dialog mit den Seelsorgern und Seelsorgerinnen setzt der Generalvikar zukunftsorientierte pastorale Schwerpunkte.

- **Personal**

  In den 106 Pfarreien und 21 Fremdsprachigenmissionen in Zürich und Glarus arbeiten Priester, Diakone, Pastoralassistenten/-assistentinnen und Religionspädagogen/-pädagoginnen. In Absprache mit dem Bischof sorgt der Generalvikar für möglichst gute Stellenbesetzungen in der Seelsorge.

- **Führung**

  Zur Verantwortung gehört das Führen oder Beraten zahlreicher Fachkommissionen, Dienststellen und Institutionen der Katholischen Kirche im Kanton Zürich.
  Auf staatskirchenrechtlicher Ebene hat der Generalvikar beratende Stimme in den Sitzungen des Synodalrats und der Synode.

- **Ökumene**

  In Zürich pflegt der Generalvikar auf verschiedenen Ebenen ökumenische Zusammenarbeit mit der reformierten Schwesterkirche, der christkatholischen Kirche, der Arbeitsgemeinschaft Christlicher Kirchen (AGCK) sowie den 16 verschiedenen Gemeinschaften der Ostkirchen. Am interreligiösen runden Tisch treffen sich Vertretungen der katholischen, reformierten und christkatholischen Konfessionen mit Juden, Moslems und Buddhisten zum Gedanken- und Erfahrungsaustausch.

Der Generalvikar und seine Dekane (v. l. n. r.): René Berchtold, Co-Dekan Zürich Stadt; Stefan Isenecker, Dekan Zürcher Oberland; Hugo Gehring, Dekan Winterthur; Josef Annen, Generalvikar für die Bistumsregion Zürich und Glarus; Luis Capilla, Verantwortlicher Migrantenseelsorge; Franz Studer, Dekan Albis; Othmar Kleinstein, Co-Dekan Zürich Stadt; Hans Mathis, Dekan Glarus.

Lob nun,
ja Lob dir o Gott

Eine Betrachtung von Josef Annen
Generalvikar Zürich

Ich wohne in Zürich in einem Quartier, in dem mehrere Synagogen stehen. Am Freitagabend und Samstagmorgen habe ich manchmal den Eindruck, ich wohne in Jerusalem. Da laufen jüdische Frauen und Männer mit ihren Kindern gruppenweise in die Synagoge. Es ist Sabbat, Ruhetag, Tag des Herrn. Gott selbst hat am siebten Tag geruht. Ist der Synagogengottesdienst zu Ende, hüpfen und springen die Kinder mit strahlendem Gesicht nach Hause. Alle werden sich zu Tisch setzen, die Mutter wird die Sabbatkerzen anzünden und dazu die Worte sprechen: Lob nun, ja Lob dir o Gott.

Das jüdische Volk hätte die zweitausend Jahre in der Diaspora, der Zerstreuung über ganz Europa, nicht überlebt ohne die Zusammenkunft in Kult und Gottesdienst, ohne die Feier des Glaubens in Familie und Synagoge. Vor der Gründung des Bundesstaates überlebte die schweizerisch-jüdische Bevölkerung im aargauischen Surbtal. Im Jahre 1862 ermöglichte der Grosse Rat von Zürich den Juden Niederlassung und Gemeindebildung.

Ein Jahr später schaffte die Regierung mit dem katholischen Kirchengesetz von 1863 eine gute Grundlage für die katholische Seelsorge im Kanton Zürich. Was folgte, darf aus heutiger Sicht als Erfolgsgeschichte bezeichnet werden. Die rasch anwachsende katholische Bevölkerung sammelte sich in lebendigen Pfarreien, pflegte ein intensives Vereinsleben und war sich stets bewusst: Wo eine Kirche, ein Gebäude für Gottesdienst und Kult zu stehen kommt, da muss gleichzeitig auch ein Werk der Barmherzigkeit und der Hilfe für den Menschen in Not und Armut errichtet werden. Als Ende der zwanziger Jahre des letzten Jahrhunderts die Caritas der Stadt Zürich gegründet wurde, schlossen sich diesem Bund gleich 26 soziale Einrichtungen aus den katholischen Pfarreien der Stadt Zürich an.

Lob Gottes und Dienst am Menschen gehören untrennbar zusammen. Das war die Überzeugung unserer Vorfahren, und das ist auch unsere heutige Überzeugung. Der Pastoralplan «Für eine lebendige und solidarische Kirche» (Arbeitspapier für die Seelsorge im Kanton Zürich) aus dem

Jahre 1999 spricht diesbezüglich eine eindeutige Sprache: Die diakonische Kirche ist Zielorientierung für heute und morgen.

«Im Engagement für die Bereiche Bildung, Soziales und Kultur konvergieren das Selbstverständnis der Kirche und die Erwartungen des Staates»

Mit der öffentlich-rechtlichen Anerkennung im Jahre 1963 und vor allem mit dem neuen Kirchengesetz von 2007 gibt der Staat dieser Zielorientierung noch ein besonderes Gewicht. «Die kantonalen kirchlichen Körperschaften erhalten Kostenbeiträge, wenn sie eigene Programme zur Erbringung von Tätigkeiten mit gesamtgesellschaftlicher Bedeutung erstellen» (KiG § 19 Abs. 3). Unter gesamtgesellschaftlicher Bedeutung versteht der Staat insbesondere Leistungen in den Bereichen Bildung, Soziales und Kultur. Der von Synodalrat und Generalvikariat herausgegebene jährliche Bericht an die Regierung (Jahresbericht der Katholischen Kirche im Kanton Zürich) vermag den sozialen Leistungsausweis der Katholischen Kirche eindrücklich zu dokumentieren.

Im Engagement für die Bereiche Bildung, Soziales und Kultur konvergieren das Selbstverständnis der Kirche und die Erwartungen des Staates. Doch ein solches Engagement allein kann uns als Kirche nicht genügen. Denn der Dienst am Menschen und der Gottesdienst gehören nicht nur untrennbar zusammen, vielmehr ist die gottesdienstliche Feier die eigentliche Quelle für das soziale Handeln, den Dienst am Menschen in Not und Armut. Als Christen und Christinnen feiern wir Sonntag für Sonntag das Geheimnis unseres Glaubens, die Lebenshingabe Jesu Christi für uns, seine Entäusserung in die Armut menschlichen Daseins, seine Solidarität mit allen Abgründen menschlicher Existenz. Dieses dankbare Erinnern der Grosstaten Gottes hat die Kirche aller Generationen immer wieder zum solidarischen Handeln an den Armen und Notleidenden bewegt.

«Ohne Gottesdienst geht dem diakonischen Engagement der Kirche das ihr ureigene Potenzial verloren»

Die solidarische Kirche entsteht immer neu aus der Feier des Todes und der Auferstehung unseres Herrn Jesus Christus. Nur eine Kirche, die feiert, die sich in Kult und Gottesdienst versammelt, bleibt am Leben und hat Zukunft. Ohne Gottesdienst geht dem diakonischen Engagement der Kirche das ihr ureigene Potenzial verloren. Für dieses Potenzial hat die säkulare Gesellschaft keinen Ersatz.

So kann ich allen Christen und Christinnen im Kanton Zürich, nicht zuletzt den Familien, nur danken, wenn sie heute und morgen den Mut haben zur Feier des Sonntags, des Tages der Auferstehung. Religionen überleben nicht ohne Feier in Gottesdienst und Familie. Das gilt nicht nur für die jüdische Religion, das gilt auch für unsere Katholische Kirche im Kanton Zürich.

Die Organe der Körperschaft

Das Kirchengesetz vom 9. Juli 2007 bestimmt im § 7 Abs. 2 die Organe der Römisch-katholischen Körperschaft:
a. die Gesamtheit der Stimmberechtigten und die Synode als Legislative, **b.** der Synodalrat als Exekutive und **c.** die Rekurskommission als Judikative.

Die Körperschaften organisieren sich autonom. Sie legen ihre Organisation unter Wahrung rechtsstaatlicher und demokratischer Grundsätze fest (§ 5 Abs. 1 und 2). In den §§ 10 ff werden in gleicher Weise die Organe der Kirchgemeinden festgelegt. Die jeweiligen Kirchenordnungen sind gemäss § 2 Abs. 2 die Verfassungen der kantonalen kirchlichen Körperschaften. Über diesen Bestimmungen steht die in Art. 15 der Bundesverfassung festgelegte Glaubens- und Gewissensfreiheit und der Art. 130 der Verfassung des Kantons Zürich, der die Römisch-katholische Körperschaft anerkennt.

- Mitgliedschaft

  Als Mitglied der Körperschaft gilt jede Person, die nach der jeweiligen kirchlichen Ordnung Mitglied der Kirche ist, in einer Kirchgemeinde des Kanton Zürich Wohnsitz hat und nicht ausdrücklich ihren Austritt oder ihre Nichtzugehörigkeit zur Kirche erklärt hat (KG § 3).

- Die Gesamtheit der Stimmberechtigten

  ist das oberste Organ der Körperschaft. Stimmberechtigt sind die Mitglieder der Körperschaft, wenn sie 18 Jahre oder älter sind und das Schweizer Bürgerrecht, eine Niederlassungs- oder Aufenthaltsbewilligung besitzen.

- Die Synode

  ist neben der Gesamtheit der Stimmberechtigten die Legislative der Körperschaft. Die Synodenmitglieder werden durch die Kirchgemeinde für vier Jahre an der Urne gewählt; Wiederwahl ist zweimal möglich. Jede Kirchgemeinde wählt mindestens ein Synodenmitglied. Kirchgemeinden mit mehr als 6000 Mitgliedern steht für jede angefangenen 6000 je ein weiterer Synodale zu.

- Der Synodalrat

  ist die Exekutive der Körperschaft. Er setzt sich zusammen aus der Präsidentin oder dem Präsidenten und acht weiteren Mitgliedern. Mindestens ein Mitglied muss dem geistlichen Stande angehören. Der Generalvikar und die Generalsekretärin resp. der Generalsekretär nehmen an den Sitzungen mit beratender Stimme teil.

Der Synodalrat im Jahr 2013 (v. l. n. r.):
Zeno Cavigelli (Bauwesen/Liegenschaften), Josef
Annen (Generalvikar), Angelica Venzin (Bildung/
Medien), Luzius Huber (Soziales), Franz Germann
(Finanzen), Benno Schnüriger (Präsidialressort),
Franziska Driessen-Reding (Migrantenseelsorge),
Karl Conte (Personal), Ruth Thalmann (Katechese/
Jugendseelsorge), Rolf Bezjak (Spezialseelsorge),
Giorgio Prestele (Generalsekretär).

Die Synode –
das Kirchenparlament

André Füglister
Präsident der Synode

Nachdem die Katholische Kirche im Kanton Zürich mit der Abstimmung von 1963 zur öffentlich-rechtlichen Körperschaft geworden war, entwickelten sich die demokratischen Strukturen zunächst auf der Ebene der Kirchgemeinden; eine von den katholischen Stimmbürgern direkt gewählte Zentralkommission nahm zudem die kantonsweiten Aufgaben wahr und stand sowohl dem Generalvikar wie auch der Kantonsregierung und der Öffentlichkeit als Ansprechpartner gegenüber.

Mit der Kirchenordnung von 1983 gab sich die Körperschaft ein legislatives Organ analog zum Kantonsrat; in der Synode ist jede Kirchgemeinde mit mindestens einem Abgeordneten vertreten. In dieser Ordnung kommt der Wille des Staates, den Kirchen die Gestaltung ihrer Angelegenheiten zu überlassen, sie aber auf demokratische Regelungen zu verpflichten, deutlich zum Ausdruck. Der Aufbau der Körperschaft von der Basis her steht grundsätzlich in einem Spannungsverhältnis zur hierarchisch geleiteten Kirche; einvernehmliches Handeln in diesem dualen System ist anspruchsvoll, aber

oft auch fruchtbar. Die Mitarbeit und die Mitverantwortung der «Laien» für das Wirken der Kirche entsprechen unserer demokratisch geprägten Lebensart und sind in der römisch-katholischen Weltkirche keine Selbstverständlichkeit. Sie harmoniert aber, wie ein Blick auf die apostolischen Zeugnisse zeigt, durchaus mit den Merkmalen des frühchristlichen Gemeindelebens. Und die Demokratisierung der Kirchen hat viel zum Religionsfrieden beigetragen, sie ist inzwischen sogar zu einem Impulsgeber für die praktische Ökumene geworden.

Die Synode, die in ihrer achten Legislatur hundert Frauen und Männer als Synodale vereint, wählt den Synodalrat als Exekutive und gemäss den geltenden Fassungen von Kirchengesetz und Kirchenordnung auch eine judikative Behörde, die Rekurskommission. Die nächste Kompetenz ist die Bewilligung der finanziellen Mittel, die die Körperschaft auf kantonaler Ebene aufwendet, sowie die Festlegung der Beiträge der Kirchgemeinden hierfür.

Die Synodalen gruppieren sich in vier Gebietsfraktionen, deren Umfang mit dem der Dekanate übereinstimmt und die auch die Pflege der nachbarlichen Beziehungen ermöglicht. Das Gefüge der Fraktionen kommt vor allem in der Vorbesprechung der Plenarsitzungen zum Tragen. Da auch die Nominierung von Kandidaten durch die Fraktionen erfolgt, entsteht bei Wahlen ein geografischer Ausgleich.

> «Die Demokratisierung
> der Kirchen hat viel zum
> Religionsfrieden beigetragen,
> sie ist inzwischen sogar
> zu einem Impulsgeber
> für die praktische Ökumene
> geworden»

In die Geschäftsleitung der Synode werden Vertreter aller Fraktionen delegiert, die Verhandlungen werden vom Präsidenten oder der Präsidentin geleitet. Für die kontinuierliche Arbeit steht ein Sekretariat zur Verfügung.

Die Synode hält ihre öffentlichen Sitzungen etwa viermal jährlich im Rathaus Zürich ab. Die Verhandlungen beruhen auf Anträgen des Synodalrates, die von parlamentarischen Kommissionen vorberaten werden. Dabei wird nicht nur die finanzielle Tragbarkeit beurteilt, sondern auch das Bedürfnis und die Zweckmässigkeit der Vorlage einer unabhängigen Überprüfung unterzogen. Bei der Beilegung von Differenzen entstehen nicht selten Kompromisse, die einer Optimierung gleichkommen. Vorlage und Kommissionsberichte bilden die Grundlage für die Diskussion im Rat und die Beschlussfassung. – Anschliessend gehört auch die Kontrolle der Umsetzung zu den Aufgaben der Synode sowie selbstverständlich die Prüfung der jährlichen Geschäftsberichte, der Voranschläge und Rechnungen.

Zur Bewältigung dieser Aufgaben wählt die Synode vier ständige Kommissionen für die gesamte vierjährige Dauer der Legislatur: die Geschäftsprüfungskommission, die Finanzkommission, die Sachkommission für Seelsorge und die Sachkommission für Bildung, Medien und Soziales. Bei Bedarf können nichtständige Kommissionen ad hoc beauftragt werden. Da die Kantonalkirche die Erfüllung jener Aufgaben sicherstellt, die den Rahmen einer Kirchgemeinde übersteigen, fallen als Geschäfte schwerpunktmässig Themen der Spezialseelsorge (z. B. für Fremdsprachige oder in Spitälern), der religiösen und ethischen Bildung, der Diakonie zugunsten der Bedürftigen an. Bedeutsam ist auch der Lastenausgleich zwischen den unterschiedlich begüterten Kirchgemeinden, die Solidarität innerhalb des Bistums und in der Schweiz.

Den Gang der Geschäfte beeinflussen die Synodalen mit parlamentarischen Instrumenten: Unter anderem mit Motionen und Postulaten werden Bedürfnisse artikuliert und Aufträge an die Exekutive erteilt. Hinter jeder Aktivität steht aber der gemeinsame Wille, die Voraussetzungen für eine lebendige Kirche zum Wohle der Menschen zu schaffen.

Einblick in das Wirken des Synodalrats

Ruth Thalmann
Vizepräsidentin des Synodalrates

Mit der öffentlich-rechtlichen Anerkennung der Katholischen Kirche im Kanton Zürich organisierten sich sowohl auf kommunaler als auch auf kantonaler Ebene demokratisch verfasste Körperschaften – 75 katholische Kirchgemeinden und die kantonale Körperschaft. Das Kirchengesetz sieht drei Organe vor: die Gesamtheit der Stimmberechtigten und die Synode als Legislative, den Synodalrat als Exekutive und die Rekurskommission als Judikative. So bekannt und vertraut die Aufgaben einer Kirchenpflege in der Kirchgemeinde sein mögen, so unbekannt sind der Handlungsspielraum und das Wirken des neunköpfigen Synodalrats in der Bevölkerung.

Die Präambel der Kirchenordnung als Verfassung der Körperschaft hält fest, nach welchem Massstab der Synodalrat zu agieren hat: «(...) in der Absicht, im Kanton Voraussetzungen für eine lebendige Kirche zum Wohl der Menschen zu schaffen.» Der Synodalrat stellt, getreu diesem Grundsatz, Anträge an die Synode, setzt deren Beschlüsse um, legt gegenüber Regierung und Parlament via Jahresbericht und -rechnung Rechenschaft ab, verwaltet das Vermögen der Körperschaft, ermöglicht den Finanzausgleich unter den Kirchgemeinden, führt verschiedene Dienst- und Fachstellen und prüft Beitragsgesuche aller Art.

Der Synodalrat tut dies in enger Absprache mit dem Generalvikar, der an allen Sitzungen der Exekutive mit beratender Stimme teilnimmt. Das Erfolgsrezept lautet hier Einvernehmlichkeit, die von beiden Seiten viel Vertrauen, Einfühlungsvermögen und Grosszügigkeit erfordert. Der Mensch, unabhängig von seiner Herkunft oder Religion, steht stets im Mittelpunkt der oft rein finanziellen Gesuche und Anträge. Ein hoher Anspruch, den es immer wieder einzulösen gilt.

Die inhaltliche Spannweite der bewilligten oder auch abgelehnten Gesuche ist beträchtlich, und die Ausrichtung der Beitragsempfänger breit gefächert. Die Anfragen betreffen die Mitfinanzierung von Theaterprojekten, Büchern, Selbsthilfegruppen oder speziellen Anlässen. Projekte wie die Kantonalisierung der Spital- und Klinikseelsorge oder die ökumenisch organisierte Notfallseelsorge erfordern bei der Vorbereitung der Berichte und Anträge tiefgreifende, differenzierte Abklärungen, die zusammen mit dem Generalsekretär, den Bereichsleitern und weiteren Mitarbeitenden der Verwaltung erfolgen. Ob ein Beitrag von wenigen hundert Franken für einen Mädchenpowertag gesprochen oder der Synode eine Millionen-Vorlage für den Neubau der Paulus-Akademie unterbreitet wird, erscheint nur auf den ersten Blick von der Gewichtigkeit her klar: Für die Bittstellenden wird der Entscheid unter Umständen über die tatsächliche Realisierung entscheiden.

Die konkrete Arbeit der Synodalrätinnen und Synodalräte in den verschiedenen Ressorts gestaltet sich ganz unterschiedlich. Die einen beschäftigen sich mehr mit Stellenbesetzungen, Sachausgaben und Angeboten der Dienststellen wie zum Beispiel der Behinderten- oder Jugendseelsorge, während andere die Meinung des Synodalrats in eigenständigen, von der katholischen Kirche mitfinanzierten Institutionen vertreten wie in den Katholischen Schulen oder in der Caritas. Die Ressorts Liegenschaften, Finanzen und Personal sind zunehmend gefordert, sind doch gerade hier die Bedürfnisse und Erwartungen der Kirchgemeinden an weitergehende Unterstützung durch den Synodalrat in den letzten Jahren stark gestiegen. Dem Präsidium fällt zu, den Gesamtüberblick im Auge zu behalten, die offiziellen Beziehungen mit den staatlichen Behörden im Kanton, aber auch mit anderen Kantonalkirchen zu pflegen, sprachregionale oder nationale Aufgaben und Projekte wahrzunehmen und via eigene Publikationsmittel und die Medien mit der Öffentlichkeit zu kommunizieren.

Von allen Ressortverantwortlichen im Synodalrat wird gerade in der Zusammenarbeit mit der Synode eine grosse Dossierkenntnis erwartet, damit sich die zuständigen Kommissionsmitglieder im Vorfeld und die Gesamtsynode an ihren öffentlichen Sitzungen im Zürcher Rathaus differenziert eine Meinung bilden können. Die von den Kirchgemeinden gewählten Synodenmitglieder entscheiden demokratisch über die Anträge der Exekutive, setzen das Budget fest und bestimmen so, für welche Zwecke die Steuergelder und Staatsbeiträge verwendet werden.

Grundvoraussetzung für eine fruchtbare Arbeit des Synodalrats ist die Übernahme einer Brückenbauerfunktion: insbesondere zu den Kirchgemeinden, die zu den wichtigsten Partnerinnen gehören, zu den staatlichen Behörden und Einrichtungen, aber auch zu Stiftungen und Vereinen sowie kirchlichen und säkularen Organisationen und Institutionen. Der Synodalrat ist vernetzt mit den Bistumskantonen, der Römisch-Katholischen Zentralkonferenz auf Schweizer Ebene, mit dem Kirchenrat der Evangelisch-reformierten Landeskirche sowie weiteren christlichen Konfessionen und Religionsgemeinschaften.

Das seit 50 Jahren bewährte staatskirchenrechtliche System setzt weiterhin auf das partnerschaftliche Verhältnis zwischen den Kirchen und dem Staat, die sich beide für das Wohl derselben Menschen im Kanton Zürich einsetzen. Ziel bleibt, auf die immer komplexer werdenden Fragestellungen des gesellschaftlichen und religiösen Zusammenlebens – basierend auf unseren christlichen Grundwerten – nach Lösungen zu suchen und damit Menschen ein zufriedenes, gelingendes Leben zu ermöglichen. 263

Urs Broder

Präsident der Rekurskommission

Die Rekurskommission als Judikative der Römisch-katholischen Körperschaft gibt es erst seit 2010. Was hat sich im Kanton Zürich im Vergleich zu früher geändert? ——— Das neue Kirchengesetz schreibt der römisch-katholischen Körperschaft vor, einen dem kantonalen Recht gleichwertigen Rechtsschutz zu gewähren. Aus diesem Grund wurde neben der Synode als Legislative und dem Synodalrat als Exekutive neu eine Rekurskommission als Judikative geschaffen. Diese neue Behörde bildet somit das körperschaftseigene Verwaltungsgericht. Ferner wurde der Rekurskommission die bis anhin durch die Bezirksräte ausgeübte Aufsicht über die Kirchgemeinden übertragen.

Was gehört zur Aufsichtstätigkeit über die Kirchgemeinden? ——— Die Rekurskommission wacht darüber, dass die Behördenmitglieder und Angestellten der 75 Kirchgemeinden ihre Aufgaben pflichtgemäss im Sinne der Einvernehmlichkeit erfüllen. Zu diesem Zweck führt jeweils eine Delegation der Rekurskommission, ein sogenanntes Visitationsteam, alle zwei Jahre in jeder Kirchgemeinde eine Visitation durch. Ferner überwacht sie die Haushaltführung der Kirchgemeinden.

> «Die Rekurskommission bildet das körperschaftseigene Verwaltungsgericht»

Wie reagieren die Kirchgemeinden? ——— In der Regel werden wir freundlich empfangen. Wir führen mit den Vertretern der Kirchgemeinden ausführliche Gespräche, nehmen Einsicht in die Akten und Protokolle und kontrollieren das Gemeindearchiv. Wir offerieren den Kirchgemeinden auch unsere guten Dienste, zum Beispiel durch Rechtsauskünfte, und stellen ihnen diverse Merkblätter für Protokollierung, Archivierung und Haushaltführung zur Verfügung. Wir versuchen, mittelfristig die Gemeinden in diesen Bereichen auf einen möglichst einheitlichen Standard zu bringen. Im Bereich der Archivierung arbeiten wir eng mit dem Staatsarchiv zusammen, dem die Oberaufsicht über die Gemeindearchive zukommt.

Gab es bisher grosse Unterschiede etwa bei der Rechnungsführung? _____ Wir haben erhebliche qualitative Unterschiede festgestellt. Ich erwähne als Beispiele die Handhabung von Vorfinanzierungen und Abschreibungen.

Hatten Sie bei allen Kirchgemeinden Beanstandungen in der Haushaltführung anzubringen? _____ Nein; in mehreren Kirchgemeinden stellten wir eine einwandfreie Buchführung fest. Wenn wir Fehler entdeckten, war nicht Böswilligkeit die Ursache. Es wird mit grossem Engagement teils hervorragende Arbeit geleistet.

Wie viele Fälle hatten Sie bis anhin als Rekursbehörde zu bearbeiten? _____ Bis anhin sind deutlich weniger Verfahren als erwartet anhängig gemacht worden, nämlich jährlich nur zwei bis vier. Und das, obwohl das Rekursverfahren kostenlos ist und eine breite Palette von Rekursgegenständen besteht. So können bei uns unter anderem Anordnungen des Synodalrates gegenüber Kirchgemeinden, Einspracheentscheide der Kirchenpflegen in Steuersachen sowie personalrechtliche Anordnungen angefochten werden. Ferner behandeln wir Rekurse gegen Handlungen oder Unterlassungen der Organe der Körperschaft und Kirchgemeinden, die das Stimm- und Wahlrecht verletzen, sowie Rekurse gegen Reglemente, Beschlüsse und Rechtsakte der Synode. Die Entscheide der Rekurskommission können nur noch ans Bundesgericht weitergezogen werden.

In welchen Bereichen hatten Sie bis anhin Rekurse zu bearbeiten? _____ Die Steuerpflicht, Protokolle und Beschlüsse von Kirchgemeindeversammlun-gen sowie die Wahl in die Synode waren Gegenstand von Rekursen. Hingegen ging noch kein einziger Rekurs im Bereich des Personalrechtes ein, was darauf schliessen lässt, dass es den Kirchenpflegen oder der Personalombudsstelle gelingt, einvernehmliche Lösungen herbeizuführen.

Wie häufig hat die Rekurskommission einem Beschwerdeführer Recht gegeben? _____ Das kam selten vor. Auf diverse Rekurse sind wir nicht eingetreten, einzelne Rekurse wurden durch Rückzug erledigt, mehrere wurden abgewiesen, und in einem Fall hat der Beschwerdeführer obsiegt. In diesem Fall ging es um die Frage des sogenannten partiellen Kirchenaustritts. In Beachtung der neuen bundesgerichtlichen Praxis haben wir diesen Rekurs gutgeheissen.

Wer ist für die Behandlung von Zwistigkeiten zwischen dem innerkirchlichen und dem staatskirchenrechtlichen Bereich zuständig? _____ Solche Fälle behandelt die vor einigen Jahren geschaffene Diözesane Schlichtungsstelle des Bistums Chur. Das Sekretariat dieser Behörde wird von uns betreut; rechtlich sind wir aber völlig getrennt.

Welche Erfahrungen hat die Rekurskommission mit der Bistumsleitung gemacht? _____ Die Rekurskommission macht keine Kirchenpolitik. Sie ist ausschliesslich dem Recht verpflichtet. Somit haben wir auch gegenüber der Bistumsleitung eine neutrale Position einzunehmen. Die staatlichen Gerichte mischen sich bekanntlich auch nicht in die Tagespolitik ein.

Es ist vieles
in Bewegung

Die Gegenwart ist eine schmale
Linie zwischen Vergangenheit und
Zukunft. Die Kirche von heute ist
eine geschichtlich gewordene, und
manches Gegenwärtige stellt Wei-
chen in die Zukunft. Die Persönlichkeiten, die hier zu Wort kommen, bringen, so unterschiedlich
ihr Standpunkt auch sein mag, viel
Gemeinsames zum Ausdruck: Die
Hoffnung liegt nicht in der Abkapselung, sondern in der Offenheit
zur Welt, im aufeinander Zugehen,
in der Ökumene, im Dialog. Die
Kirchen haben Zukunft, wenn sie
sich bewegen, auf die Entwicklung
der Welt eingehen und die Zeichen
der Zeit erkennen. Und eine Kirche
der Zukunft wird eine missionarische und diakonische Kirche sein,
deren Gläubige überzeugt sind,
dass das, was sie dem Geringsten
ihrer Brüder und Schwestern
getan haben, Ihm getan haben
(Mt 25,40).

Selbstbewusst und hoffnungsvoll in die Zukunft

Josef Annen, Generalvikar
Benno Schnüriger, Präsident des
Synodalrats

Wer die jüngere Geschichte und Gegenwart besser verstehen will, muss zurückblättern, einbetten und verweben. Dies ist der vorliegenden Jubiläumspublikation auf eindrückliche Art und Weise gelungen. Sie dokumentiert, wie lebendig die Katholische Kirche im Kanton Zürich ist: mit den Pfarreien und Kirchgemeinden, mit den Vereinen und Organisationen, mit den Fachstellen und Institutionen und den verschiedensten Gremien, die sich in den Dienst der Kirche stellen. Und sie zeigt, dass «Katholisch Zürich» den Weg einer dienenden Kirche geht.

Mit der Diakonie, dem Dienst an den Mitmenschen, setzen Synodalrat und Generalvikar einen gemeinsamen Schwerpunkt. Die Basis dafür hat der Pastoralplan I «Für eine lebendige und solidarische Kirche» geschaffen, der in der Diakonie die erste und grundlegende Funktion der Kirche sieht. Am deutlichsten bringt das Wesen des Gemeindelebens und den Weltauftrag der Christinnen und Christen folgendes Wort Jesu zum Ausdruck: «Der Menschensohn ist nicht gekommen, um sich dienen zu lassen, sondern um zu dienen» (Mk 10,45).

Das Wirken der Katholischen Kirche im Kanton Zürich will den Fragen und Anliegen der Menschen und der Gemeinschaft dienen. Der diakonische Einsatz meint in erster Linie handfeste Hilfe und aktive Solidarität mit jenen Menschen, die Not leiden und besonderer Hilfe bedürfen. Dies deckt sich in ermutigender Weise mit einer zentralen Botschaft des neuen Papstes Franziskus. Er betont, dass die Christen ihre Arme für alle Menschen öffnen und die ganze Menschheit mit zärtlicher Zuneigung umarmen müssten, vor allem die Ärmsten, die Schwächsten, die Unwichtigsten. Dabei sind wir uns bewusst, dass das soziale Handeln der Kirche im dankbaren Erinnern und Feiern des Todes und der Auferstehung Jesu Christi gründet. Die Verkündigung verdeutlicht den Christusbezug der Diakonie, und der Gottesdienst ist ihre Kraftquelle.

Viele sozial-diakonische Angebote leisten wir gemeinsam mit der reformierten Schwesterkirche im Sinne von: Kooperation ist die Norm, Alleingang die Abweichung. Beide Kirchen stehen vor der Aufgabe, das Evangelium so zu verkünden und auszulegen, dass es für die Menschen Sinn stiftet. Sie sind herausgefordert, in unserer Gesellschaft Zeichen der Präsenz Gottes zu setzen und sich für Freiheit, Gerechtigkeit, Frieden und Erhaltung der Schöpfung stark zu machen. Diesen gemeinsamen Auftrag gilt es auch in Zukunft wahrzunehmen – im Geist einer ökumenischen Partnerschaft, die voneinander lernen und dankbar den Reichtum des anderen anerkennen will.

> «Die Kirchen sind herausgefordert, in unserer Gesellschaft Zeichen der Präsenz Gottes zu setzen und sich für Freiheit, Gerechtigkeit, Frieden und Erhaltung der Schöpfung stark zu machen»

Mit der öffentlich-rechtlichen Anerkennung seit 1963 lässt der Staat Zürich die kirchlichen Körperschaften am öffentlichen Recht teilhaben und pflegt damit die in der schweizerischen Verfassungstradition verankerte Form des Miteinanders. Der Staat anerkennt die Kirchen als historisch gewachsene, gesellschaftliche Institutionen mit einer wertebegründenden, wertevermittelnden und integrativen gesellschaftlichen Funktion. Staat und Gesellschaft leben nicht nur von den Leistungen und Angeboten der Kirchen in den Bereichen Soziales, Kultur und Bildung, sondern auch von geistigen und ethischen Voraussetzungen, die sie selbst weder schaffen noch garantieren können.

Die Katholische Kirche im Kanton Zürich mit ihren knapp 400 000 Mitgliedern nimmt sich der Sinn stiftenden Aufgabe und geforderten Solidarität in grösstmöglicher Vielfalt an. Geleistet wird dies von engagierten Mitarbeitenden und vielen Freiwilligen, unterstützt durch eine gute Infrastruktur, finanziert mit Kirchensteuern von Mitgliedern und Firmen sowie staatlichen Beiträgen.

> «Wir wollen Sorge tragen zum partnerschaftlichen Miteinander von Staat und Kirchen»

Die öffentlich-rechtliche Anerkennung ist für uns Chance und Auftrag zugleich. Wir wollen Sorge tragen zum partnerschaftlichen Miteinander von Staat und Kirchen, das sich aus unserer Sicht bewährt hat. Beide sind der gleichen Gesellschaft verpflichtet, zwar aus unterschiedlichen Motiven, aber letztlich mit dem gleichen Ziel: Bedingungen zu schaffen, die dem Wohl aller Menschen dienen, die im Kanton Zürich und darüber hinaus leben. Dafür stehen wir auch in Zukunft selbstbewusst und glaubwürdig ein.

Die Paulus-Akademie in Zürich-West

Beispiel einer
Zukunftsorientierung

Hans-Peter von Däniken

Das frühe 21. Jahrhundert wird in der Zürcher Stadtgeschichte als Zeit des Wandels von der Industriestadt in eine Dienstleistungsstadt eingehen. Die Transformation zur postindustriellen Gesellschaft spiegelt sich in tiefgreifenden städtebaulichen Veränderungen. Das Industriequartier im äusseren Kreis 5, wo jahrzehntelang Motoren, Schiffe und Zahnräder entstanden sind, gilt als grösstes Entwicklungsgebiet der Stadt. Hier steigt die Wohnbevölkerung auf ca. 7000 Menschen, die Zahl der Arbeitsplätze auf 30 000, langfristig gegen 40 000 an.

«Der Ortswechsel ist nicht nur ein geografischer»

Mitten in Zürich-West hat die Paulus-Akademie ab 2015 ihren neuen Sitz, nachdem sie knapp fünfzig Jahre in Zürich-Witikon tätig war. Sie wird damit Teil dieses Transformationsprozesses. Dass die Katholische Kirche im Kanton Zürich zusammen mit der Jugendkirche «jenseits IM VIADUKT» gleich zwei neue Orte in Zürichs Boomquartier etabliert, zeugt von Weitsicht. Sie geht mit ihren beiden Institutionen dorthin, wo sich neue Lebensstile entwickeln und Zürich ein junges Gesicht zeigt.

Mit ihrem Standortwechsel nach Zürich-West ist ein alter Wunsch der Paulus-Akademie in Erfüllung gegangen: Seit den 1990er-Jahren suchte sie nach einer zentraleren Lage, zuerst in Winterthur, dann in Zürich. Nun kommt sie an eine verkehrstechnisch optimal erschlossene Passantenlage. Doch der Ortswechsel ist nicht nur ein geografischer. Die Paulus-Akademie zieht in ein Quartier, das noch kein definitives Gesicht zeigt bzw. seinen Charakter neu finden muss. Schon heute ist aber erkennbar, dass sich hier viel kreatives Potenzial, wirtschaftlicher Innovationsgeist und gesellschaftliche Gestaltungskräfte konzentrieren. Die Paulus-Akademie kann hier ihren eigenen Beitrag zur Gestaltung von Zürich-West leisten: Erstens indem sie sich inhaltlich am Entwicklungsprozess beteiligt und z. B. mit dem neuen Schwerpunktthema «Stadt und Ethik» urbanes Leben in all seinen Facetten unter ethischen Gesichtspunkten reflektiert. Und zweitens indem sie ihren Seminartrakt aktiv als öffentlichen Bildungsort betreibt und damit Treffpunkt für ein breites Publikum wird.

Wichtiger Pfeiler in der neuen Strategie ist die Integration der Akademie in den sogenannten Kulturpark. Der Initiant des Projekts, Martin Seiz, seine Hamasil Stiftung und die W. Schmid + Co. AG bauen darin Wohnungen sowie Büros, Dienstleistungs- und Gewerbeflächen. Hier finden Institutionen und Unternehmen ein gemeinsames Dach, die im Geist der Agenda 21 tätig sind und sozial, ökologisch und kulturell nachhaltig handeln. Als beteiligte Bauherrin errichtet die katholische Körperschaft darin die Paulus-Akademie. Sie nimmt als Forum für Religion, Ethik, Gesellschaft und Politik den Bildungsauftrag der katholischen Kirche wahr. Und mit den Bildungsräumlichkeiten trägt sie zur kreativen interdisziplinären Nachbarschaft bei. Während die säkularen Organisationen sich mit den drei Themengebieten Kinder und Jugendliche, Soziales und Kultur sowie Umwelt und 2000-Watt-Gesellschaft befassen, arbeitet die Paulus-Akademie an aktuellen religiösen und ethischen Fragestellungen. Ziel aller Beteiligten ist eine der Nachhaltigkeit verpflichtete, menschenwürdige Gesellschaft. Was könnte inspirierender sein als ein Ort, an dem Visionen gedeihen?

Die spezifische Herausforderung für die Akademie wird in den kommenden Jahren der zunehmende Schwund an religiösem Wissen sein: Das christliche Glaubensbekenntnis und damit die ganze christlich geprägte Wertekultur sind einem immer kleiner werdenden Teil der Bevölkerung vertraut. Kommt hinzu, dass sich die Akademie mit einem tiefgreifenden Wandel der Öffentlichkeit konfrontiert sieht: Gegenwärtig haben wir es mit einem epochalen Leitmedienwechsel zu tun. Öffentlichkeit wird zunehmend medial inszeniert, politische Debatten verlaufen nach den Regeln der Massenmedien: Prominenz, Skandalisierung, Personalisierung – alles wird dem Zwang zur Unterhaltung unterworfen. Auch die Orte des öffentlichen Diskurses und ihre Subjekte ändern sich: Heute sind wir Konsumenten und Akteure zugleich. Jeder kann sich immer und überall beteiligen. Die Bindungskraft klassischer Institutionen wie Kirchen oder Parteien lässt nach.

Katholische Akademien antworten – so schreibt Joachim Valentin, Direktor des Frankfurter Hauses am Dom – «auf ein wachsendes Bedürfnis kirchlich unbehauster Eliten, Grossstadtnomaden und Bildungsbürger, aber auch der wachsenden Gruppe religiös interessierter Kirchenferner, die den engen gemeindlichen Raum scheuen und den halbanonymen punktuellen Kontakt oder den Diskussionsraum und die damit verbundene Fachlichkeit bevorzugen». Die Paulus-Akademie muss daher alles daran setzen, als Ort des Dialogs in einer segmentierten Gesellschaft Aufmerksamkeit zu finden und Menschen ein vertrauenswürdiges Denk- und Diskussionsforum zu bieten.

Ausblick auf die Ökumene 2013–2023

Pfarrer Michel Müller
Kirchenratspräsident der
Evangelisch-reformierten Landes-
kirche des Kantons Zürich

2023 werden wir 500 Jahre Zürcher Disputation feiern. Laien und Theologen, Ratsherren und Zünfter beugten sich damals im Rathaus über die Heilige Schrift und diskutierten davon ausgehend ihre Vorstellungen von Staat und Kirche. Daraus entsteht neben vielem anderen Öffentlichkeit von Religion. Über Religion wird diskutiert, es wird um sie gekämpft, ja, gekriegt, letztlich auch um Religionsfreiheit. Religion ist nicht mehr das staatlich geschützte Monopol einer kirchlichen Beamtenschaft, die die religiöse Deutungshoheit für sich beansprucht. Religion demokratisiert sich. Schliesslich entsteht auch daraus die Abkehr von der Religion. Es ist heutzutage möglich, ja, wird als sinnvoll erachtet, die Welt religionslos zu deuten und das Leben entsprechend zu führen. Religionsfreiheit ist längst nicht mehr nur Freiheit zur, sondern von Religion.

Im Jahr 2013, zehn Jahre zuvor, begehen wir also 50 Jahre öffentlich-rechtliche Rechtspersönlichkeit der Römisch-katholischen Körperschaft und der Evangelisch-reformierten Landeskirche des Kantons Zürich. Seitdem ist die Tatsache öffentlich sichtbar, dass die evangelisch-reformierte Kirche zur Kirche geworden ist, herausgelöst aus der engen Verflechtung mit dem Zürcher Staat, befreit auch von der Aufgabe, zürcherische Staatsreligion zu sein. Zugleich wird sichtbar, dass die römisch-katholische Konfession nicht die einzige ist, die sich Kirche nennen darf. Und schliesslich wird vor allem sichtbar, welche grosse Anerkennung diese beiden Kirchen zusammen mit den Christkatholiken in der Zürcher Bevölkerung geniessen, gerade weil dies ja auf grundsätzlicher Freiwilligkeit beruht.

«Der gemeinsame Dienst an den Menschen ist täglich gelebte Realität»

Die Soziologie bestätigt: Zwar spielt das Hineingeborenwerden in eine verfasste Religion noch immer eine zentrale Rolle, und doch wird Religion zunehmend individuell ab- und ausgewählt. Relativiert die Vielfalt persönlicher religiöser Erscheinungsformen deren Öffentlichkeit? Wird Religion mehr und mehr zur Privatsache als Konsequenz der Wahlfreiheit? Für einige scheint das die unausweichliche Weiterentwicklung, die zugleich verbunden wird mit der Hoffnung auf mehr Frieden (ohne Religion) und weniger Kosten (für Religion). Öffentlich-rechtliche Anerkennung wäre demnach nur ein Zwischenstadium auf dem Weg zur Privatisierung.

Schon die Wertung dessen, was sich in den letzten 500 Jahren entwickelt hat, ist umstritten, noch schwieriger aber ist vorherzusagen, was sein wird. Dass Religion sich in Europa auflöst, wie vor 50 Jahren proklamiert wurde, ist so zwar nicht eingetreten. Geht es einfach langsamer, oder ist gar nur der Protestantismus betroffen, der sich von seiner Anlehnung an die Staatswesen noch immer nicht erholt hat, noch längst kein universales Verständnis entwickelt hat und deshalb dem Katholizismus, der ein solches schon im Namen trägt, wenig entgegensetzen kann? Müsste also die evangelisch-reformierte Kirche auf Konfessionalismus setzen, um das eigene Überleben zu garantieren? Welchen Einfluss würde das auf die lebendige reformiert-katholische Partnerschaft haben, die ja bis in die Ehen und Familien hineinreicht? Zurück in ein Zeitalter der Konfessionskämpfe, womit wir den Religionsprivatisierern Recht geben würden? Wie aber sonst kann die reformierte Kirche ihre Errungenschaften, die sie vom Katholizismus römischer Machart trennen, am Leben erhalten, wie etwa die Frauenordination, verheiratete Pfarrpersonen, in Lehre und Strukturen verankerte Demokratie?

Oder wird man eher träumen von einer Weiterentwicklung der reformiert-katholischen Partnerschaft hin zu einer evangelisch-katholischen Kirche oder mindestens einer Doppelmitgliedschaft? Die Taufe wird ja gegenseitig anerkannt, Abendmahls- bzw. eucharistische Gastfreundschaft noch immer praktiziert, der gemeinsame Dienst an den Menschen ist täglich gelebte Realität. Soviel haben wir voneinander gelernt, strukturell, liturgisch, praktisch.

> «Wir werden als Kirchen in gegenseitigem Respekt gemeinsam christlicher, ökumenischer und bleiben so anerkannt von Gott und Mensch»

Wir gehen also vor allem mit Fragen in die nächsten zehn Jahre. Wir wollen verstärkt Menschen fragen, was sie von ihrer Kirche erwarten. Denn von ihnen kommt die persönliche Anerkennung, die die Grundlage der öffentlichen ist. Und wir gehen zugleich mit unseren Fragen zu dem, dessen Kirche wir zu sein glauben: Jesus Christus. Das wird uns helfen, die Ungewissheiten auszuhalten und vertrauensvoll in die Zukunft zu gehen. Es ist nicht unsere Kirche, sondern «Christi Kilch». Wir werden als Kirchen in gegenseitigem Respekt gemeinsam christlicher, ökumenischer und bleiben so anerkannt von Gott und Mensch.

Für einen offenen christlich-jüdischen Dialog

Michel Bollag
Fachreferent Judentum und
Co-Leiter am Zürcher Lehrhaus
Judentum, Christentum, Islam

Aus Anlass des 50-jährigen Jubiläums der öffentlich-rechtlichen Anerkennung der Römisch-katholischen Körperschaft im Kanton Zürich soll ein jüdischer Beitrag in dem zu diesem Anlass herausgegebenen Buch erscheinen. Das mag in manchen Ohren völlig normal, ja, selbstverständlich tönen. Ist es aber nicht, zumindest wäre dies im ersten Teil des 20. Jahrhunderts undenkbar gewesen. Erst nach dem Untergang des europäischen Judentums zwischen 1933 und 1945 haben die Kirchen begonnen, das Gespräch mit dem Judentum zu suchen.

Die Abwendung von der Lehre der Verachtung der Juden, die Verbannung antijüdischer Aussagen aus dem Katechismus ist ein Ergebnis des Zweiten Vatikanischen Konzils, das exakt in jener Zeit stattfand, in der auch die öffentlich-rechtliche Anerkennung der römisch-katholischen Kirche als Körperschaft des öffentlichen Rechtes im Kanton Zürich besiegelt wurde. Dass ich als Jude in dieser Festschrift zu Wort komme, zeigt, wie immens die Fortschritte sind, die in den Beziehungen zwischen

Christen und Juden in den letzten 50 Jahren gemacht wurden.

> «Der Rückblick zeigt: Im Hinblick auf das Verhältnis zum Judentum hat die Katholische Kirche in der Schweiz und im Kanton Zürich insbesondere viel unternommen, auf das sie stolz sein darf»

Als ich 1981 meine Stelle als Rektor des Religionsunterrichtes der Israelitischen Cultusgemeinde Zürich antrat, begann auch meine Tätigkeit im Rahmen des jüdisch-christlichen Dialogs. Ich lernte Martin Cunz, den damaligen Leiter der Stiftung für Kirche und Judentum kennen. Ende der 1980er-Jahre entstand die Idee in Zürich, ein Lehrhaus zu gründen, das durch die Vermittlung von Wissen über Judentum und Christentum das Ziel anstrebt, dem Dialog Nachhaltigkeit zu verschaffen. 1994 wurde das «Zürcher Lehrhaus Judentum, Christentum, Islam», gegründet, und dieses ist stolz darauf, zum Partner der römisch-katholischen Kirche in Fragen des interreligiösen Dialogs geworden zu sein, zum Beispiel auch in meiner Tätigkeit im Rahmen der Aus- und Weiterbildung von Katecheten und Katechetinnen, in der Zusammenarbeit mit der Bibelpastoralen Arbeitsstelle, im Rahmen von öffentlichen Vorträgen an der Paulus-Akademie und in Pfarreien. Bei Projekten und in Kursen des Zürcher Lehrhauses selbst begegnete mir ein grosses Interesse an jüdischen Inhalten und auch Verständnis dafür. Der Rückblick zeigt: Im Hinblick auf das Verhältnis zum Judentum hat die katholische Kirche in der Schweiz und im Kanton Zürich insbesondere viel unternommen, auf das sie stolz sein darf.

«Der Dialog hat erst begonnen, und vieles bleibt zu tun»

Ein Jubiläum soll nebst der Anerkennung und dem Stolz auf das Gelungene immer auch Anlass sein, vorauszuschauen auf das, was noch zu tun ist. Denn sechzig Jahre Begegnung und Dialog sind wenig im Vergleich zu Hunderten von Jahren «Vergegnung», wie Martin Buber einst die Beziehungen zwischen Judentum und Christentum charakterisierte. Allein die Erkenntnis, dass Jesus Jude war, reicht nicht aus, um zu garantieren, dass sich die Beziehungen zwischen Christen und Juden weiter und dauerhaft verbessern.

Dafür bedarf es eines kontinuierlichen Dialoges, der auf Lernen beruht und der an der Basis greift. Lernen, dass es verschiedene, gleichwertige Wege im Umgang des Menschen mit den letzten Fragen der Existenz gibt. Lernen, nicht nur Gemeinsamkeiten zwischen verschiedenen Traditionen zu entdecken, sondern auch Differenzen auszuhalten, auf die hin Gott seine Schöpfung ausgelegt hat. Der Dialog hat erst begonnen, und vieles bleibt zu tun, damit der Dialog jene Früchte trägt, die man von ihm erwartet, nämlich das friedliche Zusammenleben verschiedener Religionen und Kulturen zu ermöglichen. Das Zürcher Lehrhaus als Kompetenzzentrum für Religion bleibt zur Verwirklichung dieses Zieles Partner der römisch-katholischen Kirche im Kanton Zürich und darüber hinaus.

Martin Werlen

Abt von Einsiedeln
von 2001 bis 2013

«Gott ist mit den Menschen
in einen Dialog getreten,
indem er Mensch
geworden ist»

Sie sind Ehrenbürger von Zürich. Ist das eine Ehre? _____ Die Ehre ist sogar besonders gross, weil die Beziehung zwischen der Stadt Zürich und dem Kloster Einsiedeln, einem Kristallpunkt der katholischen Kirche, schon seit der Zeit vor der Reformation besteht. Die Stadt verleiht dem jeweils amtierenden Abt von Einsiedeln das Ehrenbürgerrecht. Diese Beziehung ist lebendig geblieben.

> «Ich fühle mich in
> Zürich wohl. Ich habe mich
> auch sehr gefreut, dass ich
> 2013 eingeladen worden bin,
> die 1.-August-Ansprache
> zu halten»

Was bedeutet Zürich für Sie? _____ Ich fühle mich in Einsiedeln, aber auch in Zürich zuhause. Ich bin oft in Zürich und gehöre in meinem Habit fast ein wenig zum Stadtbild. In Luzern falle ich ganz klar mehr auf als hier. Ich fühle mich in Zürich wohl. Ich habe mich auch sehr gefreut, dass ich 2013 eingeladen worden bin, die 1.-August-Ansprache zu halten. Die Freude, die ich hier gemeinsam mit den beiden jungen Mitrednern erleben durfte, hat mich berührt. Und umgekehrt durften wir im Kloster die Zürcher Regierung beherbergen, die bei uns eine Klausur abgehalten hat.

Jedes Jahr findet auch die Wallfahrt der Zürcher Katholiken nach Einsiedeln statt. _____ Ja, das ist jeweils ein richtiges, schön gestaltetes Fest. Und für mich ist das ein Zeichen, dass die Kirche im Kanton Zürich lebendig ist. Ich schätze auch den Generalvikar, Josef Annen, sehr. Es ist enorm, welchen Dienst er für die Kirche leistet. Er lebt das Miteinander, bringt die Wertschätzung gegenüber Getauften und Ungetauften zum Ausdruck und versucht Spannungen aufzufangen und Schwierigkeiten beizulegen.

Sie haben auch schon humorvoll gesagt, Zürich sei der wichtigste Vorort von Einsiedeln, und die Offenheit gelobt, die Sie hier antreffen. _____ Zürich ist sehr offen und gastfreundlich. Und man darf auch Themen ansprechen, die nicht allen gefallen, etwa die Frage der Zünfte und ihr Verhältnis zu den Frauen; das gab zu Diskussionen Anlass. Das ist möglich. Zum Lebendigsein gehört ja, dass man zwar nicht immer einer Meinung ist, aber dass man einander zuhört und im Gespräch bleibt.

Sie haben auch zum Benediktinerinnen-Kloster Fahr eine besondere Beziehung, sind Sie doch auch der Abt dieses Klosters. Sie haben aber dem Kloster mehr Autonomie gewährt als Ihre Vorgänger. _____ Der Abt von Einsiedeln ist seit 1130 auch Abt des Klosters Fahr. Es war mir ein Anliegen, das Verhältnis neu zu gestalten. Wir haben einen Weg zurückgelegt, auch bei der Neuregelung der Kompetenzen. Das war gut.

Kann man sagen: Sie haben ein Stück weit die Herrschaft über das Fahr aufgegeben und mehr Partnerschaft eingeführt? _____ Herrschen wollen wäre der falsche Ansatz. Autorität in der Kirche besteht im Dienst. Jesus bringt das auf den Punkt, wenn er über Herrscher und Machtausübung sagt: «Bei euch aber soll es nicht so sein, sondern wer bei euch der Erste sein will, soll der Diener aller sein» (Mk 10,43). Das heisst für mich, dass wir darauf hören sollen, was der Herrgott heute von uns will, und versuchen, das umzusetzen.

Wie wichtig ist die Stiftsschule für Kinder aus dem Kanton Zürich? _____ Die Stiftsschule ist eine wichtige Aufgabe unserer Klostergemeinschaft. Und eine Herausforderung, stehen wir doch immer in Kontakt mit jungen Menschen, die neue Fragen stellen, und wir können ihnen auch das weitergeben, was uns am Herzen liegt. Wir freuen uns, dass die Schule beliebt und gut ausgelastet ist. Aus dem Kanton Zürich kommen zahlreiche Schülerinnen und Schüler. Früher, als man im Gymnasium der katholischen Schulen in Zürich die Matura noch nicht absolvieren konnte, waren mehr Zürcher Schüler im Internat.

Sie sind bekannt dafür, dass Sie den Leuten zuhören. Hört man auch Ihnen zu? _____ Diesbezüglich kann ich mich nicht beklagen. Ich habe die Erfahrung gemacht: Die Menschen hören einem gern zu, wenn sie innewerden, dass man auch ihnen zuhört. Mein Wahlspruch als Abt ist das erste und das letzte Wort aus der Benediktsregel, nämlich «ausculta et pervenies», «höre, und du wirst ankommen». Das heisst zunächst einmal, auf das Wort Gottes zu hören, aber auch den Menschen zuzuhören. Dabei erfährt man immer wieder Erstaunliches. Vor ein paar Tagen hat mich eine Frau angesprochen, sie sei in Sorge, ihre Katze sei vor Tagen verschwunden, und ob ich als Mönch nicht darum beten könne, dass sie wieder nach Hause finde. Ich versprach es; und nun erhielt ich einen Brief von ihr, sie habe inzwischen erfahren, wer ich sei, und sie danke herzlich, die Katze sei tatsächlich wieder aufgetaucht. Es sind ja ganz kleine Dinge, die das Miteinander zum Ausdruck bringen. Das Grosse ist immer die Frucht des Kleinen. Oder auf einer Bahnfahrt hatte ich mit zwei Männern mit ziemlich gegenteiligen Meinungen eine Diskussion – sie waren auf der Heimfahrt von der Delegiertenversammlung ihrer Partei. Später tauchte einer von ihnen zusammen mit seiner Frau im Kloster Fahr auf, wo ich jeweils am Dienstag mit der Klostergemeinschaft Eucharistie feiere. Das Gespräch ging weiter, aber auf einer anderen Ebene. Zudem hatte ich die Unterstützung seiner Frau. Wir begegnen uns im Alltag, und daraus kann etwas weit Grösseres entstehen.

Der Dialog ist Ihnen sehr wichtig. _____ Selbstverständlich. Dialog gehört wesentlich zu unserem Glauben. Auch Gott ist ja mit den Menschen in einen Dialog getreten, indem er Mensch geworden ist. Er will keine Beziehung von oben herab, sondern auf derselben Ebene.

Sie sind bekannt als fleissiger Twitterer. _____ Es freut mich, dass so viele Menschen an meinen Gedanken teilhaben wollen und mit mir diskutieren. Ich kann hören, was Menschen heute beschäftigt. Mit meinen Tweets bin ich bei den Menschen, setze mich aber auch der Kritik aus. Beides ist mir wertvoll.

Sie halten den Dialog auch durch Ihre Schriften aufrecht. _____ Ich stelle dankbar fest, dass die Menschen sehr daran interessiert sind, was Kirche ist. Allerdings: Oft gelingt es uns in der Kirche Verantwortlichen nicht, diese Sehnsucht der Menschen wahrzunehmen, und zwar auch dann, wenn sie sich anders äussert, als das unseren Vorstellungen entspricht. Dann passiert es leider oft, dass wir aneinander vorbeireden. Es macht mir zu schaffen, wenn ich sehe, wie wenig wir als Kirche den Durst der Menschen wahrnehmen und damit unsere Berufung verfehlen. Vielleicht weil wir zu sehr davon geprägt sind, wie es einmal war, obwohl die Gesellschaft nicht mehr dieselbe ist. Wenn ein Professor an einer Hochschule heute so lehrt wie vor fünfzig Jahren, kommt er

bei seinen Studenten nicht mehr an, und er kann das, was ihm am Herzen liegt, nicht mehr weitergeben. So kommt es mir manchmal auch bei uns in der Kirche vor. Jesus lebt uns ja vor, etwa bei der Fusswaschung, wie wir Autorität leben sollten, nämlich als liebevollen Dienst.

«Miteinander die Glut unter der Asche entdecken» lautet der Titel einer Ihrer Schriften. Denken Sie, dass es gelingt, die Glut wieder anzufachen, damit ein Feuer der Begeisterung und Freude am Glauben entstehen können? _____ Ich freue mich sehr, dass durch die Schrift einiges in Bewegung geraten ist. Bei den Leuten, die zur Kirche gehören, ist viel Feuer da, aber oft im Verborgenen. Es gilt, dieses wieder sichtbar zu machen, zum Leben zu erwecken. Das möchte ich unter anderem mit meinen Schriften erreichen.

> «Wichtig ist die Erfahrung
> der Gegenwart Gottes,
> und alles Weitere ergibt sich
> aus dieser Erfahrung»

Es geht also nicht darum, nur das Bedauern darüber auszudrücken, dass so vieles sein könnte, aber, aus welchen Gründen auch immer, durch Asche zugedeckt ist? _____ Nein. Im Zentrum unseres Glaubens steht doch, dass Gott hier ist. Wenn man das entdeckt, entsteht Begeisterung. Durch Reglemente, durch Vorschriften schafft man diese Begeisterung nicht. Wichtig ist die Erfahrung der Gegenwart Gottes, und alles Weitere ergibt sich aus dieser Erfahrung. Viele Menschen nehmen das, was die Kirche vertritt, nicht als frohe Botschaft wahr, sondern zunächst einmal als eine Sammlung von Geboten und Verboten. Davon müssen wir wegkommen. Schöner wäre, man würde die Kirche als Verkünderin einer Frohen Botschaft wahrnehmen. Das Zentrum unseres Glaubens ist nicht das Kirchenrecht, sondern Christus selbst. Ihn zu entdecken und mit ihm eine Beziehung herzustellen, das ist das Grundsätzliche. Wie die Beziehung zu leben ist, darüber kann man dann Regeln aufstellen, das ist klar. Aber das sind Nebensächlichkeiten, die nicht im Zentrum stehen.

«In einer lebendigen Kirche gibt es immer auch Baustellen, auf denen gearbeitet wird»

Sie sprechen das auch an, indem Sie auf ein Zitat hinweisen, das von Papst Johannes XXIII. stammt: Die Kirche solle nicht ein Museum hüten, sondern einen blühenden Garten pflegen. _____ Genau. Diese Pflege macht auch Freude. In einer lebendigen Kirche gibt es immer auch Baustellen, auf denen gearbeitet wird. Es ist Alltag. Kirche darf und soll unseren Alltag prägen. Die Kirche hat die Aufgabe zu hören, was der Herrgott von uns heute will. In dem Moment wird Glut erfahrbar. Wenn wir bei einer Lösung bleiben, die wir einmal viel früher in einer bestimmten Situation gefunden haben, dann kann das zu Asche werden, weil die Lösung von damals heute nicht mehr passt. Kirche ist nicht mehr Kirche, wenn sie nicht lebendig ist.

Sie sagen, es fehle an Visionen. Was ist Ihre Vision? _____ Dass wir miteinan-

der unterwegs sind und ein offenes Ohr haben. Wenn unterschiedliche Ansichten vorhanden sind, müssen wir sagen: Jetzt sitzen wir zusammen und wollen hören, was Gott heute von uns will. Der Glaube ist etwas Einfaches. Aber wir erklären ihn oft so kompliziert, dass man das kaum versteht. Vision heisst: In der Gegenwart Gottes leben. Erfahren, dass Gott da ist, und aus der Begegnung mit Gott den Alltag gestalten, die Herausforderungen des Lebens angehen. Wir sind miteinander unterwegs und hören, was der Herrgott uns sagen will. Es gibt in der Benediktsregel eine Stelle, in der es heisst, der Abt solle gut zuhören, wenn Kritik angebracht werde. Denn es könne ja sein, dass dieser Mensch von Gott geschickt sei. Wir müssen uns den Herausforderungen unserer Zeit stellen, auch wenn es einfacher wäre zu sagen: Lassen wir alles, wie es war!

Dann kann man auch über verheiratete Priester sprechen. _____ Natürlich. Übrigens kennen wir ja verheiratete Priester in der katholischen Kirche, im byzantinischen Ritus, genauso mit dem Papst verbunden wie der lateinische Ritus. Auch ihr Kirchenrecht ist vom Papst unterschrieben.

Was ist Ihre Antwort auf die Frage, was jeder Einzelne für die Kirche tun kann? _____ Die Beziehung mit Jesus Christus entdecken (oder wiederentdecken) und daraus leben. Und in der Gemeinschaft mit anderen Kirche sein. In Christus verwurzelt und auf ihn begründet, heisst es im Kolosserbrief, soll man den Weg beschreiten. Das heisst Kirche sein.

«Ich träume von einer missionarischen Entscheidung ...»

Papst Franziskus

Ich träume von einer missionarischen Entscheidung, die fähig ist, alles zu verwandeln, damit die Gewohnheiten, die Stile,
die Zeitpläne, der Sprachgebrauch und
jede kirchliche Struktur ein Kanal werden,
der mehr der Evangelisierung der heutigen Welt als der Selbstbewahrung dient.
Die Reform der Strukturen, die für die
pastorale Neuausrichtung erforderlich ist,
kann nur in diesem Sinn verstanden werden: dafür zu sorgen, dass sie alle missionarischer werden, dass die gewöhnliche
Seelsorge in all ihren Bereichen expansiver
und offener ist, dass sie die in der Seelsorge Tätigen in eine ständige Haltung des
‹Aufbruchs› versetzt und so die positive
Antwort all derer begünstigt, denen Jesus
seine Freundschaft anbietet. Wie Johannes
Paul II. zu den Bischöfen Ozeaniens sagte,
muss ‹jede Erneuerung in der Kirche (...)
auf die Mission abzielen, um nicht einer
Art kirchlicher Introversion zu verfallen›.

Die Bedeutung der Pfarrei und deren Offenheit

Die Pfarrei ist keine hinfällige Struktur;
gerade weil sie eine grosse Formbarkeit

besitzt, kann sie ganz verschiedene Formen annehmen, die die innere Beweglich-
keit und die missionarische Kreativität
des Pfarrers und der Gemeinde erfordern.
Obwohl sie sicherlich nicht die einzige
evangelisierende Einrichtung ist, wird sie,
wenn sie fähig ist, sich ständig zu erneuern und anzupassen, weiterhin ‹die Kirche (sein), die inmitten der Häuser ihrer
Söhne und Töchter lebt›. Das setzt voraus,
dass sie wirklich in Kontakt mit den Familien und dem Leben des Volkes steht und
nicht eine weitschweifige, von den Leuten
getrennte Struktur oder eine Gruppe von
Auserwählten wird, die sich selbst betrach-

ten. Die Pfarrei ist eine kirchliche Präsenz im Territorium, ein Bereich des Hörens des Wortes Gottes, des Wachstums des christlichen Lebens, des Dialogs, der Verkündigung, der grossherzigen Nächstenliebe, der Anbetung und der liturgischen Feier. Durch all ihre Aktivitäten ermutigt und formt die Pfarrei ihre Mitglieder, damit sie aktiv Handelnde in der Evangelisierung sind. Sie ist eine Gemeinde der Gemeinschaft, ein Heiligtum, wo die Durstigen zum Trinken kommen, um ihren Weg fortzusetzen, und ein Zentrum ständiger missionarischer Aussendung. Wir müssen jedoch zugeben, dass der Aufruf zur Überprüfung und zur Erneuerung der Pfarreien noch nicht genügend gefruchtet hat, damit sie noch näher bei den Menschen sind, Bereiche lebendiger Gemeinschaft und Teilnahme bilden und sich völlig auf die Mission ausrichten.

Pfarreien und pfarreiungebundene Vereinigungen

Die anderen kirchlichen Einrichtungen, Basisgemeinden und kleinen Gemeinschaften, Bewegungen und andere Formen von Vereinigungen sind ein Reichtum der Kirche, den der Geist erweckt, um alle Umfelder und Bereiche zu evangelisieren. Oftmals bringen sie einen neuen Evangelisierungs-Eifer und eine Fähigkeit zum Dialog mit der Welt ein, die zur Erneuerung der Kirche beitragen. Aber es ist sehr nützlich, dass sie nicht den Kontakt mit dieser so wertvollen Wirklichkeit der örtlichen Pfarrei verlieren und dass sie sich gerne in die organische Seelsorge der Teilkirche einfügen. Diese Integration wird vermeiden, dass sie nur mit einem Teil des Evangeliums und der Kirche verbleiben oder zu Nomaden ohne Verwurzelung werden.

Das Bistum als wichtigster Träger der Evangelisierung

Jede Teilkirche ist als Teil der katholischen Kirche unter der Leitung ihres Bischofs ebenfalls zur missionarischen Neuausrichtung aufgerufen. Sie ist der wichtigste Träger der Evangelisierung, insofern sie der konkrete Ausdruck der einen Kirche an einem Ort der Welt ist und in ihr ‹die eine, heilige, katholische und apostolische Kirche Christi wahrhaft wirkt und gegenwärtig ist›. Es ist die Kirche, die in einem bestimmten Raum Gestalt annimmt, mit allen von Christus geschenkten Heilsmitteln versehen ist, zugleich jedoch ein lokales Angesicht trägt. Ihre Freude, Jesus Christus bekannt zu machen, findet ihren Ausdruck sowohl in ihrer Sorge, ihn an anderen, noch bedürftigeren Orten zu verkünden, als auch in einem beständigen Aufbruch zu den Peripherien des eigenen Territoriums oder zu den neuen soziokulturellen Umfeldern. Sie setzt sich dafür ein, immer dort gegenwärtig zu sein, wo das Licht und das Leben des Auferstandenen am meisten fehlen. Damit dieser missionarische Impuls immer stärker, grossherziger und fruchtbarer sei, fordere ich auch jede Teilkirche auf, in einen entschiedenen Prozess der Unterscheidung, der Läuterung und der Reform einzutreten.

Aus dem Apostolischen Schreiben über die Verkündigung des Evangeliums in der Welt von heute «Evangelii gaudium» von Papst Franziskus vom 24. November 2013. Zwischentitel redaktionell eingefügt.

Anhang

2014

Dankeswort
der Autoren

Zuerst danken wir unserer Auftraggeberin, der Katholischen Kirche im Kanton Zürich, die den Mut hatte, bei uns ein komplexes Buch über Geschichte, Geschichten, Persönlichkeiten und kirchliche Funktionen zu «bestellen». Wir haben bei unseren Recherchen und Interviews eine sehr lebendige Kirche mit vielen engagierten Persönlichkeiten angetroffen, die fast ausnahmslos spontan zusagten, uns ein Interview oder Informationen zu geben. Ihnen allen möchten wir ganz herzlich danken. Ein aufrichtiger Dank geht auch an all jene Frauen und Männer, die der Kirche wohlgesinnt sind, auch wenn sie zu ihr etwas Abstand halten und zu gewissen Themen kritisch Stellung nehmen. Auch von ihnen haben wir Unterstützung erfahren – gerade sie werden das Buch mit Gewinn lesen können. Schliesslich möchten wir einigen Personen namentlich unseren herzlichen Dank aussprechen:

- Josef Annen, Generalvikar, Benno Schnüriger, Präsident des Synodalrates, und seinem Generalsekretär Giorgio Prestele.
  Ohne sie gäbe es dieses Buch nicht.

- Aschi Rutz und seinem Team:
  Sie haben uns mit Bildern, Statistiken und Recherchen tatkräftig unterstützt.

- allen Personen,
  die einen Beitrag verfasst oder ein Interview gegeben haben; sie wirkten für uns als permanente Motivatorinnen und Motivatoren.

- dem Verlag TVZ,
  insbesondere Markus Zimmer für das Lektorat, und der Fachkommission Buchproduktion, namentlich Synodalrätin Angelica Venzin und Daniel Kosch.

- Marianne Stauffacher,
  Verlagsleiterin des TVZ. Sie hat die Edition NZN bei TVZ immer sehr unterstützt, so auch dieses Buch. Sie war bereits an einem Vorlektorat des ersten Teils. Völlig unerwartet ist sie am 22. September 2013 an einem Herzversagen gestorben. Wir danken ihr für alles – auch im Namen der Katholischen Kirche im Kanton Zürich.

Alfred Borter
Urban Fink
Max Stierlin
René Zihlmann

Literatur

Ausgewählte Literaturhinweise zu Katholiken im Kanton Zürich

Alberigo, Giuseppe

Die Fenster öffnen. Das Abenteuer des 2. Vatikanischen Konzils, Zürich 2007.

Altermatt, Urs

Katholizismus und Moderne, Einsiedeln / Zürich 1989.

Amherd, Moritz (Hg.)

20 Jahre katholisches Kirchengesetz im Kanton Zürich, Zürich 1986.

Ein Bischof in Zürich?, Zürich 1987.

Wolfgang Haas: Bischof ohne Volk – Volk ohne Bischof. Dokumentation und kritischer Kommentar rund um den Fall Haas, Zürich 1991.

Belok, Manfred / Kohler-Spiegel, Helga (Hg.)

Kirche heute leben. Eine Ermutigung, Zürich 2013.

Bünker, Arnd / Husistein, Roger (Hg.)

Diözesanpriester in der Schweiz. Prognosen, Deutungen, Perspektiven, Zürich 2011.

Conzemius, Viktor (Hg.)

Schweizer Katholizismus 1933 – 1945. Eine Konfessionskultur zwischen Abkapselung und Solidarität, Zürich 2001.

Fink, Urban

Kirche und Staat – Konfrontation oder Kooperation? Anmerkungen zur Dissertation von Martin Grichting, in: forum. Pfarrblatt der katholischen Kirche im Kanton Zürich Nr. 43 / 26. Oktober 1997, 20–21.

Schweizer Katholizismus in Bewegung. 150 Jahre Inländische Mission, Zug 2013.

Fink, Urban / Zihlmann, René (Hg.)

Kirche – Kultur – Kommunikation. Peter Henrici zum 70. Geburtstag, Zürich 1998.

Gasser, Albert

Auf Empfang. Erinnerungen an Geschichte und Geschichten des 20. Jahrhunderts, Zürich 2002.

Das Kirchenvolk redet mit. Die Synode 72 in der Diözese Chur, Zürich 2005.

Grichting, Martin

Kirche oder Kirchenwesen? Zur Problematik des Verhältnisses von Kirche und Staat in der Schweiz, dargestellt am Beispiel des Kantons Zürich, Freiburg i. Ü. 1997.

Husistein, Roger

Katholische Kirche in der Schweiz. Kirchenstatistik 2013. Zahlen, Fakten, Entwicklungen, St. Gallen 2013.

Kolb, Guido

100 Jahre St. Peter und Paul. Jubiläumsschrift zur Hundertjahrfeier der St. Peter und Pauls-Kirche Zürich. Hg.: Kath. Pfarramt St. Peter und Paul, Zürich 1974.

Kolb, Guido

Als die Priester noch Hochwürden hiessen. Ein Lesebuch zum 200-Jahr-Jubiläum der Katholischen Gemeinde Zürich, Zürich 2007.

Kolb, Guido (Hg.)

Verpflichtendes Erbe. Die katholische Kirche in Stadt und Landschaft Zürich. 1523, 1807, 1983, Zürich 1983.

Kosch, Daniel

Die öffentliche Finanzierung der katholischen Kirche in der Schweiz. Zahlen, Zusammenhänge und Zukunftsperspektiven = Le financement public de l'Eglise catholique en Suisse, Zürich 2013.

Müller, Martin

Die katholischen Pfarreien im Zürcher Oberland. Geschichte ihres Wiederaufbaus im 19. und 20. Jahrhundert, Zürich 2007.

Niederhäuser, Peter

Von der Diaspora zur Ökumene. 150 Jahre Römisch-Katholische Kirchgemeinde Winterthur, Winterthur 2012.

Stierlin, Max

Die Katholiken im Kanton Zürich 1862 – 1875 im Spannungsfeld zwischen Eingliederung und Absonderung, Zürich 1995.

Der Weg der Katholiken im Kanton Zürich. Wegmarken und Etappen, Zürich 2002.

Teobaldi, Alfred

Katholiken im Kanton Zürich. Ihr Weg zur öffentlich-rechtlichen Anerkennung, Zürich 1978.

Truffer, Henri

25 Jahre Verband der römisch-katholischen Kirchgemeinden der Stadt Zürich: 1964 – 1989, Zürich 1989.

Vischer, Lukas (Hg.)

Ökumenische Kirchengeschichte der Schweiz, Freiburg i. Ü. / Basel [2]1998.

Weibel, Rolf

Schweizer Katholizismus heute: Strukturen, Aufgaben, Organisation, Zürich 1989.

Werlen, Martin

Miteinander die Glut unter der Asche entdecken, Einsiedeln 2012.

Pfarreigeschichten

St. Anton, Zürich-Hottingen (Emil Gutmann, 1958)

Augustinerkirche Zürich (Martin Schlappner, 1959)

Winterthur (Jakob Hubert Burkhart, 1962)

St. Andreas, Uster (Egon Wilhelm, 1966)

Dreifaltigkeit, Rüti-Dürnten (Rainald Fischer / Hugo Hungerbühler, 1968)

St. Josef, Horgen (Erhard Schweri, 1974)

St. Marien, Langnau-Gattikon (Alexander Kopp, 1977)

Heilig Kreuz, Zürich-Altstetten (Alfred Boll, 1982)

Dreifaltigkeit, Bülach (Hugo Hungerbühler / Rainald Fischer, 1982)

St. Katharina, Zürich-Affoltern (Karl Zihlmann, 1983)

Guthirt, Zürich-Wipkingen (Franz Bösch, 1983)

Bruder Klaus, Zürich-Oberstrass (Mari Rast / Josef Jurt, 1983)

Allerheiligen, Zürich-Neuaffoltern (Herbert Mannhart, 1983)

St. Martin, Illnau-Effretikon (1984)

Erlöser, Zürich-Riesbach («Bettlerballade» von Karl Behringer, 1987)

St. Verena, Stäfa (1988)

Römisch-katholische Kirchgemeinden Zürich (Henri Truffer, 1989)

Hl. Franziskus, Wetzikon (Anton Hiestand, 1990)

St. Martin, Zürich-Fluntern (Cécile Brändli, 1990)

Liebfrauenkirche, Zürich-Unterstrass (Max Hilfiker, 1993)

Herz Jesu, Zürich-Oerlikon (1993)

St. Marien, Wädenswil (Fredy Fischli / Peter Ziegler, 1995)

St. Antonius, Egg (Louis Landolt / Theodor Zimmermann, 1997)

Missione cattolica Italiana Don Bosco, Zürich (Arcangelo Lelio / Catani Tindaro, 1998)

St. Felix und Regula, Thalwil (Hans Bächler, 1999)

St. Peter und Paul, Zürich- Aussersihl (1999)

St. Felix und Regula, Zürich-Hard (Josef Zgraggen, 2000)

St. Anton, Zürich-Hottingen (2008)

Bruder Klaus, Bäretswil (Liselotte Forster, 2010)

Gast-Beiträge

Interviewte Personen

Interviewte Personen

* neue Bezeichnung: Synodalrat

Autoren

Alfred Borter Dr. phil., Studium der Germanistik und Geschichte. Redaktor
bei der Zürichsee-Zeitung und NZZ. Chefredaktor des Limmat-
taler Tagblatts. Für seine Ratsberichterstattung wurde er vom
Zürcher Kantonsrat mit dessen Silbermedaille ausgezeichnet.
Wohnhaft in Zollikon.

Urban Fink Dr. theol. et lic. phil., Studium der Geschichte, Philosophie, Theologie
und des Kirchenrechts. Sekretär und Informationsbeauftragter von
Bischof Henrici. Redaktionsleiter der «Schweizerischen Kirchenzeitung».
Autor verschiedener Bücher in den Bereichen Theologie und Geschichte.
Wohnhaft in Oberdorf (SO).

Max Stierlin Dr. phil., Studium der Geschichte und Soziologie.
Dissertation und Publikationen zur Geschichte der Zürcher
Katholiken. Vortragstätigkeit zur Kultur- und Kunstgeschichte.
Erwachsenenbildner in den Bereichen Freizeit, Vereine und
Freiwilligenarbeit. Wohnhaft in Wallisellen.

Zihlmann René Dr. phil., Kaufmann, Personalchef. Studium der Psychologie,
Philosophie und Kunstgeschichte. 30 Jahre Amtsdirektor der Stadt Zürich
(Laufbahnzentrum). Lehraufträge an diversen Universitäten. Präsident
der Zentralkommission. Autor zahlreicher Bücher. Verschiedene
Auszeichnungen. Wohnhaft in Zürich.

Bildnachweise

Herausgeber und Verlag waren bemüht, alle nötigen Abdruckrechte einzuholen. Sie bitten, nicht erhebbar gewesene Rechte ggf. beim Theologischen Verlag Zürich zu melden.

Archiv St. Peter und Paul, Zürich: 55 rechts. **Baugeschichtliches Archiv**, Zürich: 25. **Bernasconi Charly** (commons.wikimedia.org): 76 beide, 77. **Beutler Christian**: 219 Mitte. **Bischof Franz Xaver**: 27. **Bollag Michel**: 274. **Borter Alfred**: 18, 22, 48, 70, 100, 110, 126, 130, 140, 144, 150, 152, 154, 156 beide, 162, 168, 172, 180, 184, 188, 192, 198, 202, 208, 220, 230, 232, 264, 270, 276. **Bühlmann Benno**: 211. **CELart**, Stefan V. Keller: 21, 41, 47 Mitte. **Centro culturale di Milano**: 107 rechts. **Christkatholische Kirche Schweiz**: 60. **Conrad Martin**: 89. **Deutschordens-Priesterkonvent Lana** (BZ): 26. **Evangelisch-reformierte Landeskirche des Kantons Zürich**: 272. **evangelizo.org**: 119. **Fastenopfer**: 108, 109 links. **Felici/M. Grimoldi** (www.britannica.com): 55 links. **Generalvikariat Zürich**: 83, 205. **Géraud Liliane**: 33 oben. **Giger Rémy**, Zürich: 61. **Giglia Guiseppe** © KNA-Bild: 280. **Greminger Marina**: 187. **Guido Kolb: 100 Jahre St. Peter und Paul**. Jubiläumsschrift zur Hundertjahrfeier der St. Peter und Pauls-Kirche Zürich, Zürich 1974: 57, 59, 62, 63, 91. **Herb Ernst** © KNA-Bild: 117. **Hürlimann Peter**: 197 links oben. **Inländische Mission**: 51. **Institut für Weltkirche und Mission**: 94. **jenseits IM VIADUKT**: 177. **Jungwacht/Blauring**: 99. **KAB Schweiz**: 234. **Kanton Zürich**: 224 links. **Kantonale Denkmalpflege Aargau**: 17, 31. **Kantonale Denkmalpflege Zürich**: 16, 29, 52–53, 53 beide, 69 oben. **Klarer Stefan**: 182. **Kloster Fahr**: 33 unten. **Kloster Ingenbohl**: 73. **Knup Peter**, Zürich: 43, 66, 245, 246 beide, 247 beide, 248. **Kroatenseelsorge**: 143 Mitte. **Landesmuseum Zürich**: 13. **Ledergerber Beatrix**: 143 oben. **Lindig Susi**: 212. **Muesse** (commons.wikimedia.org): 107 links. **Murer Christian**: 123, 214. **Neue Zürcher Nachrichten**: 105. **Pfarrei Maria Krönung**, Zürich: 161 oben. **Pfarrei St. Peter und Paul**, Zürich: 85. **Pfarrei-Archiv Herz Jesu**, Zürich-Oerlikon: 75. **Pfarreigeschichte Dreifaltigkeit Bülach** (Hugo Hungerbühler / Rainald Fischer, 1982): 65, 81. **Reformierte Kirchgemeinde Laufen**: 15 oben. **Rickenbacher Iwan**: 240. **Roy Tula**: 197 Mitte, 216. **Rutz Aschi**: 207 links Mitte, 227, 250 beide, 251 alle. **Schäfli Giovanni**: 191. **Siegenthaler Urs**: 267. **Sozialarchiv Schweiz**, Zürich: 93, 104. **Spaniermission**: 143 rechts unten. **Spital Kilchberg**: 69 unten. **Sportunion Schweiz**: 179 Mitte. **Staatsarchiv Zürich**: 79. **Stoughton Cecil** (Weisses Haus): 109 rechts. **Suter Thomas**: 47 oben. **Synodalrat der Katholischen Kirche im Kanton Zürich**: 224 rechts. **Alfred Teobaldi: Katholiken im Kanton Zürich**. Ihr Weg zur öffentlich-rechtlichen Anerkennung, Zürich 1978: 39, 134, 161 Mitte, 204. **Theodosianum**, Schlieren: 68. **Theodosius Florentini und sein Werk**: 1808–1865–1965. Zum 100. Todestag von P. Theodosius Florentini, Ingenbohl 1965: 39. **Universität Luzern**: 114. **Vogt Peter**: 197 rechts oben. **Weber Markus**, Bülach: 90. **Wider Christoph**: 87 rechts, 103, 143 links unten, 147, 149, 165, 179 oben, 197 unten, 207 oben beide, 207 rechts Mitte, 219 oben, 228, 238, 253 alle, 255, 256, 259, 260, 262, 268. **Winterhilfe Schweiz**: 87 links. **winterthur-glossar.ch**: 38. **Zentralbibliothek Grafische Sammlung**: 15 unten. **Zentralbibliothek Zürich**: 32, 34, 35, 36–37, 159. **Zentralkommission der Katholischen Kirche im Kanton Zürich**: 135. **Zihlmann René**: 136.